여러분의 합격을 응원하는

# 해커스공무원의 특별 혜택

## FREE 공무원 회계학 **동영상강의**

해커스공무원(gosi.Hackers.com) 접속 후 로그인 ▶ 상단의 [무료강좌] 클릭 ▶
좌측의 [교재 무료특강] 클릭

## 해커스공무원 온라인 단과강의 **20% 할인쿠폰**

**CF8FF8247E888CG8**

해커스공무원(gosi.Hackers.com) 접속 후 로그인 ▶ 상단의 [나의 강의실] 클릭 ▶
좌측의 [쿠폰등록] 클릭 ▶ 위 쿠폰번호 입력 후 이용

* 등록 후 7일간 사용 가능
* ID당 1회에 한해 등록 가능(단과강의에만 적용 가능)

## 합격예측 **모의고사 응시권 + 해설강의 수강권**

**2A9FD9F528EF35AX**

해커스공무원(gosi.Hackers.com) 접속 후 로그인 ▶ 상단의 [나의 강의실] 클릭 ▶
좌측의 [쿠폰등록] 클릭 ▶ 위 쿠폰번호 입력 후 이용

* ID당 1회에 한해 등록 가능

쿠폰 이용 관련 문의 **1588-4055**

# 단기 합격을 위한
# 해커스 커리큘럼

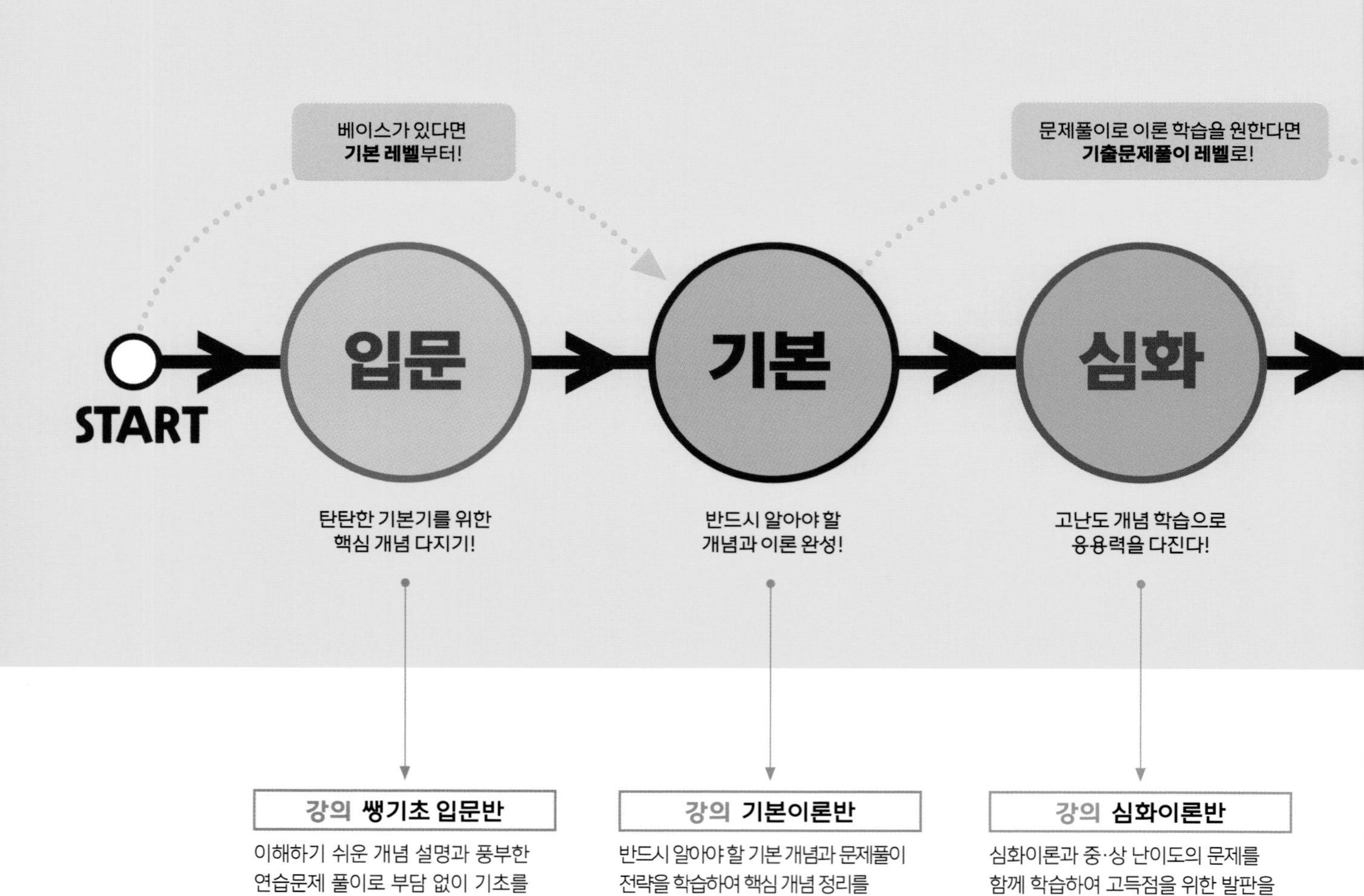


**강의 쌩기초 입문반**

이해하기 쉬운 개념 설명과 풍부한 연습문제 풀이로 부담 없이 기초를 다질 수 있는 강의

**강의 기본이론반**

반드시 알아야 할 기본 개념과 문제풀이 전략을 학습하여 핵심 개념 정리를 완성하는 강의

**강의 심화이론반**

심화이론과 중·상 난이도의 문제를 함께 학습하여 고득점을 위한 발판을 마련하는 강의

레벨별 교재 확인 및
수강신청은 여기서!

gosi.Hackers.com

* 커리큘럼은 과목별·선생님별로 상이할 수 있으며, 자세한 내용은 해커스공무원 사이트에서 확인하세요.

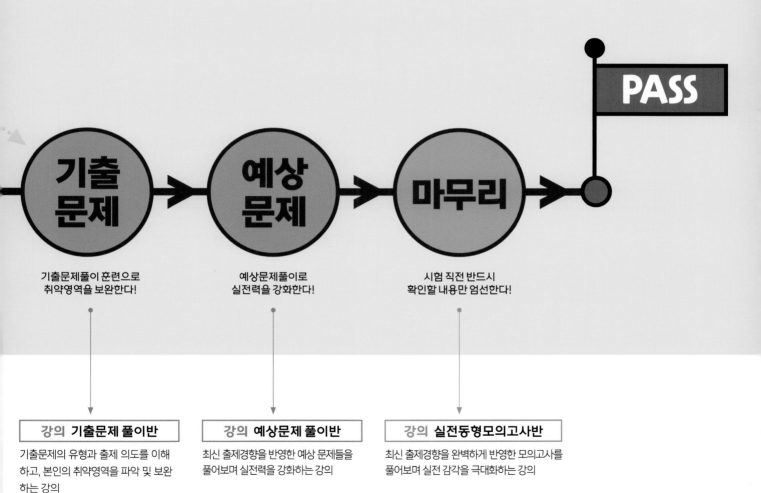

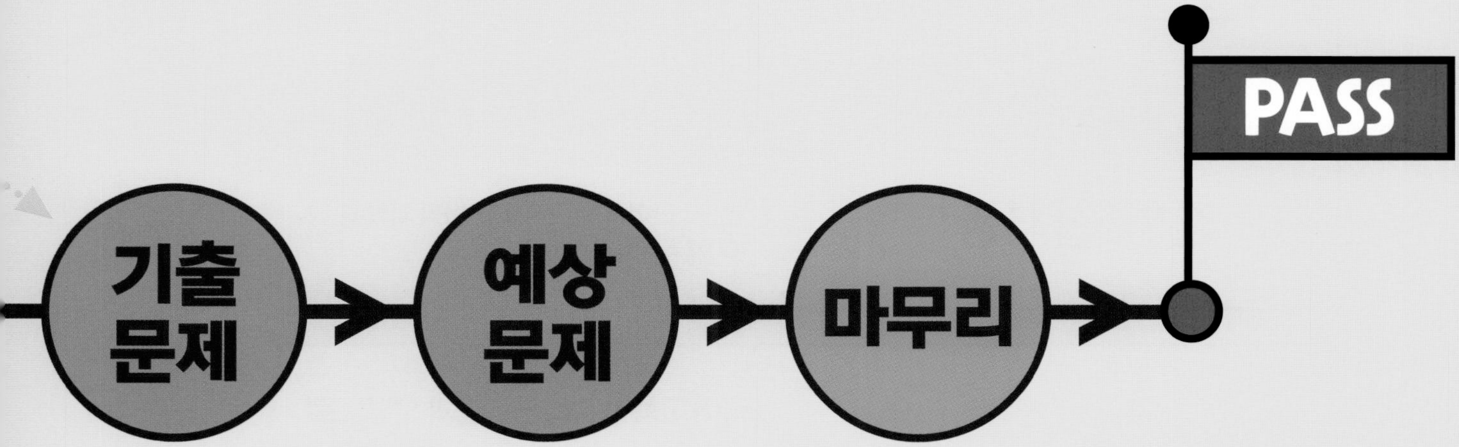

기출문제 → 예상문제 → 마무리 → PASS

**기출문제**

기출문제풀이 훈련으로
취약영역을 보완한다!

**예상문제**

예상문제풀이로
실전력을 강화한다!

**마무리**

시험 직전 반드시
확인할 내용만 엄선한다!

**강의 기출문제 풀이반**

기출문제의 유형과 출제 의도를 이해하고, 본인의 취약영역을 파악 및 보완하는 강의

**강의 예상문제 풀이반**

최신 출제경향을 반영한 예상 문제들을 풀어보며 실전력을 강화하는 강의

**강의 실전동형모의고사반**

최신 출제경향을 완벽하게 반영한 모의고사를 풀어보며 실전 감각을 극대화하는 강의

**강의 봉투모의고사반**

시험 직전에 실제 시험과 동일한 형태의
모의고사를 풀어보며 실전력을 완성하는 강의

해커스공무원

# 정윤돈 회계학

## 원가관리회계·정부회계

기본서

해커스공무원

## 정윤돈

**약력**

성균관대학교 경영학과 졸업
현 | 해커스공무원 회계학 강의
현 | 해커스 경영아카데미 재무회계 전임(회계사, 세무사)
현 | 해커스금융 전임(신용분석사, 매경TEST)
현 | 미래세무회계 대표 회계사
현 | 삼일아카데미 외부교육 강사
전 | 삼정회계법인 감사본부(CM본부)
전 | 한영회계법인 금융감사본부(FSO)
전 | 한영회계법인 금융세무본부(FSO TAX)
전 | 대안회계법인 이사

**저서**

해커스공무원 정윤돈 회계학 기본서 원가관리회계·정부회계, 해커스패스
해커스공무원 정윤돈 회계학 기본서 재무회계, 해커스패스
해커스공무원 정윤돈 회계학 단원별 기출문제집, 해커스패스
해커스 IFRS 중급회계 입문, 해커스패스
해커스 IFRS 중급회계 1/2, 해커스패스
해커스 세무사 IFRS 객관식 재무회계, 해커스패스
해커스 세무사 IFRS 재무회계연습, 해커스패스
해커스 IFRS 재무회계 키 핸드북, 해커스패스
해커스 신용분석사 1부 이론+적중문제, 해커스패스

# 공무원 시험 합격을 위한 필수 기본서!

## 공무원 공부, 어떻게 시작해야 할까?

많은 공무원 수험생들이 재무회계에 집중하느라 원가관리회계, 정부회계의 공부시기를 놓쳐 시험 직전에 고생하는 경우가 많습니다. 이러한 문제를 해결하기 위하여 <해커스공무원 정윤돈 회계학 기본서 원가관리회계·정부회계>는 원가관리회계, 정부회계에 대한 수험생들의 부담을 최소화하기 위해 노력하였습니다.
원가관리회계에 있어서 가장 중요한 것은 일관된 논리의 흐름을 이해하는 것입니다. 많은 학생들이 계산이 어렵다는 이유로 감으로만 문제를 푸는 경우가 많습니다. 이를 방지하기 위하여 본서는 논리의 흐름을 이해할 수 있도록 서술하였습니다.
정부회계는 재무회계와 국가회계, 지방자치단체회계의 차이점을 이해하는 것이 가장 중요합니다. 정부회계와 재무회계는 전혀 다른 것이 아니고 큰 줄기는 같지만 차이나는 부분이 무엇인지, 왜 그래야만 하는지를 이해하는 것이 가장 효율적인 공부법입니다.

<해커스공무원 정윤돈 회계학 기본서 원가관리회계·정부회계>의 특징은 아래와 같습니다.

### 1. 원가관리회계

복잡한 서술보다는 그림과 표를 이용하여 논리적인 흐름을 보이는데 집중하였습니다. 또한 너무 어려운 타시험의 기출문제보다는 철저히 공무원 시험 위주로 기출문제를 기준으로 하여 교재를 구성하였습니다.

### 2. 정부회계

각 주제별로 재무회계와 국가회계, 지방자치단체회계의 차이점을 비교하여 작성하였으며, 각 주제별로 최신 기출과 각 상황별 차이점을 정확히 서술하였습니다.

더불어, 공무원 시험 전문 사이트인 해커스공무원(gosi.Hackers.com)에서 교재 학습 중 궁금한 점을 나누고 다양한 무료 학습 자료를 함께 이용하여 학습 효과를 극대화할 수 있습니다.

『해커스공무원 정윤돈 회계학 원가관리회계 · 정부회계 기본서』가 공무원 합격을 꿈꾸는 모든 수험생 여러분에게 훌륭한 길잡이가 되기를 바랍니다.

정윤돈

# 목차

## I 원가관리회계

## II 정부회계

# 이 책의 구성

『해커스공무원 정윤돈 회계학 기본서 원가관리회계·정부회계』는 수험생 여러분들이 회계학 과목을 효율적으로 정확하게 학습하실 수 있도록 상세한 내용과 다양한 학습장치를 수록·구성하였습니다. 아래 내용을 참고하여 본인의 학습 과정에 맞게 체계적으로 학습 전략을 세워 학습하기 바랍니다.

## 1 이론의 세부적인 내용을 정확하게 이해하기

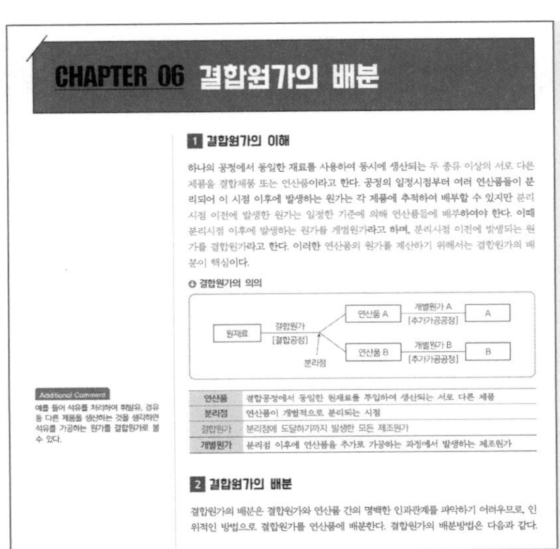

CHAPTER 06 결합원가의 배분

1 결합원가의 이해

하나의 공정에서 동일한 재료를 사용하여 동시에 생산되는 두 종류 이상의 서로 다른 제품을 결합제품 또는 연산품이라고 한다. 공정의 일정시점부터 여러 연산품들이 분리되어 이 시점 이후에 발생하는 원가는 각 제품에 추적하여 배부할 수 있지만 분리시점 이전에 발생한 원가는 일정한 기준에 의해 연산품들에 배부하여야 한다. 이때 분리시점 이후에 발생하는 원가를 개별원가라고 하며, 분리시점 이전에 발생되는 원가를 결합원가라고 한다. 이러한 연산품의 원가를 계산하기 위해서는 결합원가의 배분이 핵심이다.

⊙ 결합원가의 의의



| 연산품 | 결합공정에서 동일한 원재료를 투입하여 생산되는 서로 다른 제품 |
|---|---|
| 분리점 | 연산품이 개별적으로 분리되는 시점 |
| 결합원가 | 분리점에 도달하기까지 발생한 모든 제조원가 |
| 개별원가 | 분리점 이후에 연산품을 추가로 가공하는 과정에서 발생하는 제조원가 |

Additional Comment
예를 들어 석유를 처리하여 휘발유, 경유 등 다른 제품을 생산하는 것을 생각하면 석유를 가공하는 원가를 결합원가로 볼 수 있다.

2 결합원가의 배분

결합원가의 배분은 결합원가와 연산품 간의 명백한 인과관계를 파악하기 어려우므로, 인위적인 방법으로 결합원가를 연산품에 배분한다. 결합원가의 배분방법은 다음과 같다.

### 최근 출제경향 및 개정 기업회계기준을 반영한 이론

**1. 최근 출제경향 반영**

철저한 기출분석으로 도출한 최신 출제경향을 바탕으로 자주 출제되거나 출제가 예상되는 내용들을 빠짐없이 교재 내 이론에 반영·수록하였습니다. 이를 통해 방대한 회계학의 내용 중 시험에 나오는 이론만을 효과적으로 학습할 수 있습니다.

**2. 최신 기업회계기준 및 정부회계규칙 반영**

최신 기업회계기준 및 정부회계규칙을 교재 내 모든 이론과 문제에 적극 반영하였습니다. 이를 통해 개정된 회계기준 및 법령의 내용으로 정확하게 학습하여 시험에 효율적으로 대비할 수 있습니다.

## 2 다양한 학습장치를 활용하여 이론 완성하기

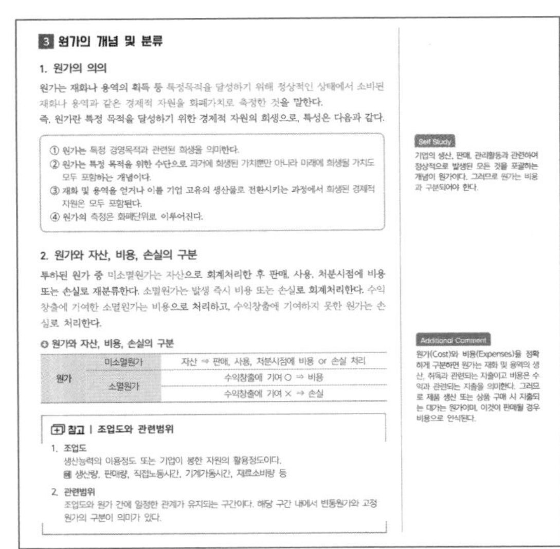

3 원가의 개념 및 분류

1. 원가의 의의

원가는 재화나 용역의 획득 등 특정목적을 달성하기 위해 정상적인 상태에서 소비된 재화나 용역과 같은 경제적 자원을 화폐가치로 측정한 것을 말한다.
즉, 원가란 특정 목적을 달성하기 위한 경제적 자원의 희생으로, 특성은 다음과 같다.

① 원가는 특정 경영목적과 관련된 희생을 의미한다.
② 원가는 특정 목적을 위한 수단으로 과거에 희생된 가치뿐만 아니라 미래에 희생될 가치도 모두 포함하는 개념이다.
③ 재화 및 용역을 얻거나 이를 기업 고유의 생산물로 전환시키는 과정에서 희생된 경제적 자원은 모두 포함된다.
④ 원가의 측정은 화폐단위로 이루어진다.

Self Study
기업의 생산, 판매, 관리활동과 관련하여 정상적으로 발생된 모든 것을 포괄하는 개념이 원가이다. 그러므로 원가는 비용과 구분되어야 한다.

2. 원가와 자산, 비용, 손실의 구분

투하된 원가 중 미소멸원가는 자산으로 회계처리한 후 판매, 사용, 처분시점에 비용 또는 손실로 재분류한다. 소멸원가는 발생 즉시 비용 또는 손실로 회계처리한다. 수익창출에 기여한 소멸원가는 비용으로 처리하고, 수익창출에 기여하지 못한 원가는 손실로 처리한다.

⊙ 원가와 자산, 비용, 손실의 구분

| 원가 | 미소멸원가 | 자산 ⇒ 판매, 사용, 처분시점에 비용 or 손실 처리 |
|---|---|---|
| | 소멸원가 | 수익창출에 기여 ○ ⇒ 비용 |
| | | 수익창출에 기여 × ⇒ 손실 |

Additional Comment
원가(Cost)와 비용(Expenses)을 정확하게 구분하면 원가는 재화 및 용역의 생산, 취득과 관련되는 지출이고 비용은 수익과 관련되는 지출을 의미한다. 그러므로 제품 생산 또는 상품 구매 시 지출되는 대가는 원가이며, 이것이 판매될 경우 비용으로 인식된다.

참고 | 조업도와 관련범위

1. 조업도
생산능력의 이용정도 또는 기업이 봉한 자원의 활용정도이다.
예 생산량, 판매량, 직접노동시간, 기계가동시간, 재료소비량 등

2. 관련범위
조업도와 원가 간에 일정한 관계가 유지되는 구간이다. 해당 구간 내에서 변동원가와 고정원가의 구분이 의미가 있다.

### 체계적인 학습을 위한 다양한 학습 장치

**1. Self Study, Additional Comment**

수업 후 혼자 학습한 내용을 복습할 때, 2회독 이상 기본서를 학습할 때 등 다양한 상황에 맞춰 기본서를 활용할 수 있도록 Self Study, Additional Comment를 구성하였습니다. 이를 통해 본인의 학습 단계에 맞춰 다양한 방법으로 기본서를 활용할 수 있습니다.

**2. 참고**

본문 내용 외에도 더 알아두면 좋거나 심화된 내용들은 따로 모아 '참고'에 수록하였습니다. 참고를 학습함으로써 학습의 빈틈을 채우고, 회계학 개념을 완성할 수 있습니다.

## 3 실제 사례 및 문제를 통해 이론 적용하기

**사례연습** 1. 전통적원가계산과 활동기준원가계산의 비교

㈜서울자동차는 자동차 부품을 제조하는 회사이고 그동안 기계시간을 기준으로 제조간접원가를 일률적으로 배부해 오다 최근에 활동기준원가계산을 도입하였다. 다음은 제조간접원가의 활동자료이다.

| 활동 | 원가동인 | 원가동인 단위당 원가 |
|---|---|---|
| 기계작업 | 기계시간 | ₩100/시간 |
| 재료가공 | 부품수 | ₩6.4/개 |
| 품질검사 | 검사시간 | ₩5/시간 |

기존의 원가계산에서는 기계시간당 ₩600씩 제조간접원가를 배부하였다. ㈜서울자동차는 뱃치 단위로 자동차 부품을 제조하는데 1뱃치 크기는 자동차 부품 50개이다. 1뱃치의 생산에는 기계시간 6시간, 부품수 500개, 검사시간 4시간이 필요하다. 자동차 부품의 단위당 제조간접원가는 기존의 원가계산에 의할 경우가 활동기준원가계산에 의할 경우에 비해 얼마나 과대(과소)평가되는가?

풀이

1. 기존의 원가계산
   단위당 제조간접원가: 6시간 × @600 ÷ 50개 = 72
2. 활동기준원가계산
   단위당 제조간접원가: (6시간 × @100 + 500개 × @6.4 + 4시간 × @5) / 50개 = 76.4

⇨ 4.4 과소평가

**기출문제**

다음은 전통적원가계산과 활동기준원가계산에 관한 내용이다. 가장 타당하지 못한 것은 무엇인가?

① 전통적원가계산은 조업도가 높고, 활동소비가 낮은 제품의 원가를 과소평가하는 왜곡을 초래하는 반면에 활동기준원가계산은 비교적 정확한 원가계산이 가능하다.
② 활동기준원가계산은 제품이 활동을 소비하고 활동이 자원을 소비한다는 사고에 근거한다.
③ 활동기준원가계산에서는 조업도뿐만 아니라 조업도가 아닌 다양한 원가동인을 사용하여 원가를 배부한다.
④ 활동기준원가계산에서 원가배부기준으로 선택된 원가동인이 원가발생의 인과관계를 잘 반영하지 못하는 경우 제품원가계산이 왜곡될 가능성이 있다.

해설

전통적원가계산은 조업도가 높고, 활동소비가 낮은 제품의 원가를 과대평가하는 왜곡을 초래하는 반면에 활동기준원가계산은 비교적 정확한 원가계산이 가능하다. 답 ①

### 심층학습을 위한 사례연습 및 기출문제

**1. 사례연습**

공무원 회계학 시험에서는 주요 이론 외에도 실제와 같은 사례를 제시하고 이를 해결해야 하는 문제가 함께 출제되고 있으므로, 이를 대비하기 위해 이론과 관련된 사례 및 그에 따른 풀이 과정을 함께 수록하였습니다. 이론을 사례에 적용함으로써 학습한 내용을 확실하게 정리할 수 있고, 사례형 문제에 대한 적응력을 높일 수 있습니다.

**2. 기출문제**

이론과 사례연습을 통해 개념을 익히셨다면, 학습한 개념이 실제 시험에서는 어떻게 출제되었는지 바로 확인할 수 있도록 본문 내에 '기출문제'를 수록하였습니다. 이를 통해 이론이 어떻게 문제화되는지, 문제로 출제되는 포인트는 무엇인지 파악할 수 있습니다.

## 4 확인문제를 통해 다시 한번 이론 정리하기

**확인 문제**

01 보조부문원가 배부 방법에 대한 설명으로 옳지 않은 것은? 2015년 지방직 9급

① 상호배부법은 연립방정식을 이용하여 보조부문 간의 용역제공비율을 정확하게 고려해서 배부하는 방법이다.
② 단계배부법은 보조부문원가의 배부순서를 적절하게 결정할 경우 직접배부법보다 정확하게 원가를 배부할 수 있다.
③ 단계배부법은 우선순위가 높은 보조부문의 원가를 우선순위가 낮은 보조부문에 먼저 배부하고, 배부를 끝낸 보조부문에는 다른 보조부문원가를 재배부하지 않는 방법이다.
④ 직접배부법은 보조부문 간의 용역수수관계를 정확하게 고려하면서 적용이 간편하다는 장점이 있어 실무에서 가장 많이 이용되는 방법이다.

02 대한회사는 제조부문(성형, 조립)과 보조부문(수선, 동력)을 이용하여 제품을 생산하고 있으며, 제조부문과 보조부문에 관련된 자료는 다음과 같다.

| 제공부문 | 제조부문 | | 보조부문 | | 합계 |
|---|---|---|---|---|---|
| | 성형조립 | 조립 | 수선 | 동력 | |
| 수선 | 400시간 | 200시간 | 100시간 | 400시간 | 1,100시간 |
| 동력 | 4,000kW | 4,000kW | 8,000kW | 2,000kW | 18,000kW |

수선부문과 동력부문에 집계된 부문원가는 각각 ₩160,000, ₩80,000이다. 대한회사는 상호배분법을 사용하여 보조부문원가를 제조부문에 배분한다. 조립부문에 배분될 보조부문원가는 얼마인가?

① ₩80,000 ② ₩95,000 ③ ₩110,000 ④ ₩125,000

정답 및 해설

01
직접배부법은 보조부문 간의 용역수수관계를 정확하게 고려하지 못하는 방법으로 보조부문 간의 용역수수가 중요하지 않은 경우 편의상 사용하는 방법이다.

02
상호배분법하에서 자기부문 소비용역이 있는 경우, 무시하고 배분한다.

| 제공부문 | 제조부문 | | 보조부문 | | 합계 |
|---|---|---|---|---|---|
| | 성형조립 | 조립 | 수선 | 동력 | |
| 수선 | 40% | 20% | - | 40% | 100% |
| 동력 | 25% | 25% | 50% | - | 100% |

수선부문, 동력부문에 배분할 총원가를 각각 A, B라 하면,
A = 160,000 + 0.5B, B = 80,000 + 0.4A
A = 250,000, B = 180,000

| 제공부문 | 제조부문 | | 보조부문 | |
|---|---|---|---|---|
| | 성형조립 | 조립 | 수선 | 동력 |
| 배부전 원가 | - | - | 160,000 | 80,000 |

### 실전 감각을 높일 수 있는 확인 문제

**1. 확인 문제**

학습한 회계학 이론을 문제에 적용할 수 있도록 기출문제를 별도로 수록하였습니다. 문제를 풀어봄으로써 학습한 개념과 이론을 제대로 이해하고 있는지 확인해볼 수 있으며, 상세한 해설을 통해 회계학을 암기하는 것이 아닌 '이해'하며 개념을 익힐 수 있습니다.

**2. 상세한 해설**

확인 문제를 푸는 것이 단순히 문제에 대한 정답을 맞추는 것에 그치지 않고 복습 및 심화 학습으로 이어질 수 있도록 교재에 수록된 모든 문제에 상세한 해설을 수록하였습니다. 이를 통해 문제를 풀며 이론을 다시 한번 정리하고, 개념을 확장시킬 수 있습니다.

# I

# 원가관리회계

# CHAPTER 01 원가관리회계의 기초개념

## 1 회계의 분류

회계는 그 목적에 따라 여러 가지로 구분될 수 있으나, 일반적으로 정보를 제공하는 기업과 그 정보를 이용하는 정보이용자의 관계를 기준으로 하여 재무회계와 관리회계로 구분된다.

### 1. 재무회계

재무회계는 기업 외부의 정보이용자인 주주, 채권자 등에게 그 기업의 일정시점의 재무상태와 일정기간 동안의 경영성과에 관한 유용한 정보를 제공하는 것을 목적으로 한다. 재무회계는 기업의 거래들을 측정하고 기록하며, 일반적으로 인정되는 회계원칙에 따라 재무제표를 통하여 정보를 제공한다.

### 2. 관리회계

관리회계는 기업내부의 정보이용자인 경영자에게 관리적 의사결정에 유용한 정보를 제공하는 것을 목적으로 한다. 관리회계가 제공하는 정보는 내부정보이용자를 위하여 작성되므로, 일반적으로 인정된 회계원칙의 영향을 받지 않으며, 제공되는 형태와 내용 등의 제약이 없다.

재무회계와 관리회계의 특정 비교

| 구분 | 재무회계 | 관리회계 |
|---|---|---|
| 목적 | 외부보고 | 내부보고 |
| 보고수단 | 재무제표(재무보고) | 특수목적의 보고서 |
| 원칙의 유무 | 회계원칙의 지배를 받음 | 일반적인 기준이 없음 |
| 범위 | 범위가 넓고 전체적 | 범위가 좁고 부분적 |
| 시간적 관점 | 과거지향적 | 미래지향적 |
| 강조하는 질적 특성 | 신뢰성 | - |
| 집계하는 비용의 특성 | 회계적 비용 | 경제적 비용 |

## 2 원가회계의 의의

### 1. 원가회계

원가회계는 외부보고용 재무제표를 작성하고 기업 내부의 경영계획을 수립·통제하며 특수한 의사결정에 필요한 정보를 제공하기 위하여 생산과 영업활동에 관한 원가자료를 집계·배분·분석하는 것이다.

## 2. 원가회계와 관리회계, 재무회계와의 관계

원가회계는 전통적으로 제조업의 재고자산의 평가와 이익측정을 위한 제품원가계산에 중점을 두고 발전하여 왔으나 오늘날에는 경영자의 의사결정과 경영성과를 평가하기 위한 원가정보의 제공이라는 측면이 더욱 강조되고 있다. 그러므로 원가회계는 원가정보를 이용하고 평가하는 목적에 따라 재무회계와 관리회계, 두 가지 회계와 모두 밀접한 관련성을 지니고 있다.

**원가회계와 관리회계, 재무회계와의 관계**

| 원가회계 | |
|---|---|
| 재무회계 | 관리회계 |
| • 재고자산평가를 위한 제품원가자료<br>• 이익결정을 위한 제품원가자료 | • 예산편성을 위하여 예측한 원가자료<br>• 통제를 위한 원가자료<br>• 특수의사결정을 위한 원가자료 |

# 3 원가의 개념 및 분류

## 1. 원가의 의의

원가는 재화나 용역의 획득 등 특정목적을 달성하기 위해 정상적인 상태에서 소비된 재화나 용역과 같은 경제적 자원을 화폐가치로 측정한 것을 말한다.
즉, 원가란 특정 목적을 달성하기 위한 경제적 자원의 희생으로, 특성은 다음과 같다.

① 원가는 특정 경영목적과 관련된 희생을 의미한다.
② 원가는 특정 목적을 위한 수단으로 과거에 희생된 가치뿐만 아니라 미래에 희생될 가치도 모두 포함하는 개념이다.
③ 재화 및 용역을 얻거나 이를 기업 고유의 생산물로 전환시키는 과정에서 희생된 경제적 자원은 모두 포함된다.
④ 원가의 측정은 화폐단위로 이루어진다.

**Self Study**

기업의 생산, 판매, 관리활동과 관련하여 정상적으로 발생된 모든 것을 포괄하는 개념이 원가이다. 그러므로 원가는 비용과 구분되어야 한다.

## 2. 원가와 자산, 비용, 손실의 구분

투하된 원가 중 미소멸원가는 자산으로 회계처리한 후 판매, 사용, 처분시점에 비용 또는 손실로 재분류한다. 소멸원가는 발생 즉시 비용 또는 손실로 회계처리한다. 수익창출에 기여한 소멸원가는 비용으로 처리하고, 수익창출에 기여하지 못한 원가는 손실로 처리한다.

**원가와 자산, 비용, 손실의 구분**

| 원가 | 미소멸원가 | 자산 ⇒ 판매, 사용, 처분시점에 비용 or 손실 처리 |
|---|---|---|
| | 소멸원가 | 수익창출에 기여 ○ ⇒ 비용 |
| | | 수익창출에 기여 × ⇒ 손실 |

**Additional Comment**

원가(Cost)와 비용(Expenses)을 정확하게 구분하면 원가는 재화 및 용역의 생산, 취득과 관련되는 지출이고 비용은 수익과 관련되는 지출을 의미한다. 그러므로 제품 생산 또는 상품 구매 시 지출되는 대가는 원가이며, 이것이 판매될 경우 비용으로 인식된다.

### 3. 원가의 분류

경영자는 특정 경영의사결정과 관련된 원가가 무엇인지를 파악하고, 이에 적합한 원가 정보를 수집하여야 한다. 이를 위해서 원가는 다양한 기준으로 분류될 수 있다.

#### (1) 원가행태에 따른 분류

일정기간 관련범위 내에서 조업도의 변동에 따라 총원가가 일정한 모습으로 변동할 때 그 모습을 원가행태라고 한다. 원가행태에 따라 원가를 변동원가, 고정원가, 준변동원가, 준고정원가로 구분할 수 있다.

**참고 | 조업도와 관련범위**

1. 조업도
   생산능력의 이용정도 또는 기업이 봉한 자원의 활용정도이다.
   예 생산량, 판매량, 직접노동시간, 기계가동시간, 재료소비량 등
2. 관련범위
   조업도와 원가 간에 일정한 관계가 유지되는 구간이다. 해당 구간 내에서 변동원가와 고정원가의 구분이 의미가 있다.

**Additional Comment**

예를 들어 만두를 만드는데 투입되는 밀가루의 양이 일정하다면 만두 생산량이 늘어날수록 밀가루 투입양도 증가하게되는데 이것이 변동원가의 예이다. 또한 기계장치 1대를 임차하여 1년간 120만 원의 사용료를 지불하기로 하였다면 월별 고정원가는 생산량과 관계없이 10만 원이다.

① 변동원가와 고정원가

변동원가는 관련범위 내에서 조업도의 변동에 직접적으로 비례하여 변동하는 원가를 말한다. 조업도의 증가에 따라 총변동원가는 증가하며, 단위당 변동원가는 조업도의 변동에 관계없이 일정하다.

고정원가는 관련범위 내에서 조업도의 변동에 관계없이 총원가가 일정한 원가를 말한다. 총원가는 조업도 변동에 영향을 받지 않고 일정하다. 그러나 단위당 고정원가는 조업도가 증가하면 감소하게 되고, 조업도가 감소하면 증가하게 된다.

변동원가: **조업도↑ ⇒ 총변동원가↑, 단위당 변동원가 일정**

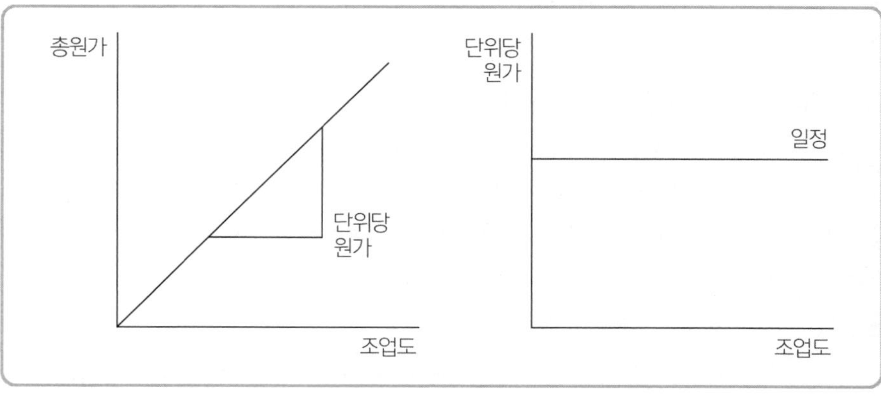

**고정원가: 조업도↑ ⇒ 총고정원가 고정, 단위당 고정원가↓**

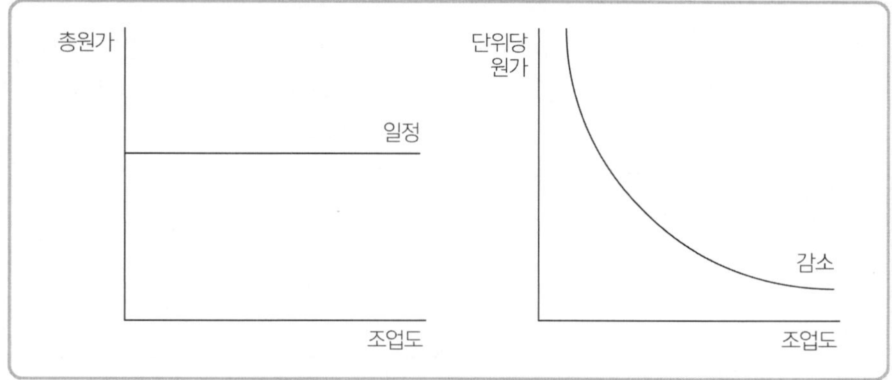


### ② 준변동원가와 준고정원가

준변동원가는 조업도와 관계없이 총원가가 일정한 고정원가와 조업도의 변동에 비례하여 발생하는 변동원가의 두 부분으로 구성된 원가를 말한다.

준고정원가는 일정한 조업도 범위 내에서는 총원가가 일정하지만, 조업도가 그 범위를 벗어나면 총원가가 일정액만큼 증가 또는 감소하는 원가를 말한다.

**준변동원가**

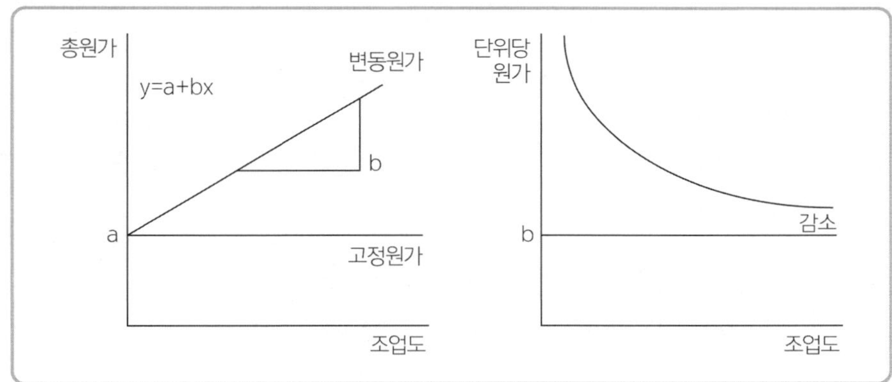


**준고정원가**

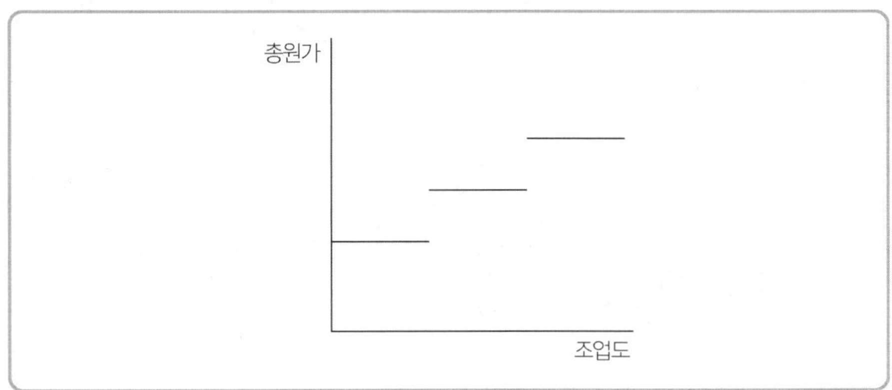

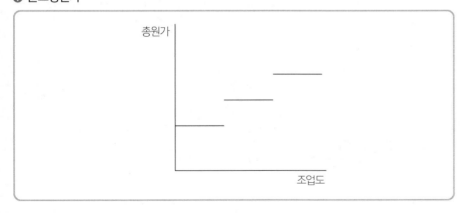

**Additional Comment**

예를 들어, 휴대폰 사용료는 사용하지 않아도 발생하는 기본요금과 데이터사용량에 비례하는 요금으로 구성된다. 이 경우 기본요금이 고정원가이고, 데이터사용량에 비례하는 요금이 변동원가이다. 또한 기계장치 1대를 임차하면 1대 당 제품 100개를 생산할 수 있다면 제품 100개를 초과하여 생산하는 순간 기계장치를 1대 더 임차하여야 한다. 이러한 준고정원가는 계간형의 형태를 취하기 때문에 계단원가라고도 한다.

**사례연습 1. 원가행태에 따른 분류**

A사는 관련범위는 100 ~ 1,000개이다. 20×1년 동안 500개를 생산하였을 때 발생한 변동원가와 고정원가는 다음과 같다. 이를 이용하여 1,000개를 생산할 경우, 변동원가와 고정원가의 합계와 단위당원가를 구하시오.

| 구분 | 500개 생산 |
|---|---|
| 변동원가 | ₩2,000 |
| 고정원가 | ₩4,000 |

**풀이**

총원가: 8,000
단위당원가: 8
1) 단위당 변동원가: 2,000 ÷ 500개 = @4/개
2) 1,000개 생산 시 총변동원가: 1,000개 × @4 = 4,000
3) 1,000개 생산 시 총원가: 4,000 + 4,000 = 8,000
4) 1,000개 생산 시 단위당원가: 8,000 ÷ 1,000개 = @8/개

### (2) 추적가능성에 따른 분류

원가 계산 시 제품 단위, 용역 단위 등 원가단위에 직접계산의 가능 여부에 따라 직접원가와 간접원가로 분류된다. 그러므로 발생된 원가가 어떤 원가대상에서 발생된 것인지를 확인할 수 있을 때 추적가능하다고 한다.

① **직접원가**: 직접원가는 특정 원가대상에 직접 추적할 수 있는 원가를 말한다. 따라서 직접원가는 원가대상과의 관련성을 찾기 쉽기 때문에 원가의 추적이 용이하다.

| 직접원가 | • 특정 원가대상과 관련된 원가로서 쉽고 용이하게 특정 원가대상에 추적될 수 있는 원가(개별원가)이다.<br>• 직접재료비, 직접노무비 등이 해당한다. |
|---|---|

② **간접원가**: 간접원가는 여러 원가대상에서 함께 소비한 원가로서 특정 원가대상에 추적할 수 없는 원가를 말한다. 그러므로 간접원가는 원가대상과의 직접적인 인과관계를 파악할 수 없으므로 합리적인 배분기준에 따라 원가대상에 배분한다.

| 간접원가 | • 특정 원가대상과 관련된 원가이지만 쉽고 용이하게 그 원가대상에 추적될 수 없는 원가(공통원가)이다.<br>• 제조간접비 등이 해당한다. |
|---|---|

**추적가능성에 따른 분류**

| | | |
|---|---|---|
| 직접원가 | 원가추적 ⇒ | 특정원가대상 |
| 간접원가 | 원가배분 ⇒ | |

### (3) 자산화 여부에 따른 분류

① **제품원가**: 제품원가는 제품원가계산과정에서 재고자산에 할당되는 원가로서, 재무제표에 재고자산으로 계상되었다가 제품이 판매될 때 매출원가라는 비용계정으로 대체된다. 재고가능원가라고도 한다.

| 제품원가 | 발생될 때 재고자산을 구성하다가 제품이 판매될 때 매출원가로 대체되는 원가(재고가능원가)이다. |
|---|---|

② **기간원가**: 기간원가는 제품생산과 관계없이 발생되기 때문에 발생된 기간에 비용으로 처리되는 원가를 말한다. 재고불가능원가라고도 한다.

| 기간원가 | 발생주의 원칙에 따라 발생한 기간에 비용으로 처리되는 원가(재고불능원가)이다. |
|---|---|

**자산화 여부에 따른 분류**

| | | | | |
|---|---|---|---|---|
| 제품원가 | 발생 ⇒ | 재고자산(B/S) | 판매 ⇒ | 매출원가(I/S) |
| 기간원가 | | 발생 ⇒ | | 당기비용(I/S) |

### (4) 통제가능성에 따른 분류

① **통제가능원가**: 통제가능원가는 특정 관리자가 원가의 발생정도에 영향을 미칠 수 있는 원가를 말한다. 관리자는 통제가능원가의 발생에 대해 책임이 있으므로, 성과평가 시 고려하여야 한다. 즉, 통제가능원가는 경영자의 업적을 평가하는데 유용한 개념으로 책임회계에서 중요시한다.

② **통제불가능원가**: 통제불가능원가는 특정관리자가 원가의 발생정도에 영향을 미칠 수 있는 권한이 없는 원가이다. 이는 경영자의 통제 밖에 있으므로 경영자에 대한 성과평가 시 배제되어야 한다.

### (5) 의사결정과 관련된 분류

① **관련원가**: 특정 의사결정과 관련이 있는 원가로, 의사결정 대안들 간에 차이가 나는 미래원가를 말한다.

② **비관련원가**: 특정 의사결정과 관련이 없는 원가로, 이미 발생된 과거 원가와 대안들 간에 차이가 없는 미래원가를 말한다.

③ **매몰원가**: 과거의 의사결정의 결과로 이미 발생된 원가로서, 현재나 미래의 의사결정에 영향을 미치지 못하는 원가를 말한다. 매몰원가는 비관련원가이다.

④ **기회비용**: 기회비용은 특정 대안을 선택하기 위해 포기해야 하는 효익이며, 의사결정을 할 때 반드시 고려해야 하는 원가이다. 기회비용은 관련원가이다.

### (6) 제조활동에 따른 분류

① **제조원가**: 제조기업은 노동자의 노동력과 제조시설을 이용하여 생산과정에 투입된 원재료를 제품으로 전환하는 활동을 통해 제품을 생산한다. 이 제조활동에서 발생되는 원가를 제조원가라고 부른다. 제조원가는 직접재료비, 직접노무비, 제조간접비로 구성된다.

Self Study

1. 제조간접비를 정의하면 제조과정에서 발생한 원가로서 직접재료비와 직접노무비를 제외한 원가를 의미한다.
2. 제조원가 중 직접재료비와 직접노무비를 기본원가 또는 기초원가라고 하며, 원재료를 가공하여 제품으로 전환하는 과정에서 직접노무비와 제조간접비가 발생하므로 직접노무비와 제조간접원가를 가공원가 또는 전환원가라고 한다.

| 제조원가 (DM + DL + OH) | 제조활동에서 발생하는 원가 |
|---|---|
| 직접재료원가(DM) | 재료원가 중 특정 제품에 추적될 수 있는 원가 |
| 직접노무원가(DL) | 노무원가 중 특정 제품에 추적될 수 있는 원가 |
| 제조간접원가(OH) | 직접재료원가와 직접노무원가 이외의 모든 제조원가 |

㉠ **직접재료비(DM)**: 제품을 생산하기 위해 투입된 원재료의 원가 중 특정 제품에 직접 추적할 수 있는 원가를 직접재료원가라고 한다. 그러므로 추적이 불가능한 간접재료비나 소모품비 등은 제조간접비에 해당한다.

㉡ **직접노무비(DL)**: 제품을 생산하는 과정에서 투입되는 노동력에 대한 노무비로 추적할 수 있는 노무비이다. 이 중에서 특정 제품에 직접 추적할 수 있는 노무비를 직접노무비라고 한다. 그러므로 추적이 불가능한 간접노무비는 제조간접비에 해당한다.

㉢ **제조간접비(OH)**: 제조간접비란 제조과정에서 발생한 원가로서 특정 제품에 직접적으로 추적할 수 없는 원가를 의미한다. 그러므로 제조경비, 간접재료비, 간접노무비, 감가상각비(공장분), 보험료(공장분), 수선비, 전력비 등을 말한다.

② **비제조원가**: 비제조원가는 기업의 제조활동과 관계없이 발생되는 원가를 말한다. 광고비, 판매수수료, 판매직원급여 등의 판매비와 사무용 시설의 보험료 등으로 구성된다.

| 비제조원가 | 판매활동과 관리활동에서 발생하는 원가 |
|---|---|
| 판매비 | 판매활동에서 발생하는 원가 |
| 관리비 | 관리활동에서 발생하는 원가 |

**Self Study**

제조원가(DM + DL + OH) ≠ 기초원가(DM + DL) + 가공원가(DL + OH)

**제조활동과의 관련성에 따른 원가분류**

| 형태 | 추적가능성 | 제조원가(DM + DL + OH) | 비고 |
|---|---|---|---|
| 재료비 | 직접재료원가 ⇒ | 직접재료원가(DM) | 기초원가(기본원가) DM + DL |
| | 간접재료원가 ① | | |
| 노무비 | 직접노무원가 ⇒ | 직접노무원가(DL) | 가공원가(전환원가) DL + OH |
| | 간접노무원가 ② | | |
| 경비 | 간접경비 ③ | 제조간접원가(OH) ① + ② + ③ | |

**사례연습 2. 제조활동과의 관련성에 따른 원가분류**

A사는 20×1년에 제품을 200개 생산하였으며, 제품 생산에 발생한 원가는 다음과 같다. 다음 물음에 답하시오.

1) 재료원가 ₩4,000(직접재료비 50%, 간접재료비 50%)
2) 노무원가 ₩2,400(직접노무비 60%, 간접노무비 40%)
3) 공장 감가상각비 ₩800
4) 영업사원 급여 ₩1,000

[물음 1] 기초원가를 구하시오.

[물음 2] 가공원가를 구하시오.

[물음 3] 제조원가를 구하시오.

**풀이**

[물음 1] 기초원가: 직접재료원가 + 직접노무원가 = 4,000 × 50% + 2,400 × 60% = 3,440

[물음 2] 가공원가: 직접노무원가 + 제조간접원가 = 2,400 × 60% + 3,760* = 5,200

* 제조간접원가: 간접재료비 + 간접노무비 + 간접경비 = 4,000 × 50% + 2,400 × 40% + 800 = 3,760

[물음 3] 제조원가: 직접재료비 + 직접노무비 + 제조간접비 = 기초원가 + 제조간접원가 = 3,440 + 3,760 = 7,200

**기출문제**

원가의 분류에 관한 다음 설명 중 타당하지 않은 것은 무엇인가?

① 제조간접원가는 직접재료원가와 직접노무원가 이외의 제조원가이다.
② 간접재료원가, 간접노무원가, 간접경비는 제조간접원가로 분류한다.
③ 기본원가와 가공원가에 공통으로 포함되는 원가요소는 변동제조간접원가이다.
④ 변동제조원가는 직접재료원가와 직접노무원가 및 변동제조간접원가의 합이다.

해설

기본원가와 가공원가에 공통으로 포함되는 원가요소는 직접노무원가이다. 답 ③

## 4 제조원가의 흐름

제조원가는 제조과정에 투입된 원가를 의미하며, 직접재료원가, 직접노무원가, 제조간접원가로 구성된다. 이 세가지 원가들은 제조과정을 거치면서 제조활동에 투입된 제조원가는 재공품 계정으로 집계되며, 제품이 완성되면 완성된 만큼 제조원가(당기제품제조원가)는 제품계정으로 대체된다. 제품이 판매되면 제품의 원가는 매출원가계정으로 대체된다. 이를 제조원가의 흐름이라고 한다.

**제조원가의 흐름**

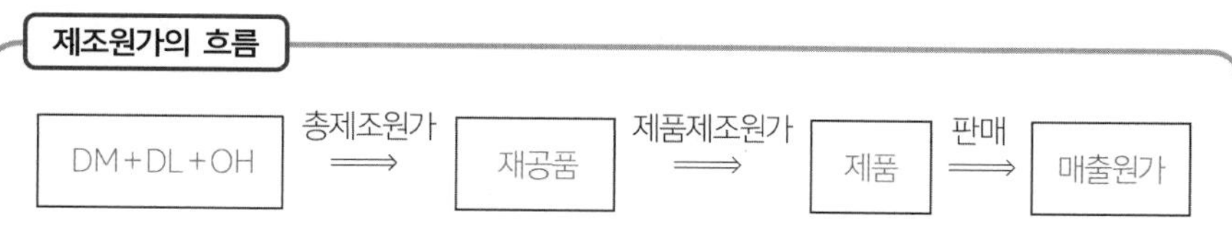

## 1. 원가계산과정

### (1) 당기총제조원가

당기총제조원가는 당기에 제품제조를 위해 투입된 총원가요소이다. 당기총제조원가는 직접재료비, 직접노무비, 제조간접비로 구성되어 있다.

| 당기총제조원가 | 당기에 제조활동에 투입된 총제조원가 |
|---|---|
| | 직접재료원가(DM) + 직접노무원가(DL) + 제조간접원가(OH) |

### (2) 당기제품제조원가

당기 중에 완성된 제품의 제조원가를 의미하며, 이는 당기총제조원가에 기초재공품을 가산하고 기말재공품을 차감하여 계산한다.

| 당기제품제조원가 | 당기에 생산된 제품의 총제조원가 |
|---|---|
| | 기초재공품재고액 + 당기총제조원가 − 기말재공품재고액 |

### (3) 매출원가

당기에 판매된 제품의 원가를 의미하며, 당기제품제조원가에서 기초제품을 가산하고 기말제품을 차감하여 계산한다. 즉, 기초제품재고액에서 당기제품제조원가를 가산하면 당기판매가능제품재고액이 계산되고, 여기서 기말제품재고액을 차감하면 당기 동안 판매된 제품에 대한 매출원가가 계산된다.

| 매출원가 | 당기에 판매된 제품의 총제조원가 |
|---|---|
| | 기초제품재고액 + 당기제품제조원가 − 기말제품재고액 |

**Additional Comment**

문제에서 중간단계인 당기 총제조원가나 당기 제품제조원가를 묻지 않고 기초, 기말 재고자산이나 매출원가를 묻는다면 원재료, 재공품, 제품의 합산 T계정을 이용하여 쉽게 문제를 풀이할 수 있다. 이때 주의할점은 원재료는 직접재료원가가 아닌 원재료 매입액이 들어간다는 것이다.

제조원가의 T계정 정리

원재료

| 기초 | ×× | 직접재료원가(DM) | ×× |
|---|---|---|---|
| 매입 | ×× | 기말 | ×× |
| | ×× | | ×× |

재공품

| 기초 | ×× | 당기제품제조원가 | ×× |
|---|---|---|---|
| 직접재료원가(DM) | ×× | | |
| 직접노무원가(DL) | ×× | | |
| 제조간접원가(OH) | ×× | 기말 | ×× |
| | ×× | | ×× |

↓ 당기총제조원가

제품

| 기초 | ×× | 매출원가 | ×× |
|---|---|---|---|
| 당기제품제조원가 | ×× | 기말 | ×× |
| | ×× | | ×× |

### 원재료, 재공품, 제품의 합산 T계정

원재료, 재공품, 제품 합산 T계정

| | | | |
|---|---|---|---|
| 기초(원재료) | ××| 매출원가 | ×× |
| 기초(재공품) | ×× | | |
| 기초(제품) | ×× | | |
| 매입 | ×× | 기말(원재료) | ×× |
| 직접노무원가 | ×× | 기말(재공품) | ×× |
| 제조간접비 | ×× | 기말(제품) | ×× |
| | ×× | | ×× |

Self Study

1. 당기 총제조원가
   = 기초 원재료 + 매입 + 직접노무원가 + 제조간접원가 - 기말 원재료
2. 당기 제품제조원가
   = 기초 (원재료 + 재공품) + 매입 + 직접노무원가 + 제조간접원가 - 기말(원재료 + 재공품)
3. 당기 매출원가
   = 기초(원재료 + 재공품 + 제품) + 매입 + 직접노무원가 + 제조간접원가 - 기말(원재료 + 재공품 + 제품)

**사례연습 3. 제조원가의 흐름**

㈜통통의 원가 관련 자료는 다음과 같다.

| 구분 | 기초재고 | 기말재고 |
|---|---|---|
| 원재료 | ₩100,000 | ₩160,000 |
| 재공품 | 60,000 | 40,000 |
| 제품 | 80,000 | 200,000 |

- 원재료 매입액: ₩700,000
- 직접노무비: 400,000
- 제조간접비: 300,000

[물음 1] 기초원가를 구하시오.

[물음 2] 가공원가를 구하시오.

[물음 3] 당기총제조원가를 구하시오.

[물음 4] 당기제품제조원가를 구하시오.

[물음 5] 매출원가를 구하시오.

풀이

[물음 1] **기초원가(DM + DL)**: (100,000 + 700,000 - 160,000) + 400,000 = 1,040,000

[물음 2] **가공원가(DL + OH)**: 400,000 + 300,000 = 700,000

[물음 3] **당기총제조원가**: 100,000 + 700,000 + 400,000 + 300,000 - 160,000 = 1,340,000

[물음 4] **당기제품제조원가**: 100,000 + 60,000 + 700,000 + 400,000 + 300,000 - 160,000 - 40,000 = 1,360,000

[물음 5] **매출원가**: 240,000 + 700,000 + 400,000 + 300,000 - 400,000 = 1,240,000

# 확인 문제

**01** **원가에 대한 설명으로 옳지 않은 것은?** 2015년 지방직 9급

① 기회원가는 여러 대안 중 최선안을 선택함으로써 포기된 차선의 대안에서 희생된 잠재적 효익을 의미하며, 실제로 지출되는 원가는 아니다.
② 매몰원가는 과거 의사결정의 결과에 의해 이미 발생한 원가로서 경영자가 더 이상 통제할 수 없는 과거의 원가로 미래 의사결정에 영향을 미치지 못하는 원가이다.
③ 당기총제조원가는 특정 기간 동안 완성된 제품의 제조원가를 의미하며, 당기제품제조원가는 특정 기간 동안 재공품 계정에 가산되는 총금액으로 생산완료와는 상관없이 해당 기간 동안 투입된 제조원가가 모두 포함된다.
④ 관련 범위 내에서 조업도 수준이 증가함에 따라 총변동원가는 증가하지만 단위당 변동원가는 일정하다.

**02** **변동비와 고정비에 대한 설명 중 옳은 것은?**

① 관련범위 내에서 조업도가 증가하여도 총변동비는 일정하다.
② 관련범위 내에서 조업도가 증가하여도 총고정비는 일정하다.
③ 관련범위 내에서 조업도가 증가하면 단위당 변동비는 증가한다.
④ 관련범위 내에서 조업도가 증가하면 단위당 총고정비는 증가한다.

**03** **준고정(계단)원가에 대한 설명으로 옳은 것은? (단, 조업도 이외의 다른 조건은 일정하다고 가정한다)** 2016년 지방직 9급

① 조업도와 관계없이 단위당 원가는 항상 일정하다.
② 일정 조업도 범위 내에서는 조업도의 변동에 정비례하여 총원가가 변동한다.
③ 일정 조업도 범위 내에서는 총원가가 일정하지만, 일정 조업도 범위를 초과하면 총원가가 일정액만큼 증가한다.
④ 일정 조업도 범위 내에서는 조업도의 변동에 관계없이 총원가가 일정하므로, 단위당 원가는 조업도의 증가에 따라 증가한다.

**04** 각 사업부의 성과를 평가하고 그 결과에 따른 보상 제도를 실시하려고 할 경우 고려해야 할 적절한 원가는?

2011년 국가직 9급

① 고정원가
② 매몰원가
③ 통제가능원가
④ 기회원가



정답 및 해설

**01**
당기제품제조원가는 특정 기간 동안 완성된 제품의 제조원가를 의미하며, 당기총제조원가는 특정 기간 동안 재공품 계정에 가산되는 총금액으로, 생산완료와는 상관없이 해당 기간 동안 투입된 제조원가는 모두 포함된다.

**02**
▶ 오답체크
① 관련범위 내에서 조업도가 증가하여도 총변동비는 증가한다.
③ 관련범위 내에서 조업도가 증가하면 단위당 변동비는 일정하다.
④ 관련범위 내에서 조업도가 증가하면 단위당 총고정비는 감소한다.

**03**
준고정비에 관한 설명이다.

**04**
각 사업부를 평가하고 그 결과에 따라 보상제도를 실시하려 할 때, 통제가능원가를 고려해야 한다.

**정답** 01 ③ 02 ② 03 ③ 04 ③

## 05 원가행태에 대한 설명으로 옳지 않은 것은?

2014년 국가직 9급

① 고정원가는 조업도가 증감하더라도 전체 범위에서는 고정적이기 때문에, 다른 조건이 동일하다면 제품단위당 고정원가는 조업도의 증가에 따라 감소한다.
② 관련범위 내에서 조업도 수준과 관계없이 고정원가 발생총액은 일정하다.
③ 관련범위 내에서 조업도가 증가하면 변동원가 발생총액은 비례적으로 증가한다.
④ 변동원가는 조업도의 증감에 따라 관련범위 내에서 일정하게 변동하기 때문에, 다른 조건이 동일하다면 제품단위당 변동원가는 조업도의 증감에 관계없이 일정하다.

## 06 ㈜대한의 2010회계연도 중 재료구입액은 ₩200,000이고, 직접노무원가와 제조간접원가 발생액이 각각 ₩150,000과 ₩155,000일 경우 다음 자료를 이용하여 당기제품제조원가와 매출원가를 계산하면?

2011년 국가직 9급

| 구분 | 20×1. 1. 1. | 20×1. 12. 31. |
|---|---|---|
| 재료 | ₩100,000 | ₩80,000 |
| 재공품 | ₩120,000 | ₩150,000 |
| 제품 | ₩150,000 | ₩200,000 |

| | 제품제조원가 | 매출원가 |
|---|---|---|
| ① | ₩495,000 | ₩445,000 |
| ② | ₩495,000 | ₩475,000 |
| ③ | ₩505,000 | ₩445,000 |
| ④ | ₩505,000 | ₩475,000 |

## 07 다음 자료를 토대로 계산한 당기총제조원가와 당기제품제조원가는?

2016년 국가직 9급

- 기초직접재료재고액 ₩15,000
- 기말직접재료재고액 ₩10,000
- 제조간접원가 발생액 ₩40,000
- 기말재공품재고액 ₩21,000
- 기말제품재고액 ₩30,000
- 당기직접재료매입액 ₩50,000
- 직접노무원가 발생액 ₩25,000
- 기초재공품재고액 ₩30,000
- 기초제품재고액 ₩15,000

| | 당기총제조원가 | 당기제품제조원가 |
|---|---|---|
| ① | ₩110,000 | ₩120,000 |
| ② | ₩120,000 | ₩111,000 |
| ③ | ₩120,000 | ₩129,000 |
| ④ | ₩129,000 | ₩114,000 |

**08** ㈜한국의 20×1년 4월 초와 4월 말 재고자산 금액은 다음과 같다.

| | 20×1. 4. 1. | 20×1. 4. 30. |
|---|---|---|
| 직접재료 | ₩18,000 | ₩16,000 |
| 재공품 | ₩4,000 | ₩14,000 |
| 제품 | ₩16,000 | ₩12,000 |

4월 중 직접재료 매입액은 ₩150,000이고, 가공원가는 ₩594,000이다. ㈜한국의 4월 매출원가는?

2019년 국가직 9급

① ₩726,000 ② ₩738,000
③ ₩740,000 ④ ₩752,000





정답 및 해설

05
조업도의 변동에 관계없이 관련범위 내에서 총원가가 일정한 원가를 고정원가라고 한다. 고정원가는 조업도의 변동과 무관하게 원가총액은 일정하나, 단위당 원가는 조업도의 증감에 반비례하는 형태의 원가이다.

06
1) 제품제조원가: 기초 (원재료 + 재공품) + 매입 + 직접노무원가 + 제조간접원가 - 기말(원재료 + 재공품) = 100,000 + 120,000 + 200,000 + 150,000 + 155,000 - 80,000 - 150,000 = 495,000
2) 매출원가: 기초(원재료 + 재공품 + 제품) + 매입 + 직접노무원가 + 제조간접원가 - 기말(원재료 + 재공품 + 제품) = 150,000 + 495,000 - 200,000 = 445,000

07
1) 당기총제조원가: 15,000 + 50,000 - 10,000 + 25,000 + 40,000 = 120,000
2) 당기제품제조원가: 30,000 + 120,000 - 21,000 = 129,000

08
매출원가: 18,000 + 4,000 + 16,000 + 150,000 + 594,000 - 16,000 - 14,000 - 12,000 = 740,000

정답 05 ① 06 ① 07 ③ 08 ③

**09** 기본원가와 가공원가에 공통적으로 해당하는 항목은? 2013년 국가직 9급

① 제품제조원가
② 제조간접원가
③ 직접재료원가
④ 직접노무원가

**10** 다음 자료에 따른 당기제품제조원가와 매출총이익은? (단, 매출총이익률은 17%이다) 2013년 지방직 9급

| 구분 | 기초재고 | 기말재고 |
|---|---|---|
| 원재료 | ₩ 400,000 | ₩ 300,000 |
| 재공품 | ₩ 650,000 | ₩ 700,000 |
| 제품 | ₩ 600,000 | ₩ 1,250,000 |
| 당기총제조원가 | ₩ 9,000,000 | |

| | 당기제품제조원가 | 매출총이익 |
|---|---|---|
| ① | ₩ 8,300,000 | ₩ 1,070,000 |
| ② | ₩ 8,300,000 | ₩ 1,700,000 |
| ③ | ₩ 8,950,000 | ₩ 1,070,000 |
| ④ | ₩ 8,950,000 | ₩ 1,700,000 |

**11** 다음 자료에 의한 당기재료매입액은? 2013년 국가직 9급

- 매출원가: ₩ 1,000
- 직접노무비: ₩ 300
- 제조간접원가: ₩ 400

| 구분 | 기초재고액 | 기말재고액 |
|---|---|---|
| 재료 | ₩ 250 | ₩ 200 |
| 재공품 | ₩ 200 | ₩ 250 |
| 제품 | ₩ 350 | ₩ 300 |

① ₩ 150
② ₩ 250
③ ₩ 450
④ ₩ 650

**12** 다음은 ㈜한국의 20×1년 기초 · 기말 재고에 대한 자료이다. 20×1년도 직접재료 매입액은 ₩125,000이고, 제조간접원가는 직접노무원가의 50%였으며, 매출원가는 ₩340,000이었다. ㈜한국의 20×1년 기본원가(기초원가, prime cost)는?

2019년 지방직 9급

| 구분 | 20×1년 1월 1일 | 20×1년 12월 31일 |
|---|---|---|
| 직접재료 | ₩20,000 | ₩25,000 |
| 재공품 | 35,000 | 30,000 |
| 제품 | 100,000 | 110,000 |

① ₩150,000
② ₩195,000
③ ₩225,000
④ ₩270,000



정답 및 해설

**09**
1) 기본원가: 직접재료비 + 직접노무비
2) 가공원가: 직접노무비 + 제조간접비

**10**
1) 당기제품제조원가: 650,000 + 9,000,000 − 700,000 = 8,950,000
2) 매출원가: 600,000 + 8,950,000 − 1,250,000 = 8,300,000
3) 매출: 8,300,000 ÷ (1 − 17%) = 10,000,000
4) 매출총이익: 10,000,000 − 8,300,000 = 1,700,000

**11**
250 + 200 + 350 + 당기재료매입액 + 300 + 400 − 200 − 250 − 300 = 1,000, 당기재료매입액: 250

**12**
1) 20,000 + 35,000 + 100,000 + 125,000 + 가공원가 − 25,000 − 30,000 − 110,000 = 340,000, 가공원가 = 225,000
2) 직접노무원가 + 제조간접원가( = 직접노무원가 × 50%) = 직접노무원가 × 1.5 = 225,000, 직접노무원가 = 150,000
3) 기본원가: 20,000 + 125,000 − 25,000 + 150,000 = 270,000

정답 09 ④ 10 ④ 11 ② 12 ④

**13** 제조원가 관련 자료가 다음과 같고 직접노무원가 발생액이 실제가공원가의 40%일 때, 기본(기초)원가는? (단, 재료소비액은 모두 직접재료원가이다) 2015년 국가직 9급

| | | | |
|---|---|---|---|
| • 기초재료 | ₩ 50,000 | • 기초재공품 | ₩ 100,000 |
| • 당기재료매입액 | ₩ 170,000 | • 기말재료 | ₩ 30,000 |
| • 공장감독자급여 | ₩ 30,000 | • 공장기계감가상각비 | ₩ 20,000 |
| • 수도광열비 | ₩ 20,000(본사 50%, 공장 50% 배부) | | |

① ₩ 200,000
② ₩ 230,000
③ ₩ 260,000
④ ₩ 300,000

**14** 다음은 ㈜한국의 2014년 중에 발생한 원가 및 비용에 관한 자료이다. 이 자료를 이용하여 기초원가와 전환원가를 계산하면? 2015년 국가직 9급

| | | | |
|---|---|---|---|
| • 직접재료원가 | ₩ 60,000 | • 간접재료원가 | ₩ 15,000 |
| • 직접노무원가 | ₩ 15,000 | • 간접노무원가 | ₩ 7,500 |
| • 공장건물감가상각비 | ₩ 10,000 | • 영업사원급여 | ₩ 12,000 |
| • 공장수도광열비 | ₩ 7,000 | • 본사비품감가상각비 | ₩ 10,500 |
| • 공장소모품비 | ₩ 5,000 | • 본사임차료 | ₩ 15,000 |

| | 기초원가 | 전환원가 |
|---|---|---|
| ① | ₩ 75,000 | ₩ 59,500 |
| ② | ₩ 75,000 | ₩ 97,000 |
| ③ | ₩ 97,500 | ₩ 44,500 |
| ④ | ₩ 97,500 | ₩ 82,000 |

**15** ㈜남송의 1월 중 발생한 비용과 월초 및 월말 재고자산 자료는 다음과 같다.

| 1월 중 발생비용 | | 재고자산 | 1월 초 | 1월 말 |
|---|---|---|---|---|
| 직접노무원가 | ₩ 300 | 재공품 | ₩ 1,000 | ₩ 800 |
| 감가상각비 - 공장 | 50 | 직접재료 | 300 | 100 |
| 감가상각비 - 영업점포 | 50 | | | |
| 감가상각비 - 본부사옥 | 100 | | | |
| 공장 감독자 급여 | 100 | | | |
| 그 밖의 제조간접원가 | 200 | | | |

1월 중 직접재료의 매입은 발생하지 않았다. ㈜남송의 1월 말 당기제품제조원가는?

① ₩ 850
② ₩ 900
③ ₩ 1,050
④ ₩ 1,100

## 16 다음 자료를 이용하여 직접재료원가를 계산하면?

2016년 지방직 9급

| | | | |
|---|---|---|---|
| • 영업사원급여 | ₩ 35,000 | • 간접재료원가 | ₩ 50,000 |
| • 공장감가상각비 | ₩ 50,000 | • 매출액 | ₩ 700,000 |
| • 공장냉난방비 | ₩ 60,000 | • 기본(기초)원가 | ₩ 350,000 |
| • 본사건물임차료 | ₩ 40,000 | • 가공(전환)원가 | ₩ 300,000 |

① ₩ 160,000
② ₩ 190,000
③ ₩ 210,000
④ ₩ 250,000



정답 및 해설

**13**
1) 직접재료비: 50,000 + 170,000 − 30,000 = 190,000
2) 제조간접비: 30,000 + 20,000 + 20,000 × 50% = 60,000
3) 가공원가 = 가공원가 × 40% + 60,000, 가공원가: 100,000
4) 기초원가: 190,000 + 100,000 × 40% = 230,000

**14**
1) 제조간접비: 15,000 + 7,500 + 10,000 + 7,000 + 5,000 = 44,500
2) 기초원가: 60,000 + 15,000 = 75,000
3) 전환원가: 15,000 + 44,500 = 59,500

**15**
1) 제조간접원가: 50 + 100 + 200 = 350
2) 기초(1,300) + 원재료매입(0) + DL(300) + OH(350) = 당기제품제조원가 + 기말(900)
3) 당기제품제조원가: 1,050

**16**
1) 제조간접비 = 간접재료원가 + 공장감가상각비 + 공장냉난방비 = 160,000
2) 직접노무비 = 가공원가(300,000) − 제조간접비(160,000) = 140,000
3) 직접재료비 = 기본원가(350,000) − 직접노무비(140,000) = 210,000

정답 13 ② 14 ① 15 ③ 16 ③

**17** 다음은 ㈜한국의 제품제조 및 판매와 관련된 계정과목들이다. ㉠ ~ ㉣ 중 옳지 않은 것은? 2015년 국가직 9급

| | | | |
|---|---|---|---|
| • 직접재료원가 | ₩ 900 | • 당기제품제조원가 | ₩ 13,000 |
| • 직접노무원가 | ₩ 700 | • 기초제품재고액 | ₩ 8,000 |
| • 제조간접원가 | ( ㉠ ) | • 기말제품재고액 | ( ㉢ ) |
| • 당기총제조원가 | ₩ 2,000 | • 매출원가 | ( ㉣ ) |
| • 기초재공품재고액 | ₩ 14,000 | • 매출액 | ₩ 25,000 |
| • 기말재공품재고액 | ( ㉡ ) | • 매출총이익 | ₩ 8,000 |

① ㉠ ₩ 400
② ㉡ ₩ 3,000
③ ㉢ ₩ 5,000
④ ㉣ ₩ 17,000

**18** ㈜한국은 단일제품을 생산하고 있다. 20×1년 자료가 다음과 같을 때, 당기 직접재료 매입액과 당기에 발생한 직접노무원가는? 2020년 국가직 9급

재고자산

| | 기초재고 | 기말재고 |
|---|---|---|
| 직접재료 | ₩ 18,000 | ₩ 13,000 |
| 재공품 | ₩ 25,000 | ₩ 20,000 |
| 기본원가 | ₩ 85,000 | |
| 가공원가 | ₩ 75,000 | |
| 당기제품제조원가 | ₩ 130,000 | |
| 매출원가 | ₩ 120,000 | |

| | 직접재료 매입액 | 직접노무원가 |
|---|---|---|
| ① | ₩ 45,000 | ₩ 35,000 |
| ② | ₩ 45,000 | ₩ 40,000 |
| ③ | ₩ 50,000 | ₩ 35,000 |
| ④ | ₩ 50,000 | ₩ 40,000 |

## 19 ㈜포도의 20×1년도 기초 및 기말 재고자산은 다음과 같다.

| 구분 | 기초잔액 | 기말잔액 |
|---|---|---|
| 원재료 | ₩ 34,000 | ₩ 10,000 |
| 재공품 | 37,000 | 20,000 |
| 제품 | 10,000 | 48,000 |

원재료의 제조공정 투입금액은 모두 직접재료원가이며, 20×1년 중 매입한 원재료 ₩ 76,000이다. 20×1년의 기본원가(prime cost)는 ₩ 400,000이고, 전환원가(가공원가: conversion cost)의 50%가 제조간접원가이다. ㈜포도의 20×1년 매출원가는 얼마인가?

① ₩ 679,000　② ₩ 700,000　③ ₩ 717,000　④ ₩ 727,000





정답 및 해설

**17**

1) 당기총제조원가 2,000 = 900 + 700 + 제조간접원가, 제조간접원가 = 400
2) 기초재공품 14,000 + 당기총제조원가 2,000 = 당기제품제조원가 13,000 + 기말재공품, 기말재공품 = 3,000
3) 기초제품 8,000 + 당기제품제조원가 13,000 = 매출원가(25,000 − 8,000) + 기말제품, 기말제품 = 4,000
4) 매출원가: 17,000

**18**

1) 25,000 + 당기총제조원가 = 130,000 + 20,000, 당기총제조원가 = 125,000
2) 기본원가 + 가공원가( = 직접재료비 + 직접노무비 × 2 + 제조간접비) − 당기총제조원가( = 직접재료비 + 직접노무비 + 제조간접비) = 직접노무비
   ⇒ 85,000 + 75,000 − 125,000 = 직접노무비 35,000
3) 직접재료비: 85,000 − 35,000 = 50,000
4) 18,000 + 직접재료매입액 = 50,000 + 13,000, 직접재료매입액 = 45,000

**19**

1) 직접재료비(DM): 34,000 + 76,000 = DM + 10,000, DM: 100,000
2) 기본원가(DM + DL): 100,000(DM) + DL = 400,000, DL: 300,000
3) 제조간접원가(OH): 300,000(DL과 동일)
4) 기초(81,000) + 매입(76,000) + DL(300,000) + OH(300,000) = 매출원가 + 기말(78,000), 매출원가: 679,000

**정답** 17 ③ 18 ① 19 ①

**20** ㈜원가는 기계장치를 생산, 판매하는 기업으로 사업 첫 해에 다음과 같은 원가가 발생하였다. 이 자료를 바탕으로 원가계산을 했을 경우 (가)부터 (마)까지의 설명 중 타당하지 않은 것을 모두 고르면? (단, 기초재공품재고액은 없고, 기말재공품재고액이 ₩10 존재한다)

| 직접재료원가 | ₩110 | 간접재료원가 | ₩30 | 판매직급여 | ₩30 |
|---|---|---|---|---|---|
| 직접노무원가 | 120 | 간접노무원가 | 60 | 관리직급여 | 70 |
| 간접경비 | 200 | 광고선전비 | 20 | 이자비용 | 10 |

(가) 당기제품제조원가는 ₩510이다.
(나) 기본원가(기초원가)는 ₩230이다.
(다) 제조간접원가에는 어떤 재료원가도 포함되지 않으므로 간접노무원가와 간접경비를 합한 ₩260이다.
(라) 당기총제조원가는 ₩520으로, 기본원가에 가공원가를 합한 금액이다.
(마) 기간원가는 ₩130으로, 재고가능원가로 부르기도 한다.

① (가), (나)
② (다), (라)
③ (라), (마)
④ (다), (라), (마)

**21** 다음은 (주)한국의 20×1년 6월 생산과 관련된 원가자료이다.

• 재고자산 현황

| 일자 \ 구분 | 직접재료 | 재공품 | 제품 |
|---|---|---|---|
| 6월 1일 | ₩3,000 | ₩6,000 | ₩9,000 |
| 6월 30일 | ₩2,000 | ₩2,000 | ₩8,000 |

• 6월의 직접재료 매입액은 ₩35,000이다.
• 6월 초 직접노무원가에 대한 미지급임금은 ₩5,000, 6월에 현금 지급한 임금은 ₩25,000, 6월 말 미지급임금은 ₩10,000이다.
• 6월에 발생한 제조간접원가는 ₩22,000이다.

20×1년 6월의 매출원가는? 2022년 지방직 9급

① ₩74,000
② ₩88,000
③ ₩92,000
④ ₩93,000

## 22 다음은 (주)한국의 20×1년 6월 생산과 관련된 원가자료이다.

| | | | |
|---|---|---|---|
| • 단위당 직접재료원가 | ₩28,000 | • 단위당 직접노무원가 | ₩40,000 |
| • 단위당 변동제조간접원가 | ₩60,000 | • 월간 총고정제조간접원가 | ₩200,000 |

㈜한국의 제품 단위당 기초(기본)원가와 단위당 가공(전환)원가는? (단, 고정제조간접원가는 월간 총생산량 20단위를 기초로 한 것이다)

2021년 국가직 9급

| | 단위당 기초(기본)원가 | 단위당 가공(전환)원가 |
|---|---|---|
| ① | ₩68,000 | ₩110,000 |
| ② | ₩68,000 | ₩128,000 |
| ③ | ₩110,000 | ₩68,000 |
| ④ | ₩128,000 | ₩68,000 |



### 정답 및 해설

**20**

(다) 제조간접원가: 30 + 60 + 200 = 290
(라) 당기총제조원가: 110 + 120 + 290 = 520
(마) 기간원가(재고불능원가): 30 + 70 + 20 + 10 = 130

▶ 오답체크

(가) 당기제품제조원가: 0(기초) + 110(DM) + 120(DL) + 290(OH) - 10(기말) = 510
(나) 기본원가: 110(DM) + 120(DL) = 230

**21**

1) 직접재료비: 3,000(기초재료) + 35,000(매입액) - 2,000(기말재료)=36,000
2) 직접노무비: 25,000(기초미지급임금) + 직접노무비 = 25,000(지급액) + 10,000(기말미지급임금), 직접노무비: 30,000
3) 당기총제조원가: 36,000 + 30,000 + 22,000 = 88,000
4) 당기제품제조원가: 6,000(기초재공품) + 88,000(당기총제조원가) - 2,000(기말재공품) = 92,000
5) 매출원가: 9,000(기초제품) + 92,000 - 8,000(기말제품) = 93,000

**22**

1) 단위당 기초원가: 28,000 + 40,000 = 68,000
2) 단위당 가공원가: 40,000 + 60,000 + 200,000 / 20단위 = 110,000

정답 20 ④ 21 ④ 22 ①

**23** 다음은 ㈜한국의 20×1년 기초 및 기말 재고자산과 관련한 자료이다.

| 구분 | 기초 | 기말 |
|---|---|---|
| 직접재료 | ₩2,000 | ₩7,000 |
| 재공품 | ₩8,000 | ₩5,000 |
| 제품 | ₩7,000 | ₩10,000 |

㈜한국은 매출원가의 20%를 매출원가에 이익으로 가산하여 제품을 판매하고 있으며, 20×1년 매출액은 ₩60,000이다. ㈜한국의 20×1년 직접재료 매입액은 ₩15,000이고, 제조간접원가는 가공원가(conversion cost)의 40%일 때, 20×1년의 기초원가(prime cost)는? 2021년 국가직 7급

① ₩24,000
② ₩32,800
③ ₩34,000
④ ₩40,000

정답 및 해설

**23**
(1) 직접재료비: 2,000 + 15,000 − 7,000 = 10,000
(2) 매출원가: 60,000 / (1 + 20%) = 50,000
(3) 당기제품제조원가: 10,000 + 50,000(매출원가) − 7,000 = 53,000
(4) 당기총제조원가: 5,000 + 53,000(당기제품제조원가) − 8,000 = 50,000
(5) 가공비: 50,000(당기총제조원가) − 10,000(직접재료비) = 40,000
(6) 제조간접비: 40,000(가공비) × 40% = 16,000
(7) 직접노무비: 40,000(가공비) − 16,000(제조간접비) = 24,000
(8) 기초원가: 10,000(직접재료비) + 24,000(직접노무비) = 34,000

정답 23 ③

# CHAPTER 02 보조부문의 원가배분

## 1 원가배분의 기초

### 1. 원가배분의 목적

원가배분이란 간접원가 혹은 공통원가를 집계하여 일정한 배부기준에 따라 원가대상에 대응시키는 과정이다. 원가배분은 경제적 의사결정, 동기부여와 성과평가, 외부보고 재무제표 작성, 가격결정을 목적으로 한다.

> **Additional Comment**
> 공통원가는 둘 이상의 사용자들이 공유하는 시설을 운영하는 데 소요되는 원가를 말한다.

### 2. 원가배분의 과정

(1) 원가대상을 원가직접대상과 원가배분대상으로 분류하여 선정한다.

(2) 원가직접대상에 원가를 집계한다.

(3) 원가직접대상에 직접된 원가를 원가배분대상에 합리적으로 연결시켜 줄 수 있는 원가배분기준을 선택한다.

(4) 공통부문비를 각 부문으로 각 부문에 배부된 원가를 제품으로 다시 배부하는 경우 우선 공통부문비가 원가집적대상, 각 부문이 원가배분대상이 되며, 그 다음으로 각 부문이 원가집적대상, 제품이 원가배분대상이 된다.

### 3. 원가배부의 기준

#### (1) 인과관계기준

원가배분대상과 배분대상원가 간의 인과관계를 통하여 특정원가를 원가배분대상에 대응시키는 가장 이상적인 배분기준이다. 활동기준원가계산에서 배우게 되는 활동기준원가계산방법이 바로 인과관계기준에 의한 원가동인을 이용한다. 원가 동인별로 인과관계를 찾아서 원가를 배분함으로써 가장 정확한 원가계산이 가능하다.

> **Additional Comment**
> 전기사용량에 따라 전기요금을 부과하는 것이 이에 해당한다.

#### (2) 수혜기준

원가의 발생으로 인하여 원가대상이 경제적 효익을 얻은 경우 제공받은 효익에 비례하여 원가를 원가대상에 배부하는 기준이다.

> **Additional Comment**
> 기업 브랜드 광고로 인해 각 사업부의 매출이 증가한 경우, 사업부의 매출 증가 금액의 비율에 따라 원가를 배분하는 것이 수혜기준에 해당한다.

#### (3) 부담능력기준

원가를 부담할 수 있는 능력에 비례하여 원가를 원가대상에 배부하는 기준이다.

> **Additional Comment**
> 기업 브랜드 광고 비용을 각 사업부의 총매출에 비례하여 배부하는 것이 부담능력기준에 해당한다.

#### (4) 공정성과 공평성기준

원가대상을 공정하게 또는 공평하게 배부해야 한다는 원칙을 강조하는 방법이다. 이러한 기준은 너무 포괄적·추상적 개념이라 구체적인 배분기준으로 활용이 곤란하다는 문제점이 있다.

### (5) 증분기준

증분기준이란 전체 원가를 기준으로 비교하는 것이 아니라, 증가하는 부분만을 염두에 두고 의사결정을 내리는 기준이다.

## 2 보조부문의 제조간접원가 배부

### 1. 제조부문과 보조부문

제조부문은 제품의 제조활동과 직접적으로 관련된 부문이며, 각 제조부문의 명칭은 회사마다 다양하다. 그러나 보조부문은 서비스부문이라고도 하며, 직접제품제조활동에 포함되지는 않지만 제조부문의 생산 활동에 없어서는 안 되는 부문이다. 그러므로 보조부문은 제조부문에 관련 용역을 제공하고, 또한 다른 보조부문에도 그 용역의 일부를 제공함으로써 생산활동을 지원하는 역할을 한다. 따라서 보조부문에서 발생한 원가도 제품제조와 간접적으로 관련된 간접원가의 일부로 적절한 방법을 통해 제품에 배부되어야 한다.

### 2. 보조부문원가의 원가배부

보조부문원가의 배분은 보조부문에서 발생한 원가를 각 제조부문으로 배분하는 것이다. 보조부문에서 제조부문으로 배부된 원가는 각 제조부문에서 발생한 원가와 합쳐져서 각 제조부문의 제조간접원가를 구성, 제조간접원가의 배부를 통하여 각 제품에 배부된다.

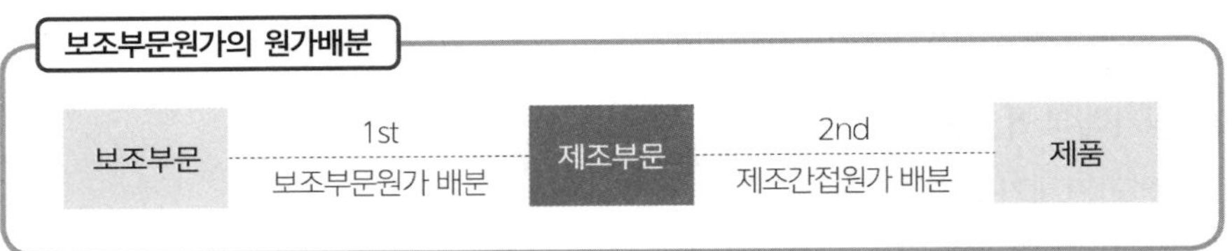


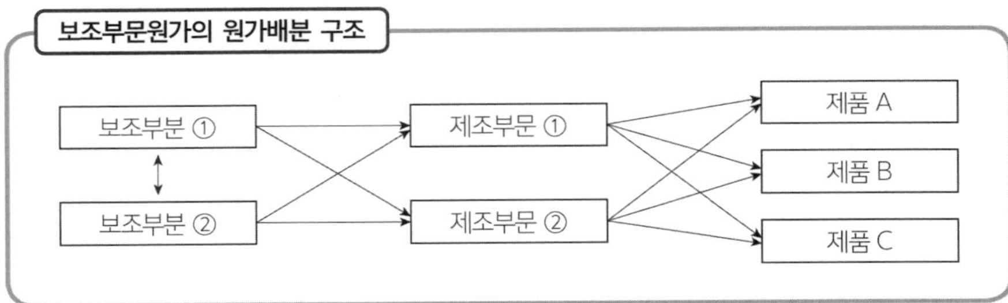


### 3. 보조부문의 제조간접원가 배분절차

보조부문이 존재할 경우 제품원가계산절차는 다음과 같으며, 이는 개별원가계산 및 종합원가계산에도 공통적으로 적용된다.

**원가배분절차**

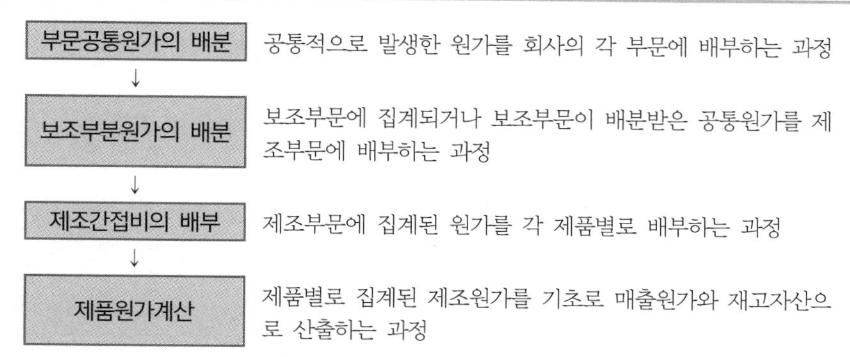

| | |
|---|---|
| 부문공통원가의 배분 | 공통적으로 발생한 원가를 회사의 각 부문에 배부하는 과정 |
| ↓ | |
| 보조부분원가의 배분 | 보조부문에 집계되거나 보조부문이 배분받은 공통원가를 제조부문에 배부하는 과정 |
| ↓ | |
| 제조간접비의 배부 | 제조부문에 집계된 원가를 각 제품별로 배부하는 과정 |
| ↓ | |
| 제품원가계산 | 제품별로 집계된 제조원가를 기초로 매출원가와 재고자산으로 산출하는 과정 |

### (1) 제조간접원가의 부문별 집계

제조간접원가는 부문개별원가와 부문공통원가로 분류할 수 있다.

① **부문개별원가**: 특정 부문에서 개별적으로 발생하여 직접 추적이 가능한 원가로, 부문에서 사용하는 설비의 감가상각비, 수선유지비 등을 그 예로 할 수 있다.

② **부문공통원가**: 여러 부문에서 공통적으로 발생하여 직접 추적이 불가능한 원가로, 간접원가이다. 여러 부문이 함께 사용하는 공장의 보험료, 감가상각비가 그 예가 된다.

### (2) 보조부문원가를 제조부문에 배분

① **제조간접비의 의의 및 배부기준**: 제조간접비는 고장에서 발생한 모든 원가에서 기본원가(직접재료비와 직접노무비)를 제외한 모든 원가를 의미하며, 간접재료비와 간접노무비를 포함한 원가이다. 이러한 원가는 특정 작업이나 제품에 직접부과하는 것이 불가능하므로 제조간접비 계정에 일괄 집계하여 일정한 배부기준을 통해 특정제품에 배부해야 한다.

② **제조간접비 배부율**: 제조간접비를 개별작업에 배부하기 위해서는 제조간접비배부율을 결정하여야 하는데, 아래와 같이 계산된다.

> 제조간접비 배부율 = 총제조간접비 ÷ 총배부기준(조업도)

제조간접비 배부율은 제조간접비를 직접노무비, 직접노동시간, 기계작업시간, 기계시간 등의 배부기준을 나누어서 계산하기 때문에 이들 배부기준이 확정되는 기말이 되어야 결정된다. 제조간접비 배부율이 결정되면 작업별 총배부기준(조업도)에 제조간접비 배부율을 곱하여 각 작업에 제조간접비를 배부한다.

### (3) 공장전체 제조간접비 배부율과 부문별 제조간접비 배부율

① **공장전체 제조간접비 배부율**: 제조간접비를 각 제조부문별로 집계하여 배부하지 않고, 공장전체의 총제조간접비를 단일 배부기준으로 배부하는 것이다. 이 경우에 제조간접비 배부율을 공장전체 제조간접비 배부율이라고 부른다.

**Additional Comment**

공장전체 제조간접비배부율은 제조부문에 집계된 제조간접비를 모두 합한 공장전체 제조간접비를 공장전체 제조간접비의 원가동인으로 가장 잘 나타내고 있는 것을 배부기준으로 정하여, 정해진 단일의 배부기준으로 나누어 공장전체 제조간접비배부율을 계산한다.

**Self Study**

공장전체 제조간접비배부율을 사용하는 기업은 모든 제조간접비를 하나의 제조간접비계정으로 집계하여, 공장전체 제조간접비배부율에 의해 제조간접비를 제품에 배부한다.

Additional Comment

부문별 제조간접비배부율은 각 제조부문에 집계된 제조간접비를 각 제조부문의 원가동인을 가장 잘 나타내고 있는 것을 배부기준으로 정하여, 정해진 배부기준으로 나누면 부문별 제조간접비배부율이 계산된다. 이러한 부문별 제조간접비배부율을 사용하는 기업은 부문별 제조간접비배부율에 의해 제조간접비를 제품에 배부한다.

Self Study

부문별 제조간접비배부율을 적용하는 경우 공장전체 제조간접비배부율을 적용하는 경우보다 정확한 원가계산이 가능하다.

② **부문별 제조간접비 배부율**: 각 제조부문별로 제조간접비를 집계하고, 이를 해당 제조부문의 특성에 맞는 배부기준으로 나누어 각 제조부문별로 서로 다른 제조간접비 배부율을 사용하는 것이다. 이 경우에 제조간접비 배부율을 부문별 제조간접비 배부율이라고 부른다.

## 4. 보조부문원가 배부방법

### (1) 보조부문 상호간의 용역 수수가 없는 경우

각 보조부문 상호간의 용역 수수가 없으므로 보조부문에서 발생한 원가를 제조부문으로 직접 배분하여 원가를 산정한다.

**사례연습 1. 보조부문 상호간의 용역 수수가 없는 경우**

㈜현주자동차는 두 개의 보조부문(수선부문, 동력부문)과 두 개의 제조부문(성형부문, 조립부문)을 가지고 있다. 각 부문에서 발생한 원가의 배부율이 다음과 같을 때 각 보조부문의 원가를 제조부문으로 배분하시오.

| 구분 | 보조부문 | | 제조부문 | |
|---|---|---|---|---|
| | 수선부문 | 동력부문 | 성형부문 | 조립부문 |
| 발생원가 | ₩ 6,000,000 | ₩ 10,000,000 | ₩ 20,000,000 | ₩ 24,000,000 |
| 수선부문 배부율 | - | - | 30% | 70% |
| 동력부문 배부율 | - | - | 60% | 40% |

풀이

| 구분 | 보조부문 | | 제조부문 | |
|---|---|---|---|---|
| | 수선부문 | 동력부문 | 성형부문 | 조립부문 |
| 발생원가 | ₩ 6,000,000 | ₩ 10,000,000 | ₩ 20,000,000 | ₩ 24,000,000 |
| 수선부문 배부율 | (6,000,000) | - | 1,800,000*1 | 4,200,000 |
| 동력부문 배부율 | - | (10,000,000) | 6,000,000*2 | 4,000,000 |
| 배부후 원가 | - | - | 27,800,000 | 32,200,000 |

*1. 6,000,000 × 30% = 1,800,000

*2. 10,000,000 × 60% = 6,000,000

### (2) 보조부문 상호간의 용역 수수가 있는 경우

보조부문이 다수인 경우, 보조부문이 제조부문에만 용역을 제공한다면 제조간접원가의 배부는 간단하나, 보조부문 상호간에도 용역을 제공하는 경우 보조부문 상호간에 어떻게 제조간접원가를 배부할 것인지 결정하여야 한다. 보조부문 상호간의 용역 수수가 있는 경우 직접배분법, 단계배분법, 상호배분법 중 하나를 사용하여 보조부문의 원가를 배부하는데 각 배분 방법별로 아래와 같은 특징이 있다.

① **직접배분법**: 보조부문 상호간의 용역수수관계를 완전히 무시하고 보조부문 원가를 제조부문에 직접 배분하는 방법이다.

Self Study

직접배분법은 보조부문의 상호간의 용역 수수는 무시하므로 계산이 간편하지만 정확한 배분이 어렵다는 문제점이 있다.

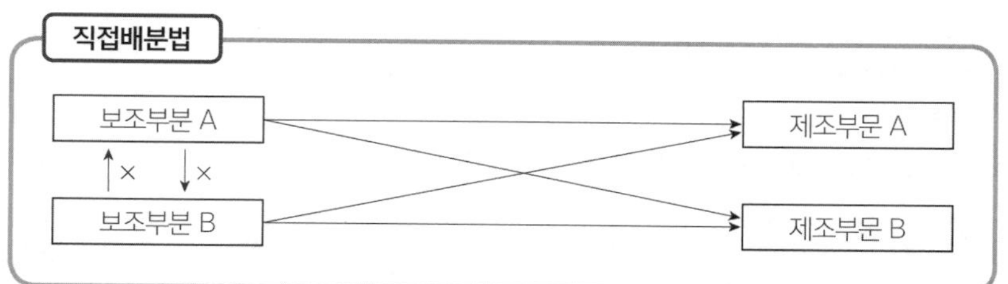


**사례연습 2. 직접배분법**

㈜봄이는 두 개의 보조부문(수선부문, 동력부문)과 두 개의 제조부문(성형부문, 조립부문)이 있다. 부문 상호간 용역수수량과 부문별로 집계된 원가는 다음과 같다. 직접배분법에 의해 보조부문의 원가를 배부하시오.

| 제공 \ 사용 | 보조부문 | | 제조부문 | | 합계 |
|---|---|---|---|---|---|
| | 수선부문 | 동력부문 | 성형부문 | 조립부문 | |
| 부문별 원가 | ₩ 800,000 | ₩ 400,000 | ₩ 500,000 | ₩ 500,000 | ₩ 2,200,000 |
| 수선부문 | - | 50% | 20% | 30% | 100% |
| 동력부문 | 50% | - | 30% | 20% | 100% |

풀이

| 제공 \ 사용 | 보조부문 | | 제조부문 | |
|---|---|---|---|---|
| | 수선부문 | 동력부문 | 성형부문 | 조립부문 |
| 배부 전 원가 | ₩ 800,000 | ₩ 400,000 | ₩ 500,000 | ₩ 500,000 |
| 수선부문 원가배분 | (800,00) | - | 320,000*1 | 480,000 |
| 동력부문 원가배분 | - | (400,000) | 240,000*2 | 160,000 |
| 배부 후 원가 | - | - | 1,060,000 | 1,140,000 |

*1. 800,000 × 20%/(20% + 30%) = 320,000
*2. 400,000 × 30%/(30% + 20%) = 240,000

② **단계배분법**: 단계배분법은 보조부문 상호간의 용역 제공을 부분적으로 인식하여 보조부문원가를 배분하는 방법이다. 단계배분법은 보조부문원가의 배분순서를 정하고 그 순서에 따라 배분하고, 배분이 끝난 보조부문에는 보조부문원가를 배분하지 않는다. 그러므로 배분순서에 따라 원가 배분결과가 달라지게 된다.

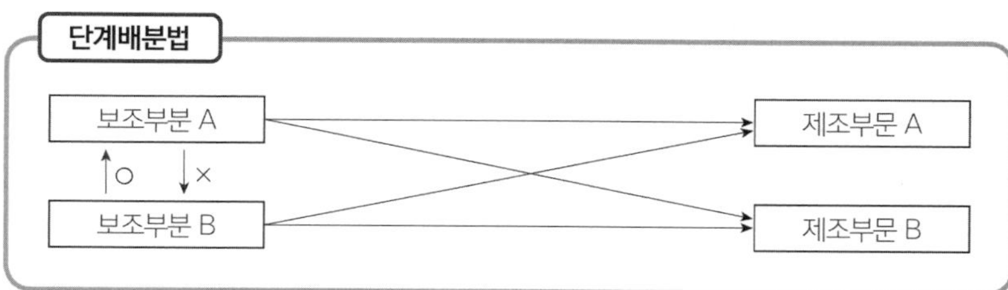

**사례연습** **3. 단계배분법**

㈜봄이는 두 개의 보조부문(수선부문, 동력부문)과 두 개의 제조부문(성형부문, 조립부문)이 있다. 부분 상호간 용역수수량과 부문별로 집계된 원가는 다음과 같다.

| 제공 \ 사용 | 보조부문 | | 제조부문 | | 합계 |
|---|---|---|---|---|---|
| | 수선부분 | 동력부분 | 성형부문 | 조립부문 | |
| 부문별 원가 | ₩ 800,000 | ₩ 400,000 | ₩ 500,000 | ₩ 500,000 | ₩ 2,200,000 |
| 수선부문 | - | 50% | 20% | 30% | 100% |
| 동력부문 | 50% | - | 30% | 20% | 100% |

[물음 1] 수선부문의 원가부터 단계배분법에 의해 배분하시오.

[물음 2] 동력부분의 원가부터 단계배분법에 의해 배부하시오.

**풀이**

[물음 1]

| 제공 \ 사용 | 보조부문 | | 제조부문 | |
|---|---|---|---|---|
| | 수선부문 | 동력부문 | 성형부문 | 조립부문 |
| 배부 전 원가 | ₩ 800,000 | ₩ 400,000 | ₩ 500,000 | ₩ 500,000 |
| 수선부문 원가배분 | (800,000) | 400,000 | 160,000*1 | 240,000 |
| 동력부문 원가배분 | - | (800,000) | 480,000*2 | 320,000 |
| 배부 후 원가 | - | - | 1,140,000 | 1,060,000 |

*1. 800,000 × 20% = 160,000

*2. (400,000 + 400,000) × 30%/(30% + 20%) = 480,000

[물음 2]

| 제공 \ 사용 | 보조부문 | | 제조부문 | |
|---|---|---|---|---|
| | 수선부문 | 동력부문 | 성형부문 | 조립부문 |
| 배부 전 원가 | ₩ 800,000 | ₩ 400,000 | ₩ 500,000 | ₩ 500,000 |
| 수선부문 원가배분 | (1,000,000) | - | 400,000*1 | 600,000 |
| 동력부문 원가배분 | 200,000 | (400,000) | 120,000*2 | 80,000 |
| 배부 후 원가 | - | - | 1,020,000 | 1,180,000 |

*1. (800,000 + 200,000) × 20%/(20% + 30%) = 400,000

*2. 400,000 × 30% = 120,000

③ **상호배분법**: 상호배분법은 보조부문 간의 상호 관련성을 모두 고려하는 배분방법이다. 보조부문 사이에 용역수수관계가 존재할 때, 각 보조부문 간의 용역수수관계를 연립방정식을 통해 계산한 다음에 보조부문원가를 배분하는 방법이다.

### ➋ 상호배분법의 접근순서

① 보조부문별로 용역제공비율을 백분율로 구한다.
② 다음과 같이 연립방정식을 세워 각 보조부문의 배분할 총원가를 구한다.
⇒ 총원가: 자기 부문의 원가 + 다른 부분에서 배분되는 원가
③ 총원가를 용역제공비율에 따라 보조부문과 제조부문에 배분한다.

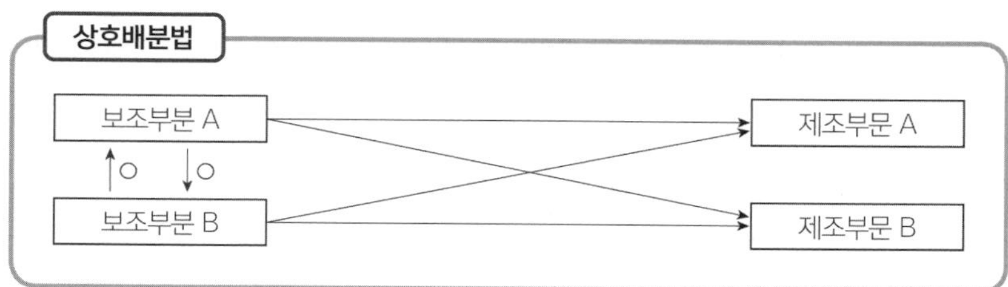


**Additional Comment**

보조부문원가의 배분은 보조부문에서 발생한 원가를 각 제조부문으로 배분하는 것을 의미하며, 보조부문에서 제조부문으로 배분된 원가는 각 제조부문에서 발생한 원가와 합쳐져서 각 제조부문의 제조간접원가를 구성, 제조간접원가의 배부를 통하여 각 제품에 배분된다.

**사례연습 4. 상호배분법**

㈜봄이는 두 개의 보조부문(수선부문, 동력부문)과 두 개의 제조부문(성형부문, 조립부문)이 있다. 부분 상호간 용역수수량과 부문별로 집계된 원가는 다음과 같다. 상호배분법에 의해 보조부문의 원가를 배부하시오.

| 사용 / 제공 | 보조부문 | | 제조부문 | | 합계 |
|---|---|---|---|---|---|
| | 수선부문 | 동력부문 | 성형부문 | 조립부문 | |
| 부문별 원가 | ₩ 300,000 | ₩ 200,000 | ₩ 300,000 | ₩ 400,000 | ₩ 1,200,000 |
| 수선부문 | - | 50% | 20% | 30% | 100% |
| 동력부문 | 40% | - | 30% | 30% | 100% |

**풀이**

보조부문의 총원가 계산
1) 수선부문의 총원가(A): A = 300,000 + 0.4B
2) 동력부문의 총원가(B): B = 200,000 + 0.5A
⇒ 수선부문(A): 475,000, 동력부문(B): 437,500

| 사용 / 제공 | 보조부문 | | 제조부문 | |
|---|---|---|---|---|
| | 수선부문 | 동력부문 | 성형부문 | 조립부문 |
| 배부 전 원가 | ₩ 300,000 | ₩ 200,000 | ₩ 300,000 | ₩ 400,000 |
| 수선부문 원가배분 | (475,000) | 237,500*1 | 95,000 | 142,500 |
| 동력부문 원가배분 | 175,000 | (437,500) | 131,250*2 | 131,250 |
| 배부 후 원가 | - | - | 526,250 | 673,750 |

*1. 475,000 × 50% = 237,500
*2. 437,500 × 30% = 132,250

## 5. 보조부문을 변동원가, 고정원가로 구분하여 배분하는지 여부에 따른 구분

### (1) 단일배분율법

단일배분율법은 보조부문원가를 변동원가와 고정원가로 구분하지 않고, 하나의 배부기준을 적용하여 배분하는 방법이다.

### (2) 이중배분율법

이중배분율법은 보조부문을 변동원가와 고정원가로 구분하여, 각각 원가가 발생하는 원인에 따라 다른 배부기준을 적용하여 배부하는 방법이다. 이때, 보조부문 변동원가는 실제소비량에 따라 발생하므로 실제소비량(실제조업도)을 기준으로 배분하며, 고정원가는 감가상각비(공장)와 같이 설비와 관련이 있고, 각 부분이 최대 사용할 경우를 대비하여 설비투자를 하는 것이 일반적이므로 고정원가는 최대사용가능량(최대조업도)를 기준으로 배분한다.

Self Study

이중배분율법의 적용
1. 변동제조간접비 ⇒ 실제조업도 사용
2. 고정제조간접비 ⇒ 최대조업도 사용

**사례연습 5. 단일배분율법과 이중배분율법**

당기 중 전기부문에서 변동원가와 고정원가가 각각 ₩800,000과 ₩1,000,000이 발생되었다. 전기부문은 제조부문 A부문과 B부문에 전기를 공급하고 있으며, 제조부문이 전기를 최대로 사용할 때를 대비하여 충분한 설비를 보유하고 있다. 연간 최대전기사용량과 실제전기사용량은 다음과 같다.

| 구분 | A부문 | B부문 | 합계 |
|---|---|---|---|
| 최대사용가능량 | 2,000kWh | 8,000kWh | 10,000kWh |
| 실제사용량 | 6,000kWh | 2,000kWh | 8,000kWh |

[물음 1] 단일배분율법을 적용하여 전기부문원가를 제조부문에 배분하면 각각 얼마인가? (단, 배부기준은 실제사용량을 사용한다)

[물음 2] 이중배분율법을 적용하여 전기부문원가를 제조부문에 배분하면 각각 얼마인가?

풀이

[물음 1]
1) A부문 배분액: (800,000 + 1,000,000) × 6,000/8,000 = 1,350,000
2) B부문 배분액: (800,000 + 1,000,000) × 2,000/8,000 = 450,000

[물음 2]
1) A부문 배분액: (1) + (2) = 800,000
   (1) 변동원가: 800,000 × 6,000/8,000 = 600,000
   (2) 고정원가: 1,000,000 × 2,000/10,000 = 200,000
2) B부문 배부액: (1) + (2) = 1,000,000
   (1) 변동원가: 800,000 × 2,000/8,000 = 200,000
   (2) 고정원가: 1,000,000 × 8,000/10,000 = 800,000

# 확인 문제

**01** 대한회사는 제조부문(성형, 조립)과 보조부문(수선, 동력)을 이용하여 제품을 생산하고 있으며, 제조부문과 보조부문에 관련된 자료는 다음과 같다.

| 제공부문 | 제조부문 | | 보조부문 | | 합계 |
|---|---|---|---|---|---|
| | 성형조립 | 조립 | 수선 | 동력 | |
| 수선 | 400시간 | 200시간 | 100시간 | 400시간 | 1,100시간 |
| 동력 | 4,000kW | 4,000kW | 8,000kW | 2,000kW | 18,000kW |

수선부문과 동력부문에 집계된 부문원가는 각각 ₩160,000, ₩80,000이다. 대한회사는 상호배분법을 사용하여 보조부문원가를 제조부문에 배분한다. 조립부문에 배분될 보조부문원가는 얼마인가?

① ₩80,000　② ₩95,000　③ ₩110,000　④ ₩125,000



정답 및 해설

01

상호배분법하에서 자기부문 소비용역이 있는 경우, 무시하고 배분한다.

| 제공부문 | 제조부문 | | 보조부문 | | 합계 |
|---|---|---|---|---|---|
| | 성형조립 | 조립 | 수선 | 동력 | |
| 수선 | 40% | 20% | - | 40% | 100% |
| 동력 | 25% | 25% | 50% | - | 100% |

수선부문, 동력부문에 배분할 총원가를 각각 A, B라 하면,

A = 160,000 + 0.5B, B = 80,000 + 0.4A

A = 250,000, B = 180,000

| 제공부문 | 제조부문 | | 보조부문 | |
|---|---|---|---|---|
| | 성형조립 | 조립 | 수선 | 동력 |
| 배부전 원가 | - | - | 160,000 | 80,000 |
| 수선 | 100,000 | 50,000 | (250,000) | 100,000 |
| 동력 | 45,000 | 45,000 | 90,000 | (180,000) |
| 배분후 원가 | 145,000 | **95,000** | - | - |

정답 01 ②

**02** **보조부문원가 배부 방법에 대한 설명으로 옳지 않은 것은?** 2015년 지방직 9급

① 상호배부법은 연립방정식을 이용하여 보조부문 간의 용역제공비율을 정확하게 고려해서 배부하는 방법이다.
② 단계배부법은 보조부문원가의 배부순서를 적절하게 결정할 경우 직접배부법보다 정확하게 원가를 배부할 수 있다.
③ 단계배부법은 우선순위가 높은 보조부문의 원가를 우선순위가 낮은 보조부문에 먼저 배부하고, 배부를 끝낸 보조부문에는 다른 보조부문원가를 재배부하지 않는 방법이다.
④ 직접배부법은 보조부문 간의 용역수수관계를 정확하게 고려하면서 적용이 간편하다는 장점이 있어 실무에서 가장 많이 이용되는 방법이다.

**03** **㈜포도는 제조부문(P1, P2)과 보조부문(S1, S2)을 이용하여 제품을 생산하고 있으며, 단계배분법을 사용하여 보조부문원가를 제조부문에 배부한다. 각 부문 간의 용역수수료관계와 부문원가가 다음과 같을 때 P2에 배부될 보조부문원가는? (단, 보조부문원가는 S2, S1순으로 배부한다)**

| 제공부문 | 제조부문 | | 보조부문 | | 합계 |
|---|---|---|---|---|---|
| | P1 | P2 | S1 | S2 | |
| 부문원가 | – | – | ₩100,000 | ₩120,000 | ₩220,000 |
| S1 | 24시간 | 40시간 | 20시간 | 16시간 | 100시간 |
| S2 | 400kWh | 200kWh | 200kWh | 200kWh | 1,000kWh |

① ₩92,500
② ₩95,000
③ ₩111,250
④ ₩120,500

**04** **보조부문인 수선부와 전력부에서 발생한 원가는 각각 ₩20,000과 ₩12,000이며, 수선부 원가에 이어 전력부 원가를 배부하는 단계배부법으로 제조부문인 A공정과 B공정에 배부한다. 보조부문이 제공한 용역이 다음과 같을 때, 보조부문의 원가 ₩32,000 중에서 A공정에 배부되는 금액은?** 2014년 지방직 9급

| 구분 | 수선부 | 전력부 | A공정 | B공정 | 합계 |
|---|---|---|---|---|---|
| 수선부 | – | 4,000 | 4,000 | 2,000 | 10,000시간 |
| 전력부 | 8,000 | – | 4,000 | 4,000 | 16,000kWh |

① ₩13,000
② ₩14,000
③ ₩16,000
④ ₩18,000

## 05 보조부문원가의 배부에 대한 설명으로 옳은 것은?

2017년 지방직 9급

① 보조부문원가는 제조부문에 배부하지 않고 기간비용으로 처리하여야 한다.
② 보조부문원가의 배부순서가 중요한 배부방법은 상호배부법이다.
③ 직접배부법은 보조부문의 배부순서에 관계없이 배부액이 일정하다.
④ 상호배부법은 보조부문 상호간의 용역수수관계가 중요하지 않을 때 적용하는 것이 타당하다.





**정답 및 해설**

**02**
직접배부법은 보조부문 간의 용역수수관계를 정확하게 고려하지 못하는 방법으로 보조부문 간의 용역수수가 중요하지 않은 경우 편의상 사용하는 방법이다.

**03**

| 제공부문 | 제조부문 | | 보조부문 | |
|---|---|---|---|---|
| | P1 | P2 | S1 | S2 |
| 배분전 원가 | - | - | 100,000 | 120,000 |
| S2[*1] | 60,000 | 30,000 | 30,000 | (120,000) |
| S1[*2] | 48,750 | 81,250 | (130,000) | - |
| 배분후 원가 | 108,750 | **111,250** | - | - |

*1. P1 : P2 : S1 = 400 : 200 : 200
*2. P1 : P2 = 24 : 40

**04**
1) 수선부의 A공정 배부액: 20,000 × 4,000시간/10,000시간 = 8,000
2) 전력부의 A고정 배부액: (12,000 + 20,000 × 4,000시간/10,000시간) × 4,000kWh/8,000kWh = 10,000
3) A공정배부액: 8,000 + 10,000 = 18,000

**05**
▶ 오답체크
① 보조부분원가는 제조부문에 배부해야 한다.
② 보조부분원가의 배부순서가 중요한 배부방법은 단계배부법이다.
④ 직접배부법은 보조부문 상호간의 용역수수관계가 중요하지 않을 때 적용하는 것이 타당하다.

**정답** 02 ④ 03 ③ 04 ④ 05 ③

**06** ㈜한국은 보조부문 X, Y와 제조부문 P1, P2를 운영하여 제품을 생산하고 있다. 보조부문 X는 기계시간, Y는 전력소비량에 비례하여 보조부문원가를 제조부문에 각각 배부한다. (주)한국의 각 부문원가와 용역제공 현황은 다음과 같다.

| 구분 | 보조부문 | | 제조부문 | | 합계 |
|---|---|---|---|---|---|
| | X | Y | P1 | P2 | |
| 부문원가 | ₩100,000 | ₩120,000 | ₩100,000 | ₩200,000 | ₩520,000 |
| 기계시간 | - | 400시간 | 300시간 | 300시간 | 1,000시간 |
| 전력소비량 | 500kWh | - | 200kWh | 300kWh | 1,000kWh |

㈜한국이 상호배부법을 이용하여 보조부문원가를 제조부문에 배부할 경우, 제조부문 P1, P2에 배부되는 보조부문원가는?

| | P1 | P2 |
|---|---|---|
| ① | ₩98,000 | ₩122,000 |
| ② | ₩100,000 | ₩120,000 |
| ③ | ₩120,000 | ₩100,000 |
| ④ | ₩122,000 | ₩98,000 |

**07** ㈜한국은 보조부문인 동력부와 제조부문인 절단부, 조립부가 있다. 동력부는 절단부와 조립부에 전력을 공급하고 있으며, 각 제조부문의 월간 전력 최대사용가능량과 3월의 전력 실제 사용량은 다음과 같다.

| 구분 | 절단부 | 조립부 | 합계 |
|---|---|---|---|
| 최대사용가능량 | 500kW | 500kW | 1,000kW |
| 실제사용량 | 300kW | 200kW | 500kW |

한편, 3월 중 각 부문에서 발생한 제조간접원가는 다음과 같다.

| 구분 | 동력부 | 절단부 | 조립부 | 합계 |
|---|---|---|---|---|
| 변동원가 | ₩50,000 | ₩80,000 | ₩70,000 | ₩200,000 |
| 고정원가 | ₩100,000 | ₩150,000 | ₩50,000 | ₩300,000 |
| 합계 | ₩150,000 | ₩230,000 | ₩120,000 | ₩500,000 |

이중배부율법을 적용할 경우 절단부와 조립부에 배부될 동력부의 원가는? 2017년 국가직 9급

| | 절단부 | 조립부 |
|---|---|---|
| ① | ₩75,000 | ₩75,000 |
| ② | ₩80,000 | ₩70,000 |
| ③ | ₩90,000 | ₩60,000 |
| ④ | ₩100,000 | ₩50,000 |

**08** **보조부문의 원가를 제조부문에 배부하는 방법에 대한 설명으로 가장 옳은 것은?** 2018년 서울시 9급

① 상호배부법은 보조부문 상호간의 용역수수관계를 완전히 무시하고, 보조부문원가를 제조부문에만 배부하는 방법이다.

② 단계배부법은 보조부문 간의 용역수수관계를 부분적으로 고려하는 방법으로, 보조부문의 배부순서가 달라지면 배부 후의 결과가 달라진다.

③ 이중배부율법은 보조부문원가를 변동원가와 고정원가로 구분하지 않고, 하나의 배부기준을 이용하여 총원가를 배부하는 방법이다.

④ 직접배부법은 보조부문 상호간의 용역수수관계를 완전히 고려하여 각 보조부문원가를 제조부문과 다른 보조부문에도 배부하는 방법으로, 가장 논리적이고 정확한 정보를 제공해주는 방법이다.





정답 및 해설

**06**

1) X = 100,000 + 0.5Y
2) Y = 120,000 + 0.4X
3) X = 200,000, Y = 200,000
4) P1: 200,000 × 0.3 + 200,000 × 0.2 = 100,000
5) P2: 200,000 × 0.3 + 200,000 × 0.3 = 120,000

**07**

1) 동력부의 변동원가는 실제사용량, 고정원가는 최대사용가능량을 기준으로 배부한다.
2) 절단부로의 배부액: 50,000(변동) × 3/5 + 100,000(고정) × 5/10 = 80,000
3) 조립부로의 배부액: 50,000(변동) × 2/5 + 100,000(고정) × 5/10 = 70,000

**08**

▶ 오답체크

① 상호배부법은 보조부문 상호간의 용역수수관계를 완전히 고려하여 각 보조부문원가를 제조부문과 다른 보조부문에도 배부하는 방법으로, 가장 논리적이고 정확한 정보를 제공해 주는 방법이다.

③ 이중배부율법은 보조부문원가를 변동원가와 고정원가를 구분하여, 변동원가는 실제조업도를 적용, 고정원가는 최대조업도를 적용하여 두 개의 배부기준을 이용하여 총원가를 배부하는 방법이다.

④ 직접배부법은 보조부문 상호간의 용역수수관계를 완전히 무시하고, 보조부문원가를 제조부문에만 배부하는 방법이다.

**정답** 06 ② 07 ② 08 ②

**09** ㈜한국은 제조부문인 조립부문과 도장부문이 있으며, 보조부문으로 전력부문이 있다. 20×1년 3월 중에 부문별로 발생한 제조간접원가와 제조부문이 사용한 전력의 실제사용량과 최대사용가능량은 다음과 같다. 한편, 전력부문에서 발생한 제조간접원가 ₩325,000은 변동원가가 ₩100,000이고, 고정원가는 ₩225,000이다.

| 구분 | 전력부문 | 조립부문 | 도장부문 | 합계 |
|---|---|---|---|---|
| 제조간접원가 | ₩325,000 | ₩250,000 | ₩400,000 | ₩975,000 |
| 실제사용량 | | 300 kW | 700 kW | 1,000 kW |
| 최대사용가능량 | | 500 kW | 1,000 kW | 1,500 kW |

㈜한국이 이중배분율법을 적용하여 보조부문원가를 제조부문에 배부할 때, 조립부문에 배분되는 전력부문의 원가는?

2019년 국가직 9급

① ₩97,500
② ₩105,000
③ ₩108,330
④ ₩120,000

정답 및 해설

09
조립부문에 배부되는 전력부문원가: 100,000 × 300/1,000 + 225,000 × 500/1,500 = 105,000

정답 09 ②

# CHAPTER 03 개별원가



## 1 원가 집계방법에 따른 원가계산방법 분류

제품원가계산은 각 기업의 생산형태 또는 원가 집계방법에 따라 개별원가계산과 종합원가계산으로 나누어진다. 개별원가계산은 고객의 주문에 따라 특정 제품을 개별적으로 생산하는 기업에서 사용하며 제조원가를 개별 작업별로 집계하여 구분한다. 이에 반해 종합원가계산은 동종 제품을 연속적으로 대량 생산하는 기업에서 사용하는 원가계산방법으로, 제조원가를 제조공정별로 집계하여 구분한다.

**원가 집계방법에 따른 원가계산방법 분류**

| 제품원가 집계 | 제품원가 측정 | 제품원가 구성 |
|---|---|---|
| 개별원가계산 | 실제원가계산 | 전부원가계산 |
| 종합원가계산 | 정상원가계산 | 변동원가계산 |
| 혼합원가계산 | 표준원가계산 | 초변동원가계산 |

## 2 개별원가계산의 의의

기업이 사용하는 원가계산제도는 원가의 집계방법에 따라 개별원가계산과 종합원가계산, 혼합원가계산으로 구분할 수 있다. 개별원가계산은 특정작업별로 제조원가를 개별 집계하는 원가계산제도이다. 이는 특정작업별로 직접재료원가와 직접노무원가는 원가추적하고, 제조간접원가는 원가배부하는 것을 의미한다.

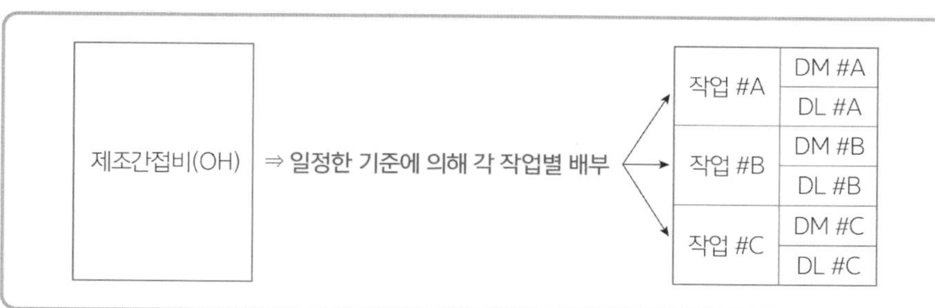


**Additional Comment**

개별원가계산은 개별작업별로 원가계산이 이루어지기 때문에 직접재료비와 직접노무비와 같은 기본원가와 제조간접비의 구분이 매우 중요하다. 직접재료비와 직접노무비는 개별작업과 관련하여 직접적으로 추적할 수 있는 제조원가이기 때문에 발생한 원가를 그대로 부과하면 되지만, 제조간접비는 특정제품이나 작업과 관련하여 직접적으로 추적할 수 없는 제조원가이기 때문에, 기말 원가계산시 적정한 기준으로 배부하여야 한다.

## 3 실제개별원가계산

제조간접원가를 배부하기 위해서 제조간접원가 총 발생액을 합리적인 배부기준에 따라 배분율을 산정하여야 한다. 이때, 실제 발생한 제조간접원가의 총액을 실제 발생한 배부기준으로 나누어 배부하는 방법이 실제개별원가계산이다.

### 1. 실제개별원가계산의 계산방법

실제개별원가계산은 작업을 수행하면서 실제 발생된 직접재료비와 직접노무비는 개별 작업별 직접추적이 가능하여 비용발생 시 각각의 작업별로 그 금액을 집계하고 제조간접원가는 개별 작업별로 추적이 불가능하므로 전체제조간접비를 집계한 후 일정한 배부기준에 따라 각 작업에 배부해준다.

> 제조간접원가 배부액 = 개별작업의 실제 배부기준수 × 실제배부율*
> * 제조간접원가 실제배부율 = **Σ실제 제조간접원가 발생액 ÷ 실제 조업도**

### 2. 공장전체 제조간접비 배부와 부문별 제조간접비 배부

대다수의 제조기업은 다수의 부문이 존재하여 각각의 부문을 거쳐 제품이 생산된다. 이처럼 다수의 제조부문이 있는 경우에는 공장전체 제조간접비 배부율을 구하여 공장전체의 배부기준으로 각 작업에 배부하는 방법과 각 제조부문별로 서로 다른 배부기준을 적용하여 부문별로 제조간접비를 배부하는 방법이 있다.

공장전체 제조간접비 배부와 부문별 제조간접비 배부

| 구분 | 공장전체 제조간접원가배부율 사용 | 부문별 제조간접원가배부율 사용 |
|---|---|---|
| 보조부문원가 배분 | 불필요 | 필요 |
| 제조간접원가 배부율 계산 | 공장전체 제조간접원가 ÷ 공장전체 조업도 | 부문별 제조간접원가 ÷ 부문별 조업도 |
| 직접재료원가(DM) | 원가추적 | 원가추적 |
| 직접노무원가(DL) | 원가추적 | 원가추적 |
| 제조간접원가(OH) | 특정작업의 공장전체 조업도 × 공장전체 제조간접원가 배부율 | 특정작업의 부문별 조업도 × 부문별 제조간접원가 배부율 |

**사례연습 1. 실제개별원가계산**

㈜호두는 특수기계를 주문받아 제작하는 회사이다. ㈜호두는 두 개의 제조부문(기계부문, 가공부문)과 이들 부문에 전력을 공급하는 보조부문(수선부문)을 가지고 있다. ㈜호도는 기계시간을 기준으로 제조간접원가를 배부하고 있다. 다음은 20×1년 원가계산에 필요한 자료이다.

[부문별 내역]

| 구분 | 수선부문 | 기계부문 | 가공부문 | 합계 |
|---|---|---|---|---|
| 제조간접원가 | ₩ 200,000 | ₩ 800,000 | ₩ 500,000 | ₩ 1,500,000 |
| 수선시간 | – | 750시간 | 250시간 | 1,000시간 |
| 기계시간 | – | 1,000시간 | 500시간 | 1,500시간 |

20×0년 작업을 착수하여 20×1년 완성한 작업 #101의 내역은 다음과 같다.

| 구분 | 금액 |
|---|---|
| 기초재공품원가 | ₩ 200,000 |
| 직접재료원가 | 300,000 |
| 직접노무원가 | 150,000 |
| 제조간접원가 | ? |
| 기계부문 기계시간 | 80시간 |
| 가공부문 기계시간 | 20시간 |

작업 #101이 공장전체 제조간접원가배부율을 사용할 경우와 부문별 제조간접원가배부율을 사용할 경우 각각의 제조원가를 구하시오.

풀이

1. 공장전체 제조간접원가배부율 사용
   (1) 공장전체 제조간접원가 배부율
      ⇒ 1,500,000 ÷ 1,500시간 = 공장전체 기계시간 당 ₩ 1,000
   (2) #101의 제조원가
      ⇒ 200,000 + 300,000 + 150,000 + 100시간 × @1,000 = 750,000
2. 부문별 제조간접원가배부율 사용
   (1) 보조부문원가의 배분

| 구분 | 수선부문 | 제조부문 | |
|---|---|---|---|
| | | 기계부문 | 가공부문 |
| 배부전 원가 | ₩ 200,000 | ₩ 800,000 | ₩ 500,000 |
| 수선부문 | (200,000) | 150,000 | 50,000 |
| 배분후 원가 | 0 | 950,000 | 550,000 |

* 기계부문 : 가공부문 = 750 : 250

   (2) 부문별 제조간접원가배부율
      ⇒ 기계부문: 950,000 ÷ 1,000시간 = 기계부문 기계시간당 ₩ 950
      ⇒ 가공부문: 550,000 ÷ 500시간 = 가공부분 기계시간당 ₩ 1,100
   (3) #101의 제조원가
      ⇒ 200,000 + 300,000 + 150,000 + 80시간 × @950 + 20시간 × @1,100 = 748,000

### ★ 사례연습 2. 개별원가계산하의 원가의 흐름

㈜초아는 개별원가계산제도를 적용하는 회사이며, 기초재공품과 제품은 다음과 같다.

| 항목 | 구분 | 금액 |
|---|---|---|
| 기초재공품 | #A | ₩16,000 |
| | #B | 5,000 |
| 기초제품 | #C | 15,000 |

작업 #A는 당기 중 추가로 ₩10,000의 제조원가를 투입하여 완성하였으며 기말 현재 제품상태이다. 작업 #B는 당기 중 추가로 ₩6,000의 제조원가를 투입하여 완성하였으며 당기 중 판매되었다. 작업 #C는 당기 중 판매되었다. 당기착수한 작업과 작업별 제조원가는 다음과 같다.

| 번호 | 제조원가 |
|---|---|
| #D | ₩4,000 |
| #E | 6,800 |

#D는 당기 기말 현재 재공품 상태이며, #E는 제품 상태이다.

[물음 1] 회사 전체의 재공품과 제품의 원가의 흐름을 보이시오.

[물음 2] 당기총제조원가, 당기제품제조원가, 매출원가를 각각 구하시오.

풀이

[물음 1]

| 기초재공품 | | | 당기투입액 | | | 완성 | | | 기말재공품 | |
|---|---|---|---|---|---|---|---|---|---|---|
| #A | ₩16,000 | | | ₩10,000 | | | ₩26,000 | | | |
| #B | ₩5,000 | + | | ₩6,000 | = | | ₩11,000 | + | | |
| | | | #D | ₩4,000 | | | | | | ₩4,000 |
| | | | #E | ₩6,800 | | | ₩6,800 | | | |
| 합계 | ₩21,000 | | 합계 | ₩26,800 | | 합계 | ₩43,800 | | 합계 | ₩4,000 |

| 기초제품 | | | 완성 | | | 매출원가 | | | 기말제품 | |
|---|---|---|---|---|---|---|---|---|---|---|
| | | | #A | ₩26,000 | | | | | | ₩26,000 |
| | | | #B | ₩11,000 | | | ₩11,000 | | | |
| #C | ₩15,000 | + | | | = | | ₩15,000 | + | | |
| | | | #E | ₩6,800 | | | | | | ₩6,800 |
| | | | | | | | | | | |
| 합계 | ₩15,000 | | 합계 | ₩43,800 | | 합계 | ₩26,000 | | 합계 | ₩32,800 |

[물음 2]

⇒ 당기총제조원가: 26,800

⇒ 당기제품제조원가: 43,800

⇒ 매출원가: 26,000

**★ 사례연습** 3. 개별원가계산 종합

다음은 개별원가계산제도를 이용하고 있는 ㈜민아의 원가계산 자료이다. 제조간접원가는 직접재료원가를 기준으로 배부한다.

| 원가항목 | 작업 A | 작업 B | 작업 C | 합계 |
|---|---|---|---|---|
| 기초재공품 | ₩ 3,000 | ₩ 5,000 | ₩ - | ₩ 8,000 |
| 직접재료원가 | 2,000 | 3,000 | 5,000 | 10,000 |
| 직접노무원가 | 4,000 | 5,000 | 3,000 | 12,000 |
| 제조간접원가 | ? | ? | ? | 20,000 |

작업 A는 완성되어 판매가 되었으며, 작업 B는 완성되었으나 판매가 되지 않았다. 작업 C는 기말 현재 미완성 상태이다. 다음 각 항목들을 구하시오.

(1) 당기총제조원가

(2) 당기제품제조원가

(3) 매출원가

(4) 기말제품

(5) 기말재공품

풀이

1. **제조간접비 배부율**: 20,000 ÷ 10,000(직접재료원가) = 직접재료원가 ₩ 1당 ₩ 2
2. **기말재공품(작업 C)**: 5,000 + 3,000 + 5,000 × 2 = 18,000
3. **기말제품(작업 B)**: 5,000 + 3,000 + 5,000 + 3,000 × 2 = 19,000
   (1) **당기총제조원가**: 투입 + DL + OH
   ⇒ 10,000 + 12,000 + 20,000 = 42,000
   (2) **당기제품제조원가**: 기초(원재료 + 재공품) + 투입 + DL + OH - 기말(원재료 + 재공품)
   ⇒ 8,000 + 42,000 - 18,000 = 32,000
   (3) **매출원가**: 기초(원재료 + 재공품 + 제품) + 투입 + DL + OH - 기말(원재료 + 재공품 + 제품)
   ⇒ 8,000 + 42,000 - 37,000 = 13,000

## 4 정상개별원가계산

실제개별원가계산 적용 시 기말시점이 되어서야 제조간접비 배부가 완료되므로 기중에 의사결정을 위한 원가계산자료가 필요한 경우 자료를 적시에 제공해 줄 수 없다는 단점이 있다. 더하여 조업도에 따라 단위당 고정제조간접비가 달라지므로 제품 단위당 원가의 변동성이 커지는 단점도 있다. 실제 제조간접원가의 사용액이 집계되기 전에 미리 배부율을 결정하는 방법이 정상개별원가계산이다. 정상개별원가계산은 제조간접원가의 실제 발생액이 아닌 예정액을 배부기준으로 하는 기준조업도로 나누어 예정배부율을 산정하고 실제 배주기준이 집계되면 바로 배부하여 제품의 원가를 계산할 수 있게 하는 방법이다.

## 1. 정상개별원가계산의 의의

정상개별원가계산은 직접비용에 대하여는 실제원가계산과 동일한 방법으로 집계하고 제조간접비는 예정배부율을 정하고 예정배부율에 따라 배부하는 방법이다. 이러한 정상개별원가계산은 기중에 원가자료가 필요한 경우 제조간접비 배부를 하지 않고도 제조간접비 예정배부를 통해 원하는 정보를 파악할 수 있다.

> 제조간접원가 배부액 = 개별작업의 실제 배부기준수 × 예정배부율*
>
> * 제조간접원가 예정배부율 = **Σ예정 제조간접원가 발생액 ÷ 예정 조업도(기준조업도)**

**실제개별원가계산과 실제정상원가계산의 비교**

| 원가요소 | 실제원가계산 | 정상원가계산 |
|---|---|---|
| 직접재료원가 | 실제원가 | 실제원가 |
| 직접노무원가 | 실제원가 | 실제원가 |
| 제조간접원가 | 실제배부액 *1 | 예정배부액 *2 |

*1. 실제배부액: 개별작업의 실제 배부기준(실제 조업도) × 제조간접원가 실제배부율
*2. 예정배부액: 개별작업의 실제 배부기준(실제 조업도) × 제조간접원가 예정배부율

**사례연습 4. 제조간접비 예정배부율**

㈜영지는 머리핀을 생산하는 회사이다. 당기 예상되는 생산량은 1,000단위이며 총 ₩3,000,000의 제조간접비가 투입될 것으로 예상된다. 정상원가계산을 적용할 경우 제조간접비 예정배부율은 얼마인가?

풀이

**제조간접비예정배부율**: 제조간접비예산 ÷ 예정조업도
⇒ 3,000,000 ÷ 1,000단위 = 단위당 3,000

## 2. 정상개별원가의 계산 절차

직접재료비와 직접노무비는 제품완성시점에 실제원가를 계산하고, 제조간접비는 제품완성시점에 예정배부율을 산정하여 실제조업도 기준으로 각 제품에 배부하여 계산한다.

| 1단계: 제조간접원가 예정배부율 계산 | | 제조간접원가 예정배부율:<br>제조간접원가 예산 ÷ 예정조업도(기준조업도) |
|---|---|---|
| 2단계: 작업별 제조원가 계산 | 직접재료원가 | 원가추적(실제원가) |
| | 직접노무원가 | 원가추적(실제원가) |
| | 제조간접원가 | 특정작업의 실제조업도 × 제조간접원가 예정배부율 |

### 사례연습 5. 제조간접비 예정배부

㈜혜인은 정상원가계산을 적용 중이며 예상조업도는 2,000단위이고 제조간접비 예산은 ₩2,000,000이다. 기중에 의사결정 목적으로 원가자료가 필요하게 되어 다음과 같은 원가정보를 획득하였다.

| | |
|---|---|
| 생산량 | 1,800단위 |
| 직접재료비 | ₩3,600,000 |
| 직접노무비 | 5,400,000 |

제품 1단위당 제조원가는 얼마인가?

풀이

1) 제조간접비 예정배부율: 2,000,000 ÷ 2,000단위 = 1,000
2) 단위당 직접재료비: 3,600,000 ÷ 1,800단위 = 2,000
3) 단위당 직접노무비: 5,400,000 ÷ 1,800단위 = 3,000
⇒ 단위당 제조원가: 1,000 + 2,000 + 3,000 = 6,000

### 사례연습 6. 정상개별원가계산

㈜서울은 정상개별원가계산을 적용하고 있으며 직접노무원가를 기준으로 제조간접원가를 예정배부하고 있다. 회사의 연간 제조간접원가 예산은 ₩800,000이고 직접노무원가 예산은 ₩400,000이다. 다음은 20×1년에 제조간접원가 배부차이를 조정하기 전에 정상원가에 관한 자료이다.

| 구분 | 금액 |
|---|---|
| 기초재공품(#101) | ₩20,000 |
| 기말재공품(#192) | 40,000 |
| 기초제품(#97 ~ #100) | 80,000 |
| 기말제품(#189 ~ #191) | 60,000 |
| 매출원가(#97 ~ #188) | 980,000 |

20×1년에 제조활동에 투입된 직접재료원가가 ₩530,000일 경우, 20×1년에 투입된 직접노무원가는 얼마인가?

풀이

1) 제조간접원가 예정배부율: 800,000 ÷ 400,000 = 직접노무원가의 200%
2) 매출원가 = 기초(원재료 + 재공품 + 제품) + 원재료투입 + 직접노무비(A) + 제조간접비 − 기말(원재료 + 재공품 + 제품)
⇒ 100,000 + 530,000 + A + 2A − 100,000 = 980,000, A = 150,000

### 3. 정상개별원가 제조간접원가 배부차이

정상개별원가계산 방법은 예측한 예정배부율을 이용하여 제조간접원가를 배부하므로 제조간접비예정배부 금액은 실제 발생 제조간접비와 다를 수 밖에 없다. 이를 정상개별원가계산 제조간접원가 배부차이라고 한다. 재무제표에는 예정배부제조간접비가 아닌 실제 발생 제조간접비가 계상되어야 하므로, 기업은 기말시점에 예정제조간접원가와 실제제조간접원가의 차이를 조정해 주어야 한다.

> 제조간접원가 배부차이 = 제조간접원가 실제발생액 – 제조간접원가 예정배부액
> ① **제조간접원가 배부차이(+)**: 과소배부(부족배부) → 가산조정
> ② **제조간접원가 배부차이(–)**: 과대배부(초과배부) → 차감조정

**사례연습 7. 제조간접원가 배부차이**

㈜선정은 직접노무시간을 기준으로 제조간접원가를 예정배부하고 있다. 20×1년의 제조간접원가실제발생액은 ₩1,620,000이고 실제직접노무시간은 6,300시간이다. 제조간접원가 예산액은 ₩1,530,000이고 예상직접노무시간은 6,000시간이다. 20×1년의 제조간접원가 과소(대)배부는 얼마인가?

풀이

|  |  |
|---|---|
| 제조간접비 예산 | ₩1,530,000 |
| (÷) 예정조업도 | 6,000시간 |
| = 제조간접원가 예정배부율 | @255 |
| (×) 실제조업도 | 6,300시간 |
| 제조간접비 예정배부액 | ₩1,606,500 |
| 실제 제조간접비 | ₩1,620,000 |
| 제조간접비 배부차이 | ₩13,500 과소배부 |

### 4. 제조간접원가 배부차이 조정

제조간접비 배부차이를 조정하는 방법은 크게 매출원가조정법, 영업외손익법, 비례배분법 3가지가 있다.

#### (1) 매출원가조정법

제조간접비 배부차이를 전액 매출원가에 가감하는 방법으로, 과소배부액은 매출원가에 가산한고 과대배부액은 매출원가에 차감한다.

#### (2) 영업외손익법

제조간접비 배부차이를 영업외손익으로 처리하는 방법이다. 제조간접비 과소배부액은 영업외비용으로, 제조간접비 과대배부액은 영업외수익 또는 영업외비용의 차감으로 처리한다.

### (3) 비례배분법

제조간접비 배부차이를 기말재고자산과 매출원가 계정의 상대적 비율에 따라 비례배분하는 방법이다.

비례배분법은 총원가 비례배분법과 원가요소별 비례배분법, 두가지로 나눌 수 있다.

① **총원가 비례배분법**: 제조간접비 배부차이를 기말재고자산과 매출원가 계정의 총원가의 비율에 따라 배부하는 방법이다.

② **원가요소별 비례배분법**: 각 계정별 제조간접비 예정배부액의 비율로 배부하는 방법이다.

**매출원가조정법과 비례배분법**

| | |
|---|---|
| 매출원가조정법 | • 제조간접원가 과소배부액은 매출원가에 가산하고, 과대배부액은 매출원가에서 차감하는 방법<br>• 제조간접원가 배부차이의 조정 후에도 재고자산은 여전히 정상원가로 기록됨 |
| 총원가 비례배분법 | 제조간접원가 배부차이를 재공품, 제품, 매출원가의 총원가(기말잔액) 금액 비율에 따라 배분하는 방법 |
| 원가요소별 비례배분법 | • 제조간접원가 배부차이를 재공품, 제품, 매출원가의 제조간접원가 예정배부액금액비율에 따라 배분하는 방법<br>• 제조간접원가 배부차이의 조정 후에는 실제원가계산과 동일함 |

**사례연습 8. 제조간접원가의 배부차이 조정**

다음은 ㈜서울의 당기 말 각 계정잔액을 나타낸 것이다. 이들은 제조간접원가 배부차액을 조정하기 전의 금액이다.

| 구분 | 재공품 | 제품 | 매출원가 |
|---|---|---|---|
| 직접재료원가 | ₩ 20,000 | ₩ 7,000 | ₩ 140,000 |
| 직접노무원가 | 40,000 | 18,000 | 300,000 |
| 제조간접원가 | 60,000 | 21,000 | 375,000 |
| 합계 | 120,000 | 46,000 | 815,000 |

당기의 제조간접원가 부족배부액 ₩ 50,000을 각 계정에 배분할 때 총원가 비례배분법과 원가요소별 비례배분법에 따라 배분되는 각각 금액은 얼마인가?

풀이

1. 총원가 비례배분법

| 구분 | 총원가 | 배분비율 | 배분액 |
|---|---|---|---|
| 재공품 | ₩ 120,000 | 120/981 | ₩ 6,120 |
| 제품 | 46,000 | 46/981 | 2,340 |
| 매출원가 | 815,000 | 815/981 | 41,540 |
| 합계 | 981,000 | 1 | 50,000 |

2. 원가요소별 비례배분법

| 구분 | 총원가 | 배분비율 | 배분액 |
|---|---|---|---|
| 재공품 | ₩ 60,000 | 60/456 | ₩ 6,580 |
| 제품 | 21,000 | 21/456 | 2,300 |
| 매출원가 | 375,000 | 375/456 | 41,120 |
| 합계 | 456,000 | 1 | 50,000 |

IF) 제조간접원가 과대배부액 ₩ 50,000을 재공품 계정에 배분할 때 원가요소별 비례배분법을 사용하면 각 계정에 배분될 금액은 얼마인가?

| 구분 | 총원가 | 배분비율 | 배분액 |
|---|---|---|---|
| 재공품 | ₩ 60,000 | 60/456 | ₩ 6,580 |
| 제품 | 21,000 | 21/456 | 2,300 |
| 매출원가 | 375,000 | 375/456 | 41,120 |
| 합계 | 456,000 | 1 | 50,000 |

# 확인 문제

**01** 다음의 개별원가계산 자료에 의한 당기총제조원가는? 2013년 국가직 9급

- 직접재료원가는 ₩3,000이며, 직접노동시간은 30시간이고, 기계시간은 100시간이다.
- 직접노무원가의 임률은 직접노동시간당 ₩12이다.
- 회사는 기계시간을 기준으로 제조간접원가를 배부한다.
- 제조간접원가 예정배부율이 기계시간당 ₩11이다.

① ₩4,460
② ₩4,530
③ ₩4,600
④ ₩4,670

**02** ㈜백두는 직접노무원가를 기준으로 제조간접원가를 배부하는 개별원가계산을 실시하고 있다. 20×1년에 착수하여 완성한 작업 #101과 #102의 제조원가 자료는 다음과 같다.

| 구분 | #101 | #102 |
|---|---|---|
| 직접재료원가 | ₩850,000 | ₩300,000 |
| 직접노무원가 | ? | ? |
| 제조간접원가 | 450,000 | 300,000 |
| 총제조원가 | ? | ? |

작업 #101의 총제조원가가 작업 #102의 총제조원가의 두 배였다면 20×1년 제조간접원가배부율은 직접노무원가의 몇%인가?

① 150%
② 200%
③ 250%
④ 300%

정답 및 해설

01
당기총제조원가: 3,000(직접재료비) + 30시간 × @12(직접노무비) + 100시간 × @11(제조간접비) = 4,460

02
1) #102의 직접노무원가: A
   * 1,300,000 + 1.5A = 2 × (600,000 + A), A = 200,000
2) 제조간접원가배부율: 300,000 ÷ 200,000 = 직접노무원가의 150%

정답 01 ① 02 ①

**03** ㈜서울은 제조간접원가를 기계작업시간을 기준으로 예정 배부한다. 다음 자료를 기초로 제조간접원가 실제발생액을 구하면 얼마인가? 2015년 서울시 9급

- 제조간접원가 예산 ₩200,000
- 예정조업도 100,000시간
- 실제조업도 80,000시간
- 제조간접원가 배부차이 ₩20,000(과소)

① ₩140,000
② ₩160,000
③ ₩180,000
④ ₩200,000

**04** ㈜대한은 정상개별원가계산을 적용하고 있으며, 제조간접원가 배부기준은 직접노무시간이다. 20×1년 제조간접원가 예산은 ₩2,000이고, 예정 직접노무시간은 200시간이었다. 20×1년 실제 직접노무시간은 210시간, 제조간접원가 과대배부액이 ₩200이었다. 제조간접원가 실제발생액은? 2019년 국가직 7급

① ₩1,700
② ₩1,800
③ ₩1,900
④ ₩2,000

**05** ㈜서울은 정상개별원가계산을 사용하고 있다. 제조간접원가는 직접노무시간을 기준으로 작업별로 예정배부를 하고 있는데, 20×1년 제조간접원가 예정배부율은 직접노무시간당 ₩100이다. 20×1년 한 해 동안 제조간접원가는 ₩52,500이 실제 발생하였으며, ₩2,500이 과대배부된 것으로 나타났다. 그리고 실제 직접노무시간은 예정 직접노무시간을 50시간 초과하였다. 20×1년 제조간접비 예산은 얼마인가? 2017년 서울시 7급

① ₩50,000
② ₩55,000
③ ₩60,000
④ ₩65,000

**06** ㈜한국은 정상개별원가계산을 적용하고 있으며, 직접노무시간을 기준으로 제조간접원가를 예정배부하고 있다. 다음 자료를 이용할 경우, 당기 말 제조간접원가 과소 또는 과대 배부액은? 2022년 국가직 9급

- 제조간접원가 예산액: ₩130,000
- 예상 직접노무시간 10,000시간
- 실제 제조간접원가 발생액 ₩120,000
- 실제 직접노무시간 9,000시간

① 과소배부 ₩3,000
② 과대배부 ₩3,000
③ 과소배부 ₩10,000
④ 과대배부 ₩10,000



정답 및 해설

**03**

1) 예정배부율 = 200,000 ÷ 100,000시간 = @2
2) 예정배부액 = 80,000시간 × @2 = 160,000
3) 실제발생액 = 160,000 + 20,000 = 180,000

**04**

1) 예정배부액: 210시간 × @10( = 2,000 ÷ 200시간) = 2,100
2) 실제발생액: 2,100 - 200 = 1,900

**05**

1) 예정배부액: 52,500(실제발생액) + 2,500(과대배부) = 55,000
2) 실제조업도: 55,000 ÷ 100(예정배부율) = 550시간
3) 예정조업도: 550시간 - 50시간 = 500시간
4) 제조간접비 예산: 50,000 ⇒ 550시간 × (제조간접비예산/500시간) = 55,000

**06**

1) 예정배부액: 9,000시간 × (130,000 / 10,000시간) = 117,000
2) 실제발생액: 120,000
3) 배부차이: (1) - (2) = 과소배부 3,000

정답 03 ③ 04 ③ 05 ① 06 ①

**07** ㈜한국은 직접노동시간을 기준으로 제조간접원가를 예정배부하고 있다. 2012년 제조간접원가와 관련된 다음 자료를 이용하여 계산한 정상조업도는? 2012년 국가직 9급

- 제조간접원가 예산액: ₩30,000
- 실제조업도(직접노동시간): 200시간
- 제조간접원가 실제발생액: ₩22,000
- 제조간접원가 배부차이: 과대배부 ₩2,000

① 100시간
② 150시간
③ 200시간
④ 250시간

**08** ㈜한국은 정상개별원가계산제도를 적용하고 있다. ㈜한국의 제조간접원가의 배부기준은 기계가동시간이며, 2011년 제조간접원가 예산은 ₩400,000이고, 기계가동 예상시간은 40,000시간이었다. 2011년 8월 작업별 기계가동시간은 다음과 같다.

| 구분 | #201 | #202 | 합계 |
|---|---|---|---|
| 기계가동시간 | 1,200시간 | 2,000시간 | 3,200시간 |

2011년 8월 제조간접원가 실제발생액이 ₩34,000일 때, 제조간접원가 배부차이는?

① ₩2,000 과소배부
② ₩2,000 과대배부
③ ₩32,000 과소배부
④ ₩32,000 과대배부

**09** ㈜한국은 정상원가계산을 적용하여 제조간접원가 배부차이 금액을 재공품, 제품, 매출원가의 조정 전 기말잔액의 크기에 비례하여 배분한다. 다음 자료를 이용하여 제조간접원가 배부차이 조정 전후 설명으로 옳지 않은 것은?

2020년 국가직9급

| 구분 | 조정 전 기말잔액 |
|---|---|
| 재공품 | ₩ 500,000 |
| 제품 | ₩ 300,000 |
| 매출원가 | ₩ 1,200,000 |
| 합계 | ₩ 2,000,000 |

- 실제발생 제조간접비 ₩ 1,000,000
- 예정배부된 제조간접비 ₩ 1,100,000
- 재공품과 제품의 기초재고는 없는 것으로 가정한다.

① 조정 전 기말잔액에 제조간접원가가 과대배부되었다.
② 제조간접원가 배부차이 금액 중 기말 재공품에 ₩ 25,000이 조정된다.
③ 제조간접원가 배부차이 조정 후 기말 제품은 ₩ 315,000이다.
④ 제조간접원가 배부차이 조정 후 매출원가 ₩ 60,000이 감소된다.



정답 및 해설

**07**

1) 예정배부액: 22,000(실제발생액) + 2,000(과대배부) = 24,000
2) 예정배부율: 24,000 = 200(실제조업도) × 예정배부율 120
3) 제조간접원가 예산액: 30,000 = 120 × 정상조업도
∴ 정상조업도: 250시간

**08**

1) 예정배부율 = 400,000 ÷ 40,000 = @10/기계시간
2) 예정배부액 = 예정배부율(10) × 실제기계시간(3,200) = 32,000
3) 실제발생액(34,000)보다 예정배부액(32,000)이 적은 과소(부족)배부

**09**

1) 배부차이: 1,100,000(예정배부액) − 1,000,000(실제발생액) = 100,000 과대배부
2) 재공품 배부차이조정액: 100,000 × 500,000/2,000,000 = 25,000
3) 제품 배부차이조정액: 100,000 × 300,000/2,000,000 = 15,000
4) 매출원가 배부차이조정액: 100,000 × 1,200,000/2,000,000 = 60,000
5) 조정 후 재공품: 500,000 − 25,000 = 475,000
6) 조정 후 제품: 300,000 − 15,000 = 285,000
7) 조정 후 매출원가: 1,200,000 − 60,000 = 1,140,000

정답 07 ④ 08 ① 09 ③

**10** ㈜한국은 정상개별원가계산을 채택하고 있으며, 당기에 발생한 제조간접원가의 배부차이는 ₩9,000(과대배부)이다. 다음의 원가자료를 이용하여 총원가비례법으로 배부차이를 조정하는 경우 조정 후의 매출원가는?

2015년 지방직 9급

| 기말재공품 ₩20,000, 기말제품 ₩30,000, 매출원가 ₩450,000 |
|---|

① ₩441,000　② ₩441,900
③ ₩458,100　④ ₩459,000

**11** ㈜한국은 개별원가계산제도를 사용하고 있으며 직접노무비를 기준으로 제조간접비를 예정배부하고 있다. 2013년 6월의 제조원가 관련 정보가 다음과 같을 때, 과소 또는 과대 배부된 제조간접비에 대한 수정분개로 옳은 것은? (단, 과소 또는 과대 배부된 금액은 매출원가로 조정한다)

2013년 지방직 9급

- 직접노무비와 제조간접비에 대한 예산은 각각 ₩200,000과 ₩250,000이다.
- 직접재료비 ₩520,000과 직접노무비 ₩180,000이 발생되었다.
- 실제 발생한 총제조간접비는 ₩233,000이다.

| | 차변 | | 대변 | |
|---|---|---|---|---|
| ① | 제조간접비 | 8,000 | 매출원가 | 8,000 |
| ② | 매출원가 | 8,000 | 제조간접비 | 8,000 |
| ③ | 매출원가 | 17,000 | 제조간접비 | 17,000 |
| ④ | 제조간접비 | 17,000 | 매출원가 | 17,000 |

**12** 새롭게 사업을 시작한 ㈜서울은 직접노무시간 기준으로 제조간접비를 예정배부하는 정상개별원가계산을 사용하며, 제조간접원가 배부차이는 제조간접원가 예정배부액의 비율에 따라 배분한다. ㈜서울은 당기에 두 개의 작업 #101과 #102를 수행하여 #101은 완성하여 판매하였으며, #102는 완성되지 않았다. 관련 자료가 다음과 같을 때, 정상개별원가계산을 적용한 경우와 비교하여 실제개별원가계산의 당기영업이익은 얼마나 변화하는가?

2017년 서울시 9급

| 구분 | #101 | #102 |
|---|---|---|
| 실제 직접노무시간 | 200시간 | 200시간 |
| 제조간접원가 예산 | ₩ 300,000 | |
| 예정조업도 | 300시간 | |
| 실제제조간접원가 | ₩ 450,000 | |

① ₩ 25,000 증가
② ₩ 25,000 감소
③ ₩ 50,000 증가
④ ₩ 50,000 감소



정답 및 해설

**10**
조정 후 매출원가: 450,000 − 9,000 × 450,000/(20,000 + 30,000 + 450,000) = 441,900

**11**
1) 예정배부율 = 250,000 ÷ 200,000 = 1.25
2) 예정배부액 = 예정배부율(1.25) × 실제직접노무비(180,000) = 225,000
3) 배부차이: 과소배부 8,000(실제발생액 233,000원 보다 예정배부액 225,000원이 적다)
4) 과소배부차이의 회계처리: 매출원가를 8,000원 증가하는 회계처리를 한다.

**12**
1) 예정배부율: 300,000 ÷ 300시간 = 1,000
2) 정상원가계산의 매출원가: 200시간(#101) × 1,000 = 200,000
3) 실제배부율: 450,000 ÷ 400시간 = 1,125
4) 실제원가계산의 매출원가: 200시간(#101) × 1,125 = 225,000
5) 정상원가계산과 비교하여 실제원가계산의 영업이익의 변화: 2) − 4) = 25,000 감소

정답 10 ② 11 ② 12 ②

**13** ㈜국세는 개별정상원가계산제도를 채택하고 있다. ㈜국세는 제조간접원가를 예정배부하며, 예정배부율은 직접노무원가의 60%이다. 제조간접원가의 배부차이는 매기 말 매출원가에서 전액 조정한다. 당기에 실제 발생한 직접재료원가는 ₩24,000이며, 직접노무원가는 ₩16,000이다. 기초재공품은 ₩5,600이며, 기말재공품에는 직접재료원가 ₩1,200과 제조간접원가 배부액 ₩1,500이 포함되어 있다. 또한 기초제품은 ₩5,000이며, 기말제품은 ₩8,000이다. 제조간접원가 배부차이를 조정한 매출원가가 ₩49,400이라면, 당기에 발생한 실제 제조간접원가는 얼마인가?

① ₩7,200
② ₩9,600
③ ₩10,400
④ ₩12,000

**14** ㈜한국은 정상(예정)개별원가계산을 적용하며, 기계시간을 기준으로 제조간접원가를 예정배부한다. 20×1년 예정기계시간이 10,000시간이고 원가 예산이 다음과 같을 때, 제조간접원가 예정배부율은? 2021년 국가직 9급

| 항목 | 금액 |
|---|---|
| 직접재료원가 | ₩25,000 |
| 간접재료원가 | ₩5,000 |
| 직접노무원가 | ₩32,000 |
| 공장건물 임차료 | ₩20,000 |
| 공장설비 감가상각비 | ₩7,000 |
| 판매직원 급여 | ₩18,000 |
| 공장설비 보험료 | ₩13,000 |
| 광고선전비 | ₩5,000 |

① ₩4/기계시간
② ₩4.5/기계시간
③ ₩7.2/기계시간
④ ₩10.2/기계시간

## 15 정상개별원가계산을 적용하는 경우 발생할 수 있는 제조간접원가 배부차이에 대한 설명 중 옳지 않은 것은?

2021년 지방직 9급

① 제조간접원가 배부차이는 회계기간 중에 배분된 제조간접원가 예정배부액과 회계기말에 집계된 제조간접원가 실제발생액의 차이로 발생한다.

② 원가요소별 비례배분법은 기말의 재공품, 제품 및 매출원가에 포함되어 있는 제조간접원가 실제배부액의 비율에 따라 제조간접원가 배부차이를 조정한다.

③ 제조간접원가 배부 시 실제배부율은 사후적으로 계산되지만, 예정배부율은 기초에 사전적으로 계산된다.

④ 제조간접원가 과대배부액을 매출원가조정법에 의해 회계처리하는 경우, 매출원가가 감소하게 되므로 이익이 증가하는 효과가 있다.





**정답 및 해설**

**13**

실제 제조간접원가 (A): 12,000

1) 기초(재공품 + 제품) + DM + DL + OH(예산) - 기말(재공품 + 제품) = 매출원가

2) 5,600 + 5,000 + 24,000 + 16,000 + A - (1,200 + 1,500 + 1,500/0.6 + 8,000) = 49,400

**14**

1) 제조간접원가: 5,000 + 20,000 + 7,000 + 13,000 = 45,000

2) 제조간접원가 예정배부율: 45,000 / 10,000시간 = 4.5

**15**

원가요소별 비례배분법은 기말의 재공품, 제품 및 매출원가에 포함되어 있는 제조간접원가 예정배부액의 비율에 따라 제조간접원가 배부차이를 조정한다.

**정답** 13 ④ 14 ② 15 ②

# CHAPTER 04 종합원가계산

## 1 종합원가계산의 기초개념

Additional Comment

표준품을 대량으로 생산하는 정유업, 제지업 등과 같은 기업들은 개별 제품의 원가를 일일이 구하는 것이 번거롭고 의미가 없다. 그러므로 일정기간 동안 투입한 원가를 총 생산량으로 나누어 단위당 원가를 구하는 방식으로 접근하게 되는데 이를 종합원가계산이라고 한다.

### 1. 종합원가계산의 의의

단위당 가격이 고가이며 생산량이 많지 않은 경우 각 제품별로 원가를 산정하는 개별원가계산이 가능하다. 그러나 동일한 제품을 대량으로 생산할 경우 각 제품별로 원가를 산정하지 않고, 각 공정별로 원가를 집계한 후 해당 공정에서 생산된 제품에 원가를 배분하여 주는 원가계산 방식을 사용하게 되며, 이를 종합원가계산이라고 한다.

### 2. 종합원가계산의 특징

(1) 제품원가는 평균화과정에 기초하고 있다. 즉, 모든 제품을 평균화한 다음에 각 제품에 동일한 원가를 배부해 준다.

(2) 원가의 분류를 재료비와 가공비로 단순화하고, 원가의 집계를 공정별 원가로 집계한다.

(3) 연속적 대량생산 형태이므로, 기간 개념이 중요시 된다.

### 3. 개별원가계산과 종합원가계산의 비교

| 구분 | 개별원가계산 | 종합원가계산 |
|---|---|---|
| 의의 | 특정작업별로 제조원가를 개별 집계 | 제조공정별로 제조원가를 종합 집계 |
| 적용대상 | 다양한 종류의 제품을 소량주문으로 생산하는 기업 | 동일한 종류의 제품을 대량연속생산하는 기업 |
| 원가분류 | 제조직접원가와 제조간접원가의 분류가 중요 | 재료원가와 가공원가의 분류가 중요 |
| 핵심사항 | 특정작업에 제조간업원가의 배부 | 제조공정별로 완성품과 기말재공품에 원가배분 |
| 기말재공품의 평가 | 불필요 | 필요 |

### 4. 종합원가계산의 구성요소

#### (1) 직접재료원가

종합원가에서 직접재료원가는 일반적으로 공정초기에 전량 투입한다. 그러나 경우에 따라 공정전반에 걸쳐 투입하는 원가가 있을 수 있다.

### (2) 가공원가

종합원가에서 직접노무원가와 제조간접원가의 합으로 구성된 가공원가는 공정 전반에 걸쳐 투입하는 원가이다. 가공원가는 가공하면서 진행률에 따라서 발생한다.

## 2 완성품환산량

### 1. 완성품환산량의 기초개념

완성품환산량은 일정기간에 투입한 원가를 그 기간에 완성품만을 생산하는 데 투입했더라면 완성되었을 완성품 수량을 의미한다. 즉, 투입된 원가를 가상의 완성품으로 환산할 경우 그 생산량이 얼마나 되는지를 보여주는 수치이다.

> ① 완성품 환산량: 수량 × 완성도
> ② 완성도: 실제투입액 ÷ 완성품에 투입되어야 할 원가

종합원가계산에서는 재료원가와 가공원가의 완성품환산량을 아래와 같이 각각 구하여야 한다.

#### (1) 직접재료원가

공정의 착수 시점에 전부 투입(완성품환산량 산정 시 완성도를 고려하지 않는다)

#### (2) 가공원가

공정 전체에 걸쳐 균등하게 발생(완성품환산량 산정 시 완성도를 고려한다)

**사례연습 1. 완성품환산량의 개념**

A사와 B사는 선박을 10척씩 만들기로 하였다. A사는 현재 6척의 선박을 완성하였으며, B사는 10척의 선박을 동시에 만들기 시작하여 각각 50%씩 완성하였다. A사와 B사는 각각 몇 개의 선박을 만들었는가?

**풀이**

A사의 완성품환산량은 6척, B사의 완성품환산량은 5척( = 10척 × 50%)이다.

**사례연습 2. 완성품환산량의 계산**

당해 사업을 개시한 ㈜뿌잉은 기계 100대 제작을 시작하여 기말 현재 70대를 완성하고 30대는 60% 제작 중이다. 재료는 공정착수시점에 전량 투입되고 가공비는 공정 전체에 걸쳐 균등하게 발생한다고 가정했을 때 완성품과 재공품의 재료원가, 가공원가 각각의 완성품 환산량을 구하시오.

**풀이**

| 구분 | 완성품 | 재공품 |
|---|---|---|
| 재료원가 | 70 | 30 × 100% = 30 |
| 가공원가 | 70 | 30 × 60% = 18 |

**Additional Comment**

완성품환산량은 생산된 모든 단위를 경제적으로 동일한 가치를 갖는 단일의 경제적 단위로 만들어주기 위해 필요한 개념이다. 예를 들어 당기 중에 공정에서 가공된 수량 중에는 완성된 수량(제품)과 완성되지 않은 수량(재공품)이 있을 수 있다. 재공품과 제품이 공정에서 가공된 것은 동일하나, 가공된 정도는 재공품과 제품이 다를 수 밖에 없다. 가공된 정도가 다른 재공품과 제품에 동일한 원가를 배분하여 주는 것은 불합리적이므로 완성품환산량의 개념을 사용하는 것이다.

## 2. 종합원가계산의 기본과정

종합원가계산은 제조공정별로 제조원가를 종합 집계하는 원가계산제도로, 제조공정별로 종합 집계된 제조원가를 완성품과 기말재공품에 배분한다.

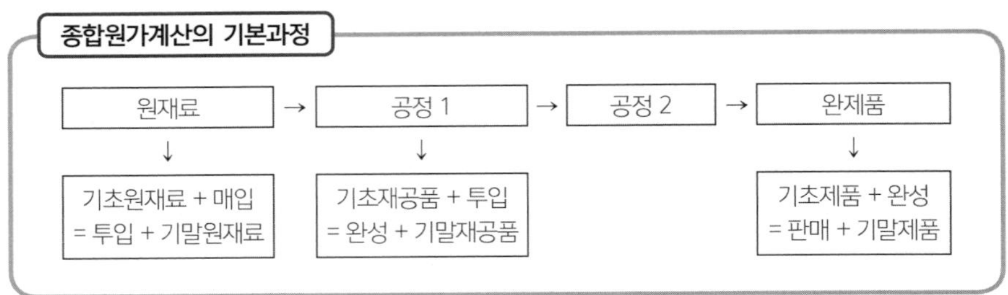


# 3 종합원가계산의 절차

## 1. 종합원가계산의 5단계 절차

완성품원가와 기말재공품원가를 찾기 위해서는 일련의 과정을 거쳐야 하는데, 그 과정을 정리하면 아래와 같다.

| 구분 | 평균법 | 선입선출법 |
|---|---|---|
| 개념 | 재공품<br>기초 재공품 원가 + 당기 투입 원가<br>완성품 원가<br>기말 재공품 원가 | 재공품<br>기초 재공품 원가 + 당기 투입 원가<br>완성품 원가<br>기말 재공품 원가 |
| [1단계]<br>물량의 흐름 파악 | 기초재공품 + 당기투입<br>= 완성품 + 기말재공품 | 기초재공품 + 당기투입<br>= 기초재공품 완성품<br>+ 당기투입 완성품<br>+ 기말재공품 |
| [2단계]<br>완성품환산량 계산<br>( = 물량 × 완성도) | 총완성품환산량<br>(완성도: 기말현재까지의<br>총원가의 투입정도) | 당기완성품환산량<br>(완성도: 기말현재까지의<br>당기투입원가의 투입정도) |
| [3단계]<br>배분할 원가 요약 | 총원가<br>= 기초재공품원가 + 당기투입원가 | 당기투입원가 |
| [4단계]<br>환산량 단위당<br>원가계산 | 가중평균단위원가 =<br>총원가 ÷ 총완성품환산량 | 당기단위원가 =<br>당기투입원가 ÷ 당기완성품환산량 |
| [5단계] 원가배분 | | |
| 완성품원가 | 완성품수량 × 가중평균단위원가 | 기초재공품 + 완성품의<br>완성품환산량 × 당기 단위원가 |
| 기말재공품원가 | 기말재공품의 완성품환산량<br>× 가중평균단위원가 | 기말재공품의 완성품환산량<br>× 당기 단위원가 |

## 2. 물량흐름의 파악

종합원가계산에서 완성품환산량의 개념이 필요한 이유는 기말제품과 재공품에 재료원가와 가공원가를 완성품환산량 비율로 배분해주기 때문이다. 따라서 재료원가와 가공원가의 완성품환산량 계산을 위한 각각의 물량흐름을 파악하는 것이 선행되어야 한다.

### 재료원가와 가공원가 물량의 흐름 파악

| 재료원가 | 기초재공품 수량 | + 당기 착수량 | = 완성품 수량 | + 기말재공품 수량 |
|---|---|---|---|---|
| | ↓ × 완성도 | | | ↓ × 완성도 |
| 가공원가 | 기초재공품 수량 (완성품환산량)① | + 당기 가공량 (완성품환산량)④ | = 완성품 수량② | + 기말재공품 완성품환산량③ |

* 당기 가공량을 가장 마지막에 계산한다.

**사례연습** 3. 물량흐름의 파악

㈜대박은 기초 400개의 재공품이 있으며(완성도 40%), 기말 현재 800개를 완성하였으며, 200개(완성도 60%)가 가공 중에 있다. 당기 투입된 원재료와 가공비의 완성품 환산량은 얼마인가? (단, 선입선출법을 가정한다)

**풀이**

| 재료원가 | 기초재공품 수량 | + 당기 착수량 | = 완성품 수량 | + 기말재공품 수량 |
|---|---|---|---|---|
| | 400 | 600 | = 800 | + 200 |
| | ↓ × 40% | | | ↓ × 60% |
| 가공원가 | 기초재공품 수량 (완성품환산량)① | + 당기 가공량 (완성품환산량)④ | = 완성품 수량② | + 기말재공품 완성품환산량③ |
| | 160 | 760 | = 800 | + 120 |

해커스공무원 **정윤돈 회계학** 기본서 원가관리회계 · 정부회계

**사례연습 4. 기초재공품이 없는 경우 종합원가계산**

당기에 영업을 시작한 ㈜현주는 당기 중 1,000단위 작업을 시작하여 800단위를 완성하고, 200단위가 기말 현재 작업 중이며, 완성률은 40%이다. 당기 중 재료원가는 ₩150,000이 투입되었으며, 가공원가는 ₩184,800이 투입되었다. 기말 완성품과 재공품의 원가는 각각 얼마인가?

풀이

1. 재료원가

| 구분 | 기초재공품 | + | 당기투입 | = | 완성품 | + | 기말재공품 |
|---|---|---|---|---|---|---|---|
| 환산량 | - | + | ① 1,000단위 | = | ② 800단위 | + | ③ 200단위 |
| 금액 | - | + | ④ ₩150,000 | = | ⑥ ₩120,000 | + | ⑦ ₩30,000 |
| 단가 | - | | ⑤ @150 | | ⑤ @150 | | ⑤ @150 |

2. 가공원가 × 40%

| 구분 | 기초재공품 | + | 당기투입 | = | 완성품 | + | 기말재공품 |
|---|---|---|---|---|---|---|---|
| 환산량 | - | + | ③ 880단위 | = | ① 800단위 | + | ② 80단위 |
| 금액 | - | + | ④ ₩184,800 | = | ⑥ ₩168,000 | + | ⑦ ₩16,800 |
| 단가 | - | | ⑤ @210 | | ⑤ @210 | | ⑤ @210 |

⇒ 기초재공품 + 당기투입원가: 150,000 + 184,800 = 334,800

⇒ 완성품 원가: 288,000

⇒ 기말재공품 원가: 46,800

## 3. 평균법

평균법은 전기에 이미 착수된 기초재공품의 전기완성도를 무시하고 기초재공품 생산을 당기에 착수한 것으로 가정한다. 그러므로 평균법은 전기에 투입된 기초재공품원가와 당기투입된 당기총제조원가를 동일하게 취득하여 이를 합한 총원가를 완성품과 기말재공품에 배부하는 방법이다. 즉, 평균법은 기초재공품의 제조를 당기 이전에 착수하였음에도 당기에 착수한 것으로 가정한다. 이로 인해 기초재공품원가와 당기발생원가를 구분하지 않고 동일하게 취급하여 완성품과 기말재공품에 배분한다.

**사례연습 5. 평균법에 의한 종합원가계산**

㈜훈차는 자동차를 생산하는 회사이며 평균법에 의한 종합원가계산을 한다. 재료원가는 공정 시작시점에 전략 투입되며 가공비는 공정에 걸쳐 균등하게 발생되었다. 기초재공품 수량은 200개(완성도 40%)이며, 당기 600개를 완성하였으며, 400개가 공정에 있다(완성도 50%). 기초재공품 원가 및 당기발생비용은 다음과 같다.

| 구분 | 재료원가 | 가공원가 | 합계 |
|---|---|---|---|
| 기초재공품 | ₩ 20,000 | ₩ 4,000 | ₩ 24,000 |
| 당기투입원가 | 64,000 | 120,000 | 184,000 |
| 합계 | 84,000 | 124,000 | 208,000 |

기말재공품 원가와 완성품 원가를 구하시오.

풀이

1. 재료원가

| 구분 | 기초재공품 | + | 당기투입 | = | 완성품 | + | 기말재공품 |
|---|---|---|---|---|---|---|---|
| 환산량 | ③ 1,000단위 | | | = | ① 600단위 | + | ② 400단위 |
| 금액 | ④ ₩ 84,000 | | | = | ⑥ ₩ 50,400 | + | ⑦ ₩ 33,600 |
| 단가 | ⑤ @84 | | | | ⑤ @84 | | ⑤ @84 |

× 50%

2. 가공원가

| 구분 | 기초재공품 | + | 당기투입 | = | 완성품 | + | 기말재공품 |
|---|---|---|---|---|---|---|---|
| 환산량 | ③ 800단위 | | | = | ① 600단위 | + | ② 200단위 |
| 금액 | ④ ₩ 124,000 | | | = | ⑥ ₩ 93,000 | + | ⑦ ₩ 31,000 |
| 단가 | ⑤ @155 | | | | ⑤ @155 | | ⑤ @155 |

⇒ 기초재공품 + 당기투입원가: 84,000 + 124,000 = 208,000
⇒ 완성품 원가: 50,400 + 93,000 = 143,400
⇒ 기말재공품 원가: 33,600 + 31,000 = 64,600

## 4. 선입선출법

선입선출법은 전기에 착수된 기초재공품이 당기에 우선적으로 완성품으로 완성되고, 그 이후에 착수된 수량이 완성품과 기말재공품으로 배분된다고 가정하고 계산하는 방법이다. 그러므로 선입선출법은 기초재공품원가는 우선적으로 완성품 원가에 포함시키고, 당기투입원가는 작업량에 따라 완성품과 기말재공품에 배부한다. 즉, 선입선출법은 기초 재공품원가와 당기 발생원가를 구분하여 완성품원가는 기초 재공품원가와 당기 발생원가로 구성되고 기말 재공품원가는 당기 발생원가로만 구성되었다고 가정하는 것이다.

Self Study

기초재공품이 존재하지 않는다면 평균법과 선입선출법은 완성품의 원가와 기말재공품의 원가가 일치한다.

**사례연습** 6. 선입선출법에 의한 종합원가계산

㈜훈차는 자동차를 생산하는 회사이며 선입선출법에 의한 종합원가계산을 한다. 재료원가는 공정 시작시점에 전량 투입되며 가공비는 공정에 걸쳐 균등하게 발생되었다. 기초재공품 수량은 200개(완성도 40%)이며, 당기 600개를 완성하였으며, 400개가 공정에 있다(완성도 50%). 기초재공품 원가 및 당기발생비용은 다음과 같다.

| 구분 | 재료원가 | 가공원가 | 합계 |
|---|---|---|---|
| 기초재공품 | ₩ 20,000 | ₩ 4,000 | ₩ 24,000 |
| 당기투입원가 | 64,000 | 43,200 | 107,200 |
| 합계 | 84,000 | 47,200 | 131,200 |

기말재공품 원가와 완성품 원가를 구하시오.

풀이

1. 재료원가

| 구분 | 기초재공품 | + | 당기투입 | = | 완성품 | + | 기말재공품 |
|---|---|---|---|---|---|---|---|
| 환산량 | ① 200단위 | + | ④ 800단위 | = | ② 600단위 | + | ③ 400단위 |
| 금액 | ⑤ ₩ 20,000 | + | ⑥ 64,000 | = | ⑩ ₩ 52,000 | + | ⑨ ₩ 32,000 |
| 단가 | ⑦ @100 | | ⑧ @80 | | @100, @80 | | ⑧ @80 |

2. 가공원가 × 40% × 50%

| 구분 | 기초재공품 | + | 당기투입 | = | 완성품 | + | 기말재공품 |
|---|---|---|---|---|---|---|---|
| 환산량 | ① 80단위 | + | ④ 720단위 | = | ② 600단위 | + | ③ 200단위 |
| 금액 | ⑤ ₩ 4,000 | + | ⑥ ₩ 43,200 | = | ⑩ ₩ 35,200 | + | ⑨ ₩ 12,000 |
| 단가 | ⑦ @50 | | ⑧ @60 | | @50, @60 | | ⑧ @60 |

⇒ 완성품 원가: 52,000 + 35,200 = 87,200
⇒ 기말재공품 원가: 32,000 + 12,000 = 44,000

**참고 | 평균법과 선입선출법의 완성품환산량 비교**

항상 선입선출법에 의한 완성품환산량(당기완성품환산량)이 평균법에 의한 완성품환산량(총완성품환산량)보다 기초재공품의 완성품환산량만큼 작다.

선입선출법 완성품환산량 = 평균법 완성품환산량 − 기초재공품의 완성품환산량

## 4 공손이 발생하는 종합원가계산

### 1. 정상공손과 비정상공손의 의의

공손품은 품질이나 규격이 일정수준에 미달하는 불량품을 말한다. 정상적인 작업 환경하에서 불가피하게 발생되는 공손을 정산공손이라 하고, 정산공손을 초과하여 발생하는 공손을 비정산공손이라 한다.

> 기초재공품 + 당기착수량 = 정상공손 + 비정상공손 + 완성품 + 기말재공품
> ① **정상공손의 처리**: 기말제품과 재공품으로 배부
> ② **비정상공손의 처리**: 영업외비용 처리

### 2. 정상공손과 비정상공손의 수량 파악

#### (1) 당기 합격품 산출

정상공손품 수량은 당기 합격품수량을 기초로 계산되므로 합격품수량을 우선 산정하여야 한다.

**당기 합격품 수량 산출**

⇒ 기초재공품(전기 미 검사 분) + 당기투입완성분* + 기말재공품(당기 검사 분)
* 원가흐름의 가정과 무관하므로, 편의상 기초재공품이 당기에 모두 완성되었다고 가정
(당기투입완성분: 당기완성분 − 기초재공품)

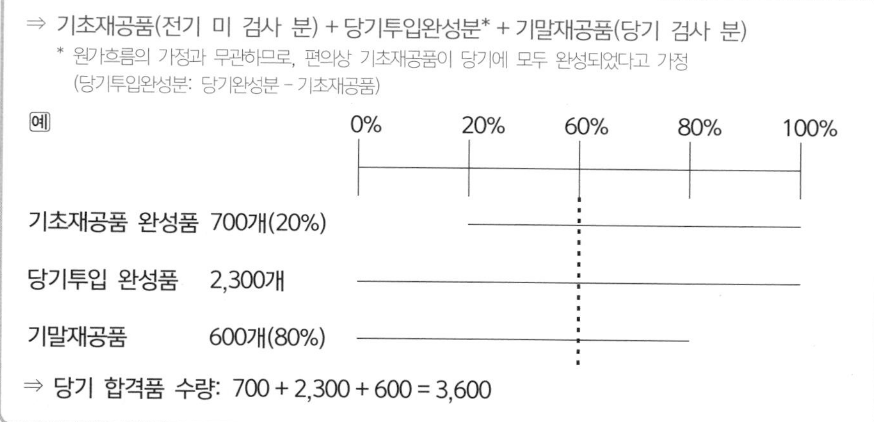


⇒ 당기 합격품 수량: 700 + 2,300 + 600 = 3,600

#### (2) 정산공손수량과 비정상공손수량의 파악

당기 검사수량은 합격품과 공손품으로 구분이 되며, 공손품은 정상공손품과 비정상공손품으로 구분이 된다.

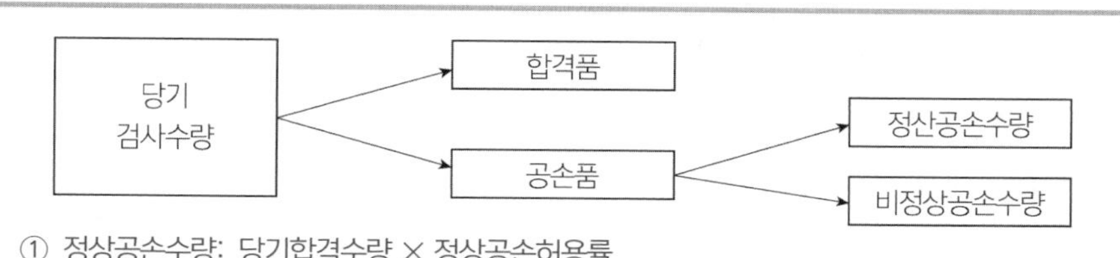


① 정상공손수량: 당기합격수량 × 정상공손허용률
② 비정상공손수량: 총공손수량 − 정상공손수량
* 문제에 따라 합격품 수량의 일정 비율만큼 정상공손수량을 인식하는 방법과 당기 검사량의 일정 비율을 정상공손수량으로 인식하는 방법이 있다(당기 검사수량: 당기합격 수량 + 당기공손 수량).

### 사례연습 7. 정산공손품의 계산

호도산업은 단일제품을 대량으로 생산하고 있다. 원재료는 공정초기에 전량 투입되며 가공비는 공정 전반에 걸쳐 균등하게 발생한다. 또한 회사는 특정 시점에 품질검사를 실시하며 합격한 수량의 10%를 정상공손으로 인식한다. 물량의 흐름이 다음과 같을 때 각 물음별로 정산공손 수량과 비정상공손 수량을 계산하시오. (단, 선입설출법을 가정한다).

| 구분 | 수량 | 완성도 |
|---|---|---|
| 기초재공품 | 400 | 30% |
| 당기착수 | 1,600 | |
| 당기완성 | 1,000 | |
| 공손품 | 200 | |
| 기말재공품 | 800 | 80% |

[물음 1] 20% 시점에 품질검사를 하는 경우

[물음 2] 50% 시점에 품질검사를 하는 경우

풀이

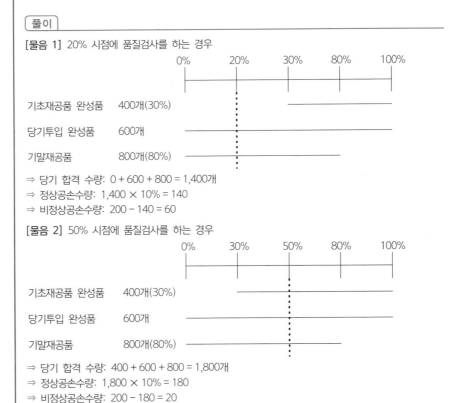

[물음 1] 20% 시점에 품질검사를 하는 경우

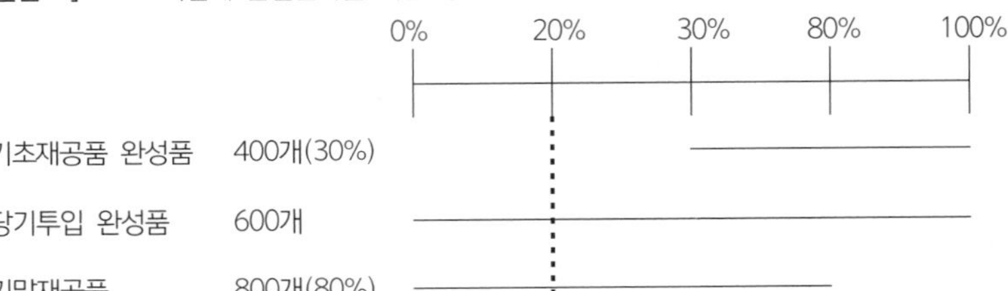


⇒ 당기 합격 수량: 0 + 600 + 800 = 1,400개
⇒ 정상공손수량: 1,400 × 10% = 140
⇒ 비정상공손수량: 200 - 140 = 60

[물음 2] 50% 시점에 품질검사를 하는 경우

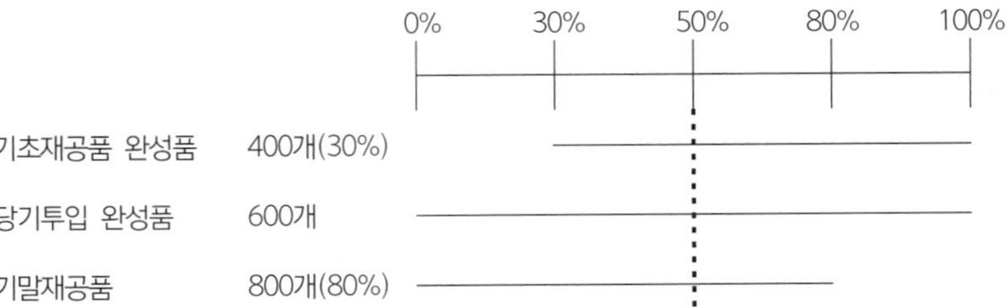


⇒ 당기 합격 수량: 400 + 600 + 800 = 1,800개
⇒ 정상공손수량: 1,800 × 10% = 180
⇒ 비정상공손수량: 200 - 180 = 20

### 3. 공손품원가의 배부

정상공손품과 비정상공손품의 수량을 파악한 후 완성품환산량을 기준으로 정상공손품과 비정상공손품의 원가를 계산한다. 비정상공손품의 경우 전액 당기 비용처리하며, 정상공손품은 기말재공품과 완성품에 각각 합격수량을 기준으로 배부한다.

## 5 연속되는 공정의 종합원가계산

제품이 단일 공정에서 생산되는 경우와 달리 여러 공정을 거쳐서 완성되는 것이 일반적이다. 여러 공정이 있는 경우 각 공정별로 종합원가계산을 하여야 한다. 전 공정에서 완성되는 제품은 후속 공정에 투입되어 추가 가공을 거쳐 완성품이 된다. 이러한 전 공정에서 완성되는 후속 공정으로 투입되는 재공품을 전공정대체품이라 한다.

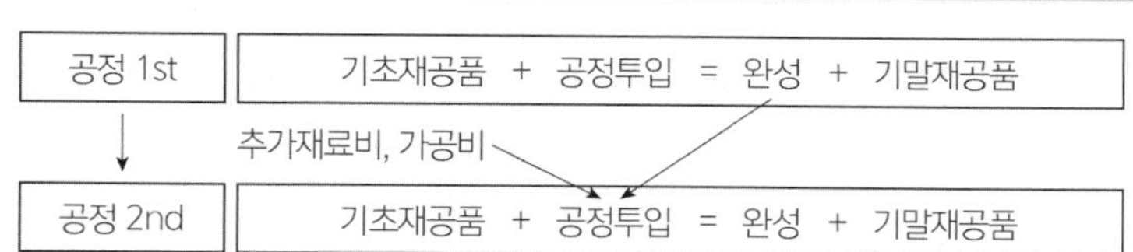


⇒ 투입시기에 관하여 별도 언급이 없는 경우의 원가요소별 투입시기

① 전공정원가: 공정 초기에 모두 투입된다고 가정

② 가공원가: 공정 전반에 걸쳐 균등하게 발생된다고 가정

③ 두 번째 공정 재료비: 문제 가정에 따라 판단

# 확인 문제

**01** ㈜한국은 선입선출법을 이용하여 종합원가계산을 한다. 원재료는 공정시작 시점에서 전량 투입되며, 가공원가는 공정 전반에 걸쳐 균등하게 발생한다고 가정할 때, 다음의 자료를 이용한 가공원가의 완성품환산량은? (단, 공손과 감손은 없다)

2020년 국가직 7급

| 구분 | 수량(개) | 가공원가완성도 |
|---|---|---|
| 기초재공품 | 300 | 50% |
| 완성품 | 1,000 | 100% |
| 기말재공품 | 500 | 40% |

① 800　② 950
③ 1,050　④ 1,150

**02** ㈜한국은 하나의 공정에서 단일 제품을 생산하며 선입선출법을 적용하여 완성품환산량을 계산한다. 직접재료 중 1/2은 공정 초에 투입되고 나머지는 가공이 50% 진행된 시점부터 공정의 종점까지 공정 진행에 따라 비례적으로 투입된다. 가공원가는 공정 전반에 걸쳐 균등하게 투입된다. 검사는 공정의 60% 시점에서 실시되며 일단 검사를 통과한 제품에 대해서는 더 이상 공손이 발생하지 않는 것으로 가정한다. 정상공손은 검사통과수량의 10%로 잡고 있다. 3월의 수량 관련 자료가 다음과 같을 때, 비정상공손수량 직접재료원가의 완성품환산량은?

2020년 지방직 9급

| 구분 | 수량(개) | 가공원가완성도(%) |
|---|---|---|
| 기초재공품 | 2,800 | 30% |
| 완성량 | 10,000 | |
| 공손량 | 2,000 | |
| 기말재공품 | 3,000 | 70% |

① 420개　② 430개
③ 440개　④ 450개

## 03 ㈜서울은 종합원가계산방법을 적용하고 있으며, 당기생산활동 관련 자료는 <보기>와 같다. 모든 제조원가는 공정 진척정도에 따라 투입되는 것으로 할 때, 완성품환산량 단위당 원가가 ₩200이면 기말 재공품의 완성도는?

2019년 서울시 7급

<보기>

- 기초 재공품: 없음
- 당기 착수량: 1,600단위
- 당기 투입원가: ₩240,000
- 당기 완성품 수량: 800단위

① 30%
② 40%
③ 50%
④ 60%



정답 및 해설

01

| 재료원가 | 기초재공품 수량 300개 | + 당기 착수량 1,200(역산) | = 완성품 수량 1,000개 | + 기말재공품 수량 500개 |
|---|---|---|---|---|
| | ↓ × 완성도 × 50% | | | ↓ × 완성도 × 40% |
| 가공원가 | 기초재공품 수량 (완성품환산량)① 150개 | + 당기 가공량 (완성품환산량)④ 1,050개(역산) | = 완성품 수량② 1,000개 | + 기말재공품 완성품환산량③ 200개 |

02

1) 정상공손: (10,000개 + 3,000개) × 10% = 1,300개
2) 비정상공손: 2,000개 − 1,300개 = 700개
3) 비정상공손의 완성품환산량(직접재료비): 700개 × 60% = 420개

03

1) 완성품환산량단위당원가(200) = 240,000 ÷ 환산량
   ⇒ 완성품환산량 = 1,200단위
2) 완성품환산량(1,200단위) = 800단위 + 800단위 × 기말재공품 완성도
   ⇒ 기말재공품 완성도 = 50%

정답 01 ③ 02 ① 03 ③

**04** ㈜한국은 종합원가계산을 사용하며 선입선출법을 적용한다. 제품은 제1공정을 거쳐 제2공정에서 최종 완성되며, 제2공정 관련 자료는 다음과 같다.

| | 물량단위(개) | 가공비완성도 |
|---|---|---|
| 기초재공품 | 500 | 30% |
| 전공정대체량 | 5,500 | |
| 당기완성량 | ? | |
| 기말재공품 | 200 | 30% |

제2공정에서 직접재료가 가공비완성도 50% 시점에서 투입된다면, 직접재료비와 가공비 당기작업량의 완성품환산량은? (단, 가공비는 공정 전반에 걸쳐서 균일하게 발생하며, 제조공정의 공손·감손은 없다)

2018년 국가직 9급

| | 직접재료비 완성품환산량(개) | 가공비 완성품환산량(개) |
|---|---|---|
| ① | 5,300 | 5,300 |
| ② | 5,800 | 5,650 |
| ③ | 5,800 | 5,710 |
| ④ | 5,800 | 5,800 |

**05** ㈜서울은 종합원가계산을 적용하고 있으며. 제품을 생산하기 위해 재료 A와 재료 B를 사용하고 있다. 재료 A는 공정초기에 전량 투입되며, 재료 B는 공정의 60% 시점에서 일시에 전량 투입되고 가공원가는 공정 전반에 걸쳐서 균등하게 발생한다. 당기 제품제조활동과 관련한 자료가 <보기>와 같을 때, 선입선출법을 적용하여 계산한 완성품환산량은?

2018년 서울시 9급

<보기>

| 구분 | 물량 |
|---|---|
| 기초재공품 | 300개(완성도 20%) |
| 당기착수 | 1,500개 |
| 당기완수 | 1,300개 |
| 기말재공품 | 500개(완성도 50%) |

| | 재료(A) | 재료(B) | 가공원가 |
|---|---|---|---|
| ① | 1,500개 | 1,300개 | 1,490개 |
| ② | 1,500개 | 1,550개 | 1,490개 |
| ③ | 1,800개 | 1,300개 | 1,550개 |
| ④ | 1,800개 | 1,550개 | 1,550개 |

**06** ㈜한국은 단일의 생산공장에서 단일 제품을 생산하고 있다. 회계연도말에 원가를 계산하면서 기말재공품에 대한 완성도를 실제보다 30% 낮게 평가하여 계산하였다. 재공품완성도의 오류가 결산재무제표에 미치는 영향으로 옳지 않은 것은? (단, 당기 생산 제품은 모두 판매되었고, 기말제품재고액은 없다) 2018년 지방직 9급

① 영업이익의 과소계상
② 매출원가의 과소계상
③ 기말재공품의 과소계상
④ 이익잉여금의 과소계상



정답 및 해설

**04**

| 구분 | 직접재료비 | 가공비 |
|---|---|---|
| 기초재공품 | 500개 | 500 × 70% = 350개 |
| + 당기착수 | 5,300개 | 5,300개 |
| + 기말재공품 | 0개 | 200 × 30% = 60개 |
| = 완성품환산량 | 5,800개(역산) | 5,710개(역산) |

**05**

| 구분 | 재료(A) | 재료(B) | 가공원가 |
|---|---|---|---|
| 기초완성 | 0개 | 300개 | 240개 |
| 당기착수완성 | 1,000개 | 1,000개 | 1,000개 |
| 기말 | 500개 | 0개 | 250개 |
| 완성품환산량 | 1,500개 | 1,300개 | 1,490개 |

**06**

기말재공품 과소 → 당기제품제조원가 과대 → 매출원가 과대 → 영업이익 과소 → 이익잉여금 과소

정답 04 ③ 05 ① 06 ②

**07** ㈜한국은 종합원가계산제도를 채택하고 있으며, 원가의 흐름으로 선입선출법을 적용하고 있다. 재료는 공정초기에 50%가 투입되고 나머지는 가공이 50% 진행된 시점부터 공정진행에 따라 비례적으로 투입된다. 다음의 5월 자료를 이용한 재료원가의 완성품환산량은? 2017년 지방직 9급

- 기초재공품(공정의 완성도 70%): 2,000개
- 당기투입: 5,000개
- 완성품: 5,000개
- 기말재공품(공정의 완성도 40%): 2,000개

① 4,400개
② 4,600개
③ 4,800개
④ 5,000개

**08** ㈜한국은 종합원가계산을 적용하고 있으며, 물량흐름과 원가관련정보는 다음과 같다.

- 직접재료는 공정 초기에 전량 투입되며, 가공원가는 공정 전반에 걸쳐 균등하게 발생한다.
- 기초재공품: 1,000단위(가공원가 완성도 50 %)
  당기착수량: 4,000단위, 당기완성품: 3,000단위
- 기말재공품 가공원가 완성도 50 %
- 제조원가 내역

| 구분 | 직접재료원가 | 가공원가 |
|---|---|---|
| 기초재공품원가 | ₩ 4,000 | ₩ 14,000 |
| 당기발생원가 | ₩ 20,000 | ₩ 21,000 |

㈜한국의 선입선출법에 의한 완성품 원가는? (단, 공손 및 감손은 없다) 2022년 국가직 9급

① ₩ 16,000
② ₩ 18,350
③ ₩ 40,650
④ ₩ 43,000

**09** ㈜한국은 종합원가계산방법을 적용하고 있으며, 원가 관련 자료는 다음과 같다. ㈜한국의 완성품환산량에 대한 설명으로 옳은 것은?

2016년 국가직 9급

- 직접재료는 공정의 초기에 전량 투입되고, 전환원가는 공정의 진행에 따라 균일하게 발생된다.
- 기초재공품의 완성도는 50%, 기말재공품의 완성도는 10%이다.
- 기초재공품은 2,000개, 당기착수 13,000개, 기말재공품 3,000개이다.

① 평균법의 직접재료원가 완성품환산량은 13,000개이다.
② 평균법의 전환원가 완성품환산량은 10,300개이다.
③ 선입선출법의 직접재료원가 완성품환산량은 15,000개이다.
④ 선입선출법의 전환원가 완성품환산량은 11,300개이다.



정답 및 해설

**07**
기초착수완성: 2,000개 × 30% = 600개
+ 당기착수완성: 5,000개 - 2,000개 = 3,000개
+ 기말재공품: 2,000개 × 50% = 1,000개
= 재료비 완성품 환산량: 4,600개

**08**
1) 완성품환산량
(1) 직접재료비: 2,000단위(당기착수완성) + 2,000단위(기말) = 4,000단위
(2) 가공원가: 1,000단위 × 50%(기초착수완성) + 2,000단위(당기착수완성) + 2,000단위 × 50%(기말) = 3,500단위
2) 완성품환산량단가
(1) 직접재료비: 20,000/4,000단위 = ₩5
(2) 가공원가: 21,000/3,500단위 = ₩6
3) 완성품원가: 2,000개 × ₩5 + 2,500단위 × ₩6 + 4,000 + 14,000 = 43,000

**09**
1) 평균법

| 구분 | 직접재료비 | 가공비 |
|---|---|---|
| 완성 | 12,000개 | 12,000개 |
| 기말 | 3,000개 | 3,000개 × 10% |
| 합계 | 15,000개 | 12,300개 |

2) 선입선출법

| 구분 | 직접재료비 | 가공비 |
|---|---|---|
| 완성 | | |
| 기초 | 0개 | 2,000개 × 50% |
| 당기착수 | 10,000개 | 10,000개 |
| 기말 | 3,000개 | 3,000개 × 10% |
| 합계 | 13,000개 | 11,300개 |

정답 07 ② 08 ④ 09 ④

**10** ㈜대한은 종합원가계산방법을 적용하고 있다. 직접재료는 공정초기에 전량 투입되며, 전환원가는 공정 전반에 걸쳐서 균등하게 발생한다. 당기 완성품환산량 단위당 원가는 직접재료원가 ₩60, 전환원가 ₩40이었다. 공정의 50% 시점에서 품질검사를 수행하며, 검사에 합격한 전체수량의 10%를 정상공손으로 처리하고 있다. ㈜대한의 물량흐름 자료가 다음과 같을 때, 정상공손원가는? 2016년 국가직 9급

- 기초재공품 1,000개(완성도 30%)
- 당기착수량 3,000개
- 당기완성량 2,600개
- 공손수량 500개
- 기말재공품 900개(완성도 60%)

① ₩17,500 ② ₩20,800
③ ₩28,000 ④ ₩35,000

**11** ㈜한국은 선입선출법에 의한 종합원가계산을 채택하고 있으며, 당기의 생산 관련 자료는 다음과 같다.

| 구분 | 물량(개) | 가공비 완성도 |
|---|---|---|
| 기초재공품 | 1,000 | (완성도 30%) |
| 당기착수량 | 4,300 | |
| 당기완성량 | 4,300 | |
| 공손품 | 300 | |
| 기말재공품 | 700 | (완성도 50%) |

원재료는 공정 초기에 전량 투입되며, 가공비는 공정 전반에 걸쳐 균등하게 발생한다. 품질검사는 가공비 완성도 40% 시점에서 이루어지며, 당기 검사를 통과한 정상품의 5%에 해당하는 공손수량은 정상공손으로 간주한다. 당기의 비정상공손수량은? 2016년 지방직 9급

① 50개 ② 85개
③ 215개 ④ 250개

**12** ㈜한국은 평균법에 의한 종합원가계산을 채택하고 있다. 기초재공품이 75,000단위이고 당기착수량이 225,000단위이다. 기말재공품이 50,000단위이며 직접재료는 전량 투입되었고, 가공원가 완성도는 70%이다. 기초재공품에 포함된 가공원가가 ₩14,000이고 당기발생 가공원가가 ₩100,000인 경우 기말재공품에 배부되는 가공원가는?

2015년 지방직 9급

① ₩12,000
② ₩14,000
③ ₩18,000
④ ₩20,000



정답 및 해설

**10**

1) 정상공손수량: (1,000개 + 1,600개 + 900개) × 10% = 350개
2) 정상공손원가의 완성품환산량
   (1) 직접재료비: 350개
   (2) 가공비: 350개 × 50% = 175개
3) 정상공손원가: 350개 × 60 + 175개 × 40 = 28,000

**11**

1) 정상공손: 5,000개(검사를 통과한 정상품) × 5% = 250개
   (1) 기초 1,000개(검사시점 통과)
   (2) 당기착수완성 4,300개 - 1,000개 = 3,300개(검사시점 통과)
   (3) 기말 700개(검사시점 통과)
2) 비정상공손: 300개(공손품) - 250개(정상공손) = 50개

**12**

1) 완성수량: 75,000 + 225,000 - 50,000 = 250,000
2) 완성품환산량(가공비): 250,000 + 50,000 × 70% = 285,000
3) 완성품환산량 단위당 원가 = 114,000 ÷ 285,000 = 0.4
4) 기말재공품에 배부되는 가공원가 = 35,000개 × 0.4 = 14,000

정답 10 ③ 11 ① 12 ②

**13** ㈜한국의 2013년 11월 생산자료는 다음과 같다. 원재료는 공정 초에 투입되며, 가공비의 경우 월초재공품은 70% 완성되고 월말재공품은 60% 완성되었다. 공손은 공정의 완료시점에서 발견되었다. ㈜한국이 평균법에 의한 종합원가계산을 할 때, 가공비의 당월 완성품환산량은? 2014 국가직 9급

| | |
|---|---|
| • 11월 1일 월초재공품 | 2,500개 |
| • 11월 착수량 | 12,000개 |
| • 11월 30일 월말재공품 | 4,500개 |
| • 완성 후 제품계정 대체 | 9,300개 |
| • 비정상공손 | 500개 |

① 12,500개
② 12,700개
③ 13,200개
④ 14,500개

**14** ㈜한국은 종합원가계산을 사용하고 있으며, 가중평균법을 적용하여 완성품환산량을 계산하고 있다. 회사의 기초제품 수량은 25,000개, 당기 판매량은 20,000개, 기말제품 수량은 15,000개이다. 기초재공품 수량은 1,000개(완성도 70%), 기말재공품 수량이 5,000개(완성도 50%)일 때, 회사의 당기 가공원가에 대한 완성품환산량은? (단, 가공원가는 공정 전반에 걸쳐 균등하게 발생한다) 2014년 지방직 9급

① 10,000개
② 12,500개
③ 13,500개
④ 15,000개

## 15 ㈜대한은 종합원가계산제도를 채택하고 있으며, 모든 제조원가는 공정전체를 통해 균등하게 발생한다. 다음 자료를 이용하여 평균법과 선입선출법에 의해 각각 종합원가계산을 한 경우 내용이 옳지 않은 것은?

| 기초재공품수량 | 1,000단위(완성도 60%, 제조원가 ₩600,000) |
|---|---|
| 당기착수량 | 2,600단위 |
| 당기완성품수량 | 2,400단위 |
| 기말재공품수량 | 1,200단위(완성도 50%) |
| 당기투입제조원가 | ₩1,800,000 |

① 평균법에 의한 완성품환산량이 선입선출법에 의한 완성품환산량보다 600단위 더 많다.
② 선입선출법에 의한 완성품환산량 단위당 원가는 ₩750이다.
③ 평균법에 의한 완성품환산량 단위당 원가는 ₩800이다.
④ 평균법에 의한 완성품원가가 선입선출법에 의한 완성품원가보다 ₩30,000 더 크다.





정답 및 해설

**13**

1) 재공품 물량
   11/1 2,500개 + 착수량 12,000개 = 완성품 9,300개 + 비정상공손 500개 + 정상공손 200개 + 11/30 4,500개
2) 가공비 완성품 환산량 = 12,700개
   (1) 완성품 9,300개
   (2) 비정산공손 500개
   (3) 정상공손 200개
   (4) 기말재공품 4,500개 × 60% = 2,700개

**14**

1) 당기완성량: 20,000(판매) + 15,000(기말) - 25,000(기초) = 10,000
2) 물량흐름: 1,000(기초재공품 70%) + 당기투입(역산) = 10,000(완성품) + 5,000(기말재공품 50%), 당기투입: 14,000
3) 완성품환산량: 10,000 + 5,000 × 50% = 12,500

**15**

1) 평균법

| 구분 | 기초재공품 | + | 당기투입 | = | 완성품 | + | 기말재공품 |
|---|---|---|---|---|---|---|---|
| 환산량 | ③ 600단위 | | ③ 2,400단위 | = | ① 2,400단위 | + | ② 600단위 |
| 금액 | ④ ₩2,400,000 | | | = | ⑥ ₩1,920,000 | + | ⑦ ₩480,000 |
| 단가 | ⑤ @800 | | | | ⑤ @800 | | ⑤ @800 |

2) 선입선출법

| 구분 | 기초재공품 | + | 당기투입 | = | 완성품 | + | 기말재공품 |
|---|---|---|---|---|---|---|---|
| 환산량 | ① 600단위 | + | ④ 2,400단위 | = | ② 2,400단위 | + | ③ 600단위 |
| 금액 | ⑤ ₩600,000 | + | ⑥ ₩1,800,000 | = | ⑩ ₩1,950,000 | + | ⑨ ₩450,000 |
| 단가 | ⑦ @1,000 | | ⑧ @750 | | @1,000, @750 | | ⑧ @750 |

IF) 완성품환산량의 차이: 3,000 - 2,400 = 1,000단위 × 60%
   ⇒ 기초재공품수량에 기초 완성도를 곱하면 항상 평균법 환산량이 더 크다.

정답 13 ② 14 ② 15 ④

**16** ㈜국세는 단일제품을 생산하고 있으며, 종합원가계산제도를 채택하고 있다. 직접재료는 공정이 시작되는 시점에서 100% 투입되며, 가공원가는 공정 전체에 걸쳐 균등하게 발생한다. 평균법과 선입선출법에 의한 가공원가의 완성품환산량은 각각 85,000단위와 73,000단위이다. 기초재공품의 가공원가 완성도가 30%라면, 기초재공품 수량은 몇 단위인가?

① 12,000단위
② 21,900단위
③ 25,500단위
④ 40,000단위

**17** ㈜세무는 선입선출법하의 종합원가계산을 적용하고 있으며, 당기 생산관련 자료는 다음과 같다.

| 구분 | 물량 |
|---|---|
| 기초재공품 | 500(완성도 80%) |
| 당기착수량 | 2,100 |
| 당기완성량 | 2,100 |
| 기말재공품 | 400(완성도 60%) |

품질검사는 완성도 40% 시점에서 이루어지며, 당기 검사를 통과한 정상품의 2%를 정상공손으로 간주한다. 당기의 정상공손수량은?

① 32단위
② 34단위
③ 40단위
④ 50단위

## 18 기말재공품 평가 시 사용되는 평균법과 선입선출법에 대한 설명으로 옳지 않은 것은?

① 선입선출법을 이용하여 종합원가계산을 수행하는 회사가 기말재공품의 완성도를 실제보다 과대평가할 경우 완성품환산량과 완성품원가는 과대평가된다.

② 기초재공품이 존재하지 않을 경우에는 평균법과 선입선출법에 의한 완성품환산량이 같지만, 기초재공품이 존재할 경우에는 평균법에 의한 완성품환산량이 선입선출법에 의한 완성품환산량보다 크다.

③ 선입선출법은 평균법에 비해 실제 물량흐름에 충실한 원가흐름의 가정이며, 당기의 성과 이전의 기간과 독립적으로 평가할 수 있어 계획과 통제목적에 유용한 방법이다.

④ 정상적인 공손수량은 평균법을 적용하나 선입선출법을 적용하나 동일하며, 정상적인 공손원가는 완성품과 기말재공품원가에 가산되나 비정상적인 공손원가는 영업외비용으로 처리한다.



**정답 및 해설**

**16**

기초재공품수량 = A

73,000 단위 = 85,000단위 − A × 0.3, A: 40,000단위

※ 선입선출법 가공원가 완성품환산량: 평균법 가공원가 완성품환산량 − 기초재공품의 가공원가 완성품환산량

**17**

공손수량 파악

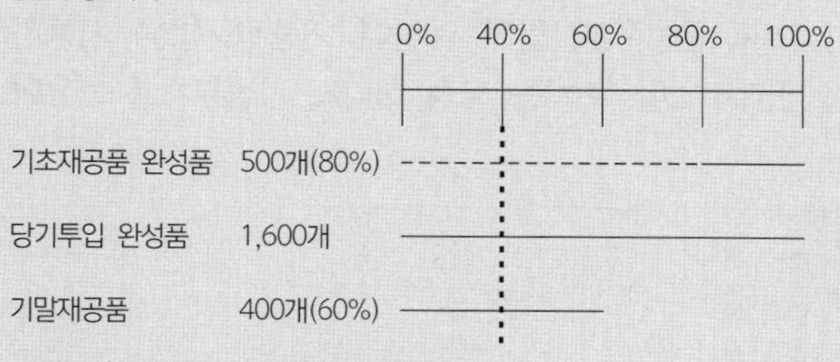


⇒ 당기 합격 수량: 1,600 + 400 = 2,000개

⇒ 정상공손수량: 2,000 × 2% = 40

**18**

기말재공품 완성도를 실제보다 과대평가할 경우 평균법과 선입선출법 모두 완성품환산량 과대평가, 완성품환산량의 단위당 원가 과소평가, 완성품원가는 과소평가, 기말재공품원가는 완성품원가가 과소평가된 만큼 과대평가된다. 선입선출법을 사용할 경우 공손품은 모두 당기에 착수된 물량에서 발생한 것으로 가정한다.

**정답** 16 ④ 17 ③ 18 ①

**19** ㈜수원은 종합원가계산제도에 의하여 제품원가를 계산하고 있는데, 월말재공품의 평가는 선입선출법에 의하여 행하고 있다. 2000년 5월의 생산 및 원가자료는 다음과 같다.

| 구분 | 물량단위 | 가공원가 완성도 | 직접재료원가 | 가공원가 |
|---|---|---|---|---|
| 월초재공품 | 12,000개 | 50% | ₩ 132,000 | ₩ 73,200 |
| 당월투입량 | 76,000 | | 456,000 | 612,800 |
| 완성품수량 | 65,000 | | | |
| 월말재공품 | ? | 80% | | |

원재료는 공정의 초기에 모두 투입되며 가공원가는 전공정을 통해 균등하게 발생된다. 공정의 70% 시점에서 검사를 실시하며, 그 이후의 공정에서는 공손이 발생하지 않는다. 당월에는 검사를 받은 합격품의 10%가 공손으로 판명되었으나, 모두 정상적인 것으로 간주된다. 정상공손원가에 포함된 직접재료원가는 얼마인가?

① ₩ 44,800　　② ₩ 48,000
③ ₩ 72,000　　④ ₩ 90,000

**20** 울산화학㈜는 공정별 원가계산방법을 사용하고 있으며 완성품환산량의 계산에 가중평균법을 사용하고 있다. 울산화학㈜는 4월 중 125,000단위의 제품을 판매하였다. 회사는 오직 하나의 가공부서를 보유하고 있다. 생산활동과 관련된 추가정보가 다음과 같다.

| | |
|---|---|
| 4월 1일 재고: | |
| - 재공품 | 없음 |
| - 완제품 | 37,500 단위 |
| 4월 30일 재고: | |
| - 재공품(가공비에 대한 진척도 75%) | 8,000 단위 |
| - 완제품 | 30,000단위 |

울산화학㈜의 4월 중 가공비에 대한 완성품환산량은 얼마인가?

① 126,500　　② 125,500
③ 123,500　　④ 117,500

정답 및 해설

**19**

1) 공손수량 파악

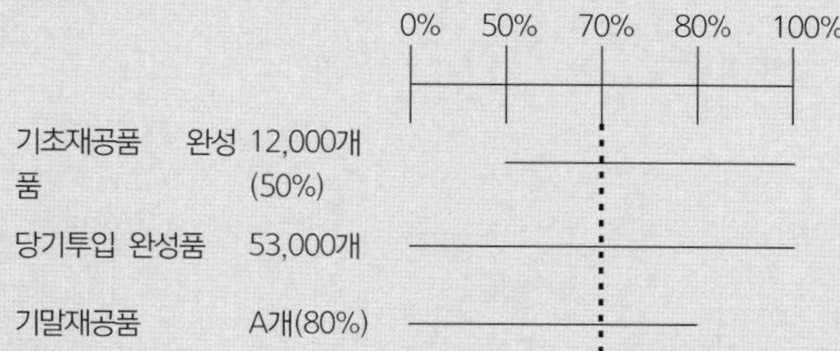


⇒ 당기 합격 수량: 12,000 + 53,000 + A

⇒ 정상공손 수량: (65,000 + A) × 10%

⇒ 12,000 + 76,000 = 65,000 + (65,000 + A) × 10% + A, A = 15,000개

2) 재료원가

| 구분 | 기초재공품 | + | 당기투입 | = | 정상공손 | + | 비정상공손 | + | 완성품 | + | 기말재공품 |
|---|---|---|---|---|---|---|---|---|---|---|---|
| 환산량 | ① 12,000 | + | ② 76,000 | = | ③ 8,000 | + | ④ - | + | ⑤ 65,000 | + | ⑥ 15,000 |
| 금액 | ⑦ ₩ 132,000 | | ⑦ ₩ 456,000 | | ⑨ ₩ 48,000 | | ⑨ ₩ - | | ⑨ ₩ 450,000 | | ⑨ ₩ 90,000 |
| 단가 | ⑧ @11 | | ⑧ @6 | | ⑧ @6 | | ⑧ @6 | | ⑧ @11,6 | | ⑧ @6 |

**20**

1) 당기 생산 완성품: A

37,500(기초) + A(생산) = 125,000(판매) + 30,000(기말), A = 117,500

2) 가공비 완성품환산량: 117,500(완성품) + 6,000(기말 재공품) = 123,500

정답 19 ② 20 ③

**21** 태양회사는 선입선출법 종합원가계산을 사용한다. 제2공정의 관련 자료는 다음과 같다.

| 구분 | 물량단위 | 가공비완성도 |
|---|---|---|
| 기초재공품수량 | 500단위 | 40% |
| 전공정대체량 | 5,400단위 | |
| 당기완성품수량 | ? | |
| 기말재공품수량 | 200단위 | 80% |

제2공정에서 직접재료가 가공비완성도의 30%에서 투입된다면, 직접재료비와 가공비의 당기작업량의 완성품환산량은 각각 얼마인가? (단, 가공비는 공정 전반에 걸쳐 균등하게 발생한다)

| | 직접재료비 | 가공비 |
|---|---|---|
| ① | 5,700 | 5,560 |
| ② | 5,900 | 5,660 |
| ③ | 5,400 | 5,660 |
| ④ | 5,400 | 5,700 |

**22** 다음은 종합원가계산을 채택하고 있는 ㈜국세의 당기 생산활동과 관련된 자료이다.

| | |
|---|---|
| 기초재공품 수량 | 없음 |
| 당기착수량 | 1,000단위 |
| 당기투입원가<br>– 직접재료원가<br>– 직접노무원가<br>– 제조간접원가 | <br>₩100,000<br>81,000<br>60,500 |
| 기말재공품 수량 | 500단위 |

㈜국세는 단일공정을 통해 제품을 생산하며, 모든 제조원가는 공정 전반에 걸쳐 균등하게 발생한다. 완성품 단위당 제조원가가 ₩420이라면, 기말재공품의 완성도는 몇%인가? (단, 공손 및 감손은 발생하지 않는 것으로 가정한다)

① 10% ② 15%
③ 20% ④ 30%

## 23 ㈜한국은 단일제품을 대량으로 생산하고 있으며, 종합원가계산을 적용하고 있다. 원재료는 공정초기에 투입되고 가공원가는 공정 전반에 걸쳐 균등하게 발생하는데, ㈜한국의 20×1년 4월의 생산자료는 다음과 같다.

| | | | |
|---|---|---|---|
| • 기초재공품<br>(완성도 60 %) | 100,000개 | • 당기착수량 | 800,000개 |
| • 당기완성량 | 600,000개 | • 기말재공품<br>(완성도 80 %) | 200,000개 |

㈜한국은 선입선출법을 적용하고 있으며, 생산공정에서 발생하는 공손품의 검사는 공정의 50 % 시점에서 이루어지며, 검사를 통과한 합격품의 10 %를 정상공손으로 허용하고 있을 때 비정상공손 수량은?

2021년 국가직 9급

① 10,000개
② 30,000개
③ 60,000개
④ 70,000개



정답 및 해설

**21**

1) 직접재료비

| 구분 | 기초재공품 | + | 당기투입 | = | 완성품 | + | 기말재공품 |
|---|---|---|---|---|---|---|---|
| 환산량 | 500 | | **5,400단위** | = | 5,700단위 | + | 200단위 |

2) 가공비

| 구분 | 기초재공품 | + | 당기투입 | = | 완성품 | + | 기말재공품 |
|---|---|---|---|---|---|---|---|
| 환산량 | 200 | | **5,660단위** | = | 5,700단위 | + | 160단위 |

**22**

기말재공품의 완성도 (A): 15%

| 구분 | 기초재공품 | + | 당기투입 | = | 완성품 | + | 기말재공품 |
|---|---|---|---|---|---|---|---|
| 환산량 | 500단위 + 500 × A단위 | | | = | 500단위 | + | 500단위 × A |
| 금액 | ₩ 241,500 | | | = | | + | |
| 단가 | @420 | | | | @420 | | @420 |

**23**

1) 공손수량: 100,000 + 800,000 − 600,000 − 200,000 = 100,000
2) 정상공손수량: (600,000 − 100,000 + 200,000) × 10% = 70,000
3) 비정상공손수량: 100,000 − 70,000 = 30,000

정답 21 ③ 22 ② 23 ②

# CHAPTER 05 활동원가계산

## 1 활동기준원가계산의 의의

### 1. 전통적원가계산

#### (1) 의의

전통적원가계산은 조업도만을 기준으로 제조간접원가를 배부하는 활동기준원가계산 이전의 원가계산방법들을 의미한다(⇒ 기존의 원가계산, 조업도기준원가계산).

#### (2) 원가왜곡

전통적원가계산은 제품이 서로 다른 방법으로 자원을 소비함에도 불구하고 조업도를 기준으로 원가를 획일적으로 배부함으로써 제품원가의 왜곡을 초래한다.

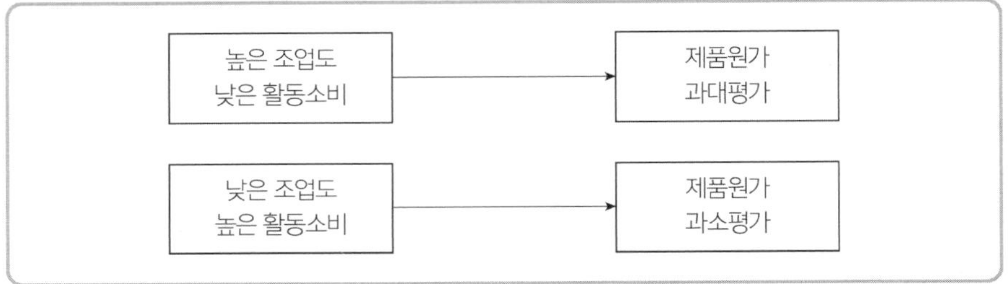


### 2. 활동기준원가계산

#### (1) 의의

활동이 자원을 소비하고 제품은 활동을 소비한다고 전제하고 활동을 기본적인 원가대상으로 삼아 활동원가를 집계하고, 다양한 원가동인을 기준으로 집계된 활동원가를 제품에 배부하는 원가계산제도를 말한다.

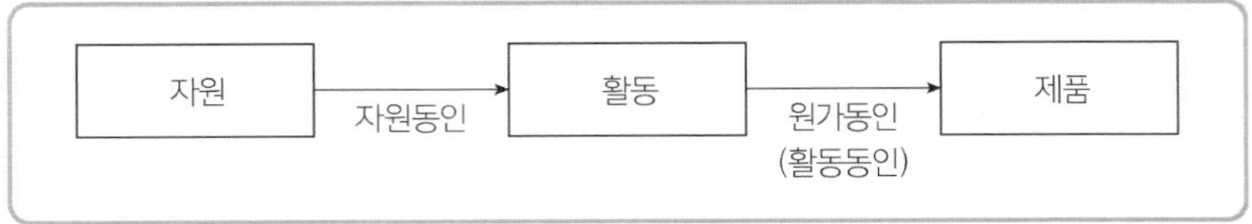


#### (2) 도입배경

다품종 소량생산 및 제조간접원가가 전체 원가에서 차지하는 비중의 증가로 전통적원가계산에 의할 경우 원가왜곡현상의 심화로 인하여 다양한 원가동인을 기준으로 집계된 활동원가를 제품에 배부하는 활동기준원가계산의 제도의 필요성이 증대되었다.

Self Study

**활동기준원가의 도입배경**

1. 생산기술의 발전 및 공장자동화 등으로 직접원가의 중요성이 감소하고 제조간접원가의 중요성 증가
2. 소품종 대량생산체제에서 다품종 소량체제로의 전환으로 인한 생산량 등 단순배부 기준 대신 다양한 배부기준의 필요성 대두
3. 조업도와 관련이 없는 제조간접원가가 많이 발생하여 새로운 제조간접원가의 배부기준의 필요성 증가

### (3) 기본요소

① **자원원가**: 활동을 수행하기 위해 사용되거나 소비된 경제적 요소이다.

② **활동**: 부가가치를 창출하기 위해 자원을 소모하면서 발생하는 작업, 업무 등을 활동이라고 한다.

③ **원가대상**: 원가대상이란 원가를 최종적으로 배부 받는 대상을 말한다. 제품이나 작업, 혹은 고객도 원가대상이 될 수 있다.

④ **자원원가동인**: 자원원가를 활동에 배부하는 기준을 자원원가동인이라고 한다.

⑤ **활동원가동인**: 활동에 집계된 원가를 원가대상에 배부하는 기준을 활동원가동인이라고 한다.

## 2 활동기준원가계산의 절차

### 1. 활동분석

제품을 완성하거나 서비스를 제공하는 데 필요한 기업의 활동을 파악한다.

### 2. 활동중심점의 설정

자원의 소비형태가 동일하고 동일한 원가동인을 사용할 수 있는 활동들을 통합하여 활동중심점으로 설정한다. 활동중심점은 활동원가를 분리하고 보고하는 단위를 뜻한다.

### 3. 원가동인의 선택

활동 수행을 위한 경제적 요소의 원가인 자원원가를 자원동인을 이용하여 활동중심점별 활동원가의 배부기준(원가동인)을 결정하여 배분하다(→ 조업도뿐만 아니라 조업도가 아닌 다양한 원가동인을 사용).

### 4. 활동중심점별 제조간접원가배부율 계산

활동중심점별로 제조간접원가를 집계하고 이를 해당 활동중심점의 원가동인으로 나누어 활동중심점별 제조간접원가배부율을 계산한다.

$$\text{활동중심점별 제조간접원가배부율} = \frac{\text{활동중심점별 제조간접원가}}{\text{활동중심점별 원가동인}}$$

### 5. 제조간접원가의 배부

아래의 식으로 제조간접원가를 제품에 배부한다.

특정제품 활동중심점별 원가동인 × 활동중심점별 제조간접원가배부율(활동중심점별로 배부)

## 3 활동유형(활동원가계층구조)

활동기준원가계산을 적용하기 위해서는 기업이 수행하는 활동이 무엇인가를 파악하는 것이 중요하다. 이러한 활동들은 활동이 영향을 미치는 범위에 따라 일반적으로 4가지 계층으로 분류한다.

| 유형 | 의의 | 원가동인 | 예시 |
|---|---|---|---|
| 단위수준활동 | 생산량에 비례하여 수행되는 활동 | 조업도 | 소모품비, 수선유지비, 전수검사원가 등 |
| 뱃치수준활동 | 뱃치수(묶음수)에 비례하여 수행되는 활동 | 뱃치수<br>(횟수, 시간 등) | 작업준비원가,<br>표본검사원가,<br>구매주문원가,<br>재료처리원가 등 |
| 제품유지활동<br>(제품수준활동) | 제품종류수에 비례하여 수행되는 활동 | 종류수<br>(종, 횟수 등) | 제품설계원가,<br>제품설계변경원가 등 |
| 설비유지활동<br>(시설유지활동) | 능력에 비례하여 수행되는 활동 | 자의적인 배부 | 공장관리비 등 |

## 4 활동기준원가계산의 특징

### 1. 활동기준원가계산의 장점과 단점

| 장점 | 단점 |
|---|---|
| • 원가의 추적가능성이 향상되어 정확한 원가계산이 가능<br>• 다양한 원가대상의 원가정보를 획득하고 분석하는 것이 가능<br>• 의사결정에 보다 유용한 원가정보를 이용할 수 있게 되어 의사결정의 효과가 향상<br>• 활동별로 원가통제를 실시함으로써 보다 효과적인 원가통제 가능<br>• 성과평가의 신뢰성이 향상<br>• 활동분석을 통한 원가절감이 가능 | • 도입 및 적용에 많은 비용과 노력<br>• 활동과 원가동인을 명확하게 정의하고 파악하는 것이 곤란<br>• 원가동인이 원가발생의 인과관계를 잘 반영하지 못하는 경우 원가왜곡 초래<br>• 원가동인을 파악하기 어려운 경우에는 여전히 자의적인 원가배부가 필요(설비유지활동) |

### 2. 활동기준원가계산이 적합한 기업

(1) 다품종소량생산하는 기업

(2) 제조간접원가가 차지하는 비중이 높은 기업

(3) 제품마다 생산량, 뱃치크기, 활동소비 등이 다른 기업

(4) 제조과정이 복잡한 기업

(5) 기존의 원가자료 및 이익자료를 신뢰할 수 없는 기업

**기출문제**

다음은 전통적원가계산과 활동기준원가계산에 관한 내용이다. 가장 타당하지 못한 것은 무엇인가?

① 전통적원가계산은 조업도가 높고, 활동소비가 낮은 제품의 원가를 과소평가하는 왜곡을 초래하는 반면에 활동기준원가계산은 비교적 정확한 원가계산이 가능하다.
② 활동기준원가계산은 제품이 활동을 소비하고 활동이 자원을 소비한다는 사고에 근거한다.
③ 활동기준원가계산에서는 조업도뿐만 아니라 조업도가 아닌 다양한 원가동인을 사용하여 원가를 배부한다.
④ 활동기준원가계산에서 원가배부기준으로 선택된 원가동인이 원가발생의 인과관계를 잘 반영하지 못하는 경우 제품원가계산이 왜곡될 가능성이 있다.

해설

전통적원가계산은 조업도가 높고, 활동소비가 낮은 제품의 원가를 과대평가하는 왜곡을 초래하는 반면에 활동기준원가계산은 비교적 정확한 원가계산이 가능하다. **답 ①**

## 5 전통적원가계산과 활동기준원가계산의 비교

### 1. 전통적원가계산과 활동기준원가계산의 개념비교

| 구분 | 전통적원가계산 | 활동기준원가계산 |
|---|---|---|
| 원가계산 초점 | 원가의 발생형태 | 활동 |
| 원가배부 과정 | 공장(부문)의 자원 → 제품 | 자원 → 활동 → 제품 |
| 원가집합 수 | 단일(공장전체) OR 소수(부문) | 다수(활동) |
| 제조간접원가 배부율 | 공장전체 제조간접원가배부율<br>OR 부문별 제조간접원가 배부율 | 활동별 제조간접원가배부율 |
| 배부기준 | 조업도(단위수준 원가동인)만 사용 | 조업도뿐만 아니라 다양한<br>비단위수준 원가동인도 사용 |
| 배부기준 성격 | • 주로 재무적 측정치만 사용함<br>• 원가의 발생과 인과관계 낮음 | • 다수의 비재무적 측정치도 사용함<br>• 원가의 발생과 인과관계 높음 |
| 원가분류 | 변동원가와 고정원가 분류 | 단위수준원가, 뱃치수준원가,<br>제품유지원가 및 설비유지원가 |
| 원가정보 제공범위 | 제조단계 | 제조이전 ~ 제조 ~ 이후 단계 |
| 원가대상 | 제품 | 제품, 고객 등 다양 |

## 2. 제품원가계산 비교

| 전통적원가계산 - 공장전체(부문별) 제조간접원가배부율 | 활동기준원가계산 - 활동별 제조간접원가배부율 |
|---|---|
| = 공장전체(부문별)제조간접원가 ÷ 공장전체(부문별)조업도 | = 활동별 제조간접원가 ÷ 활동별 원가동인 |

**사례연습 1. 전통적원가계산과 활동기준원가계산의 비교**

㈜서울자동차는 자동차 부품을 제조하는 회사이고 그동안 기계시간을 기준으로 제조간접원가를 일률적으로 배부해 오다 최근에 활동기준원가계산을 도입하였다. 다음은 제조간접원가의 활동자료이다.

| 활동 | 원가동인 | 원가동인 단위당 원가 |
|---|---|---|
| 기계작업 | 기계시간 | ₩100/시간 |
| 재료가공 | 부품수 | ₩6.4/개 |
| 품질검사 | 검사시간 | ₩5/시간 |

기존의 원가계산에서는 기계시간당 ₩600씩 제조간접원가를 배부하였다. ㈜서울자동차는 뱃치 단위로 자동차 부품을 제조하는데 1뱃치 크기는 자동차 부품 50개이다. 1뱃치의 생산에는 기계시간 6시간, 부품수 500개, 검사시간 4시간이 필요하다. 자동차 부품의 단위당 제조간접원가는 기존의 원가계산에 의할 경우가 활동기준원가계산에 의할 경우에 비해 얼마나 과대(과소)평가되는가?

풀이

1. 기존의 원가계산
   단위당 제조간접원가: 6시간 × @600 ÷ 50개 = 72
2. 활동기준원가계산
   단위당 제조간접원가: (6시간 × @100 + 500개 × @6.4 + 4시간 × @5) / 50개 = 76.4

⇒ 4.4 과소평가

## 사례연습 2. 활동기준원가계산

㈜삼천리는 고급형과 보급형 두 가지의 스포츠자전거를 생산하며 활동기준원가계산을 이용하여 제품원가를 계산한다. 당해연도 회계자료는 다음과 같다.

(1) 생산 및 원가자료

| 구분 | 고급형 | 보급형 |
|---|---|---|
| 예상생산량 | 2,500단위 | 20,000단위 |
| 단위당 직접노동시간 | 5시간 | 2시간 |
| 단위당 직접재료비 | ₩180 | ₩134.4 |
| 단위당 직접노무비 | 20 | 8 |

㈜삼천리의 직접노동시간당 임률은 ₩4, 총제조간접비는 ₩2,400,000이다.

(2) 활동 및 원가동인수

| 활동 | 원가동인 | 활동별 원가 | 제품별 원가동인수 | | |
|---|---|---|---|---|---|
| | | | 고급형 | 보급형 | 합계 |
| 매입주문활동 | 주문횟수 | ₩100,800 | 20회 | 20회 | 40회 |
| 작업지시활동 | 지시횟수 | 259,200 | 80회 | 120회 | 200회 |
| 품질검사활동 | 검사횟수 | 540,000 | 18회 | 22회 | 40회 |
| 기계관련활동 | 기계시간 | 1,500,000 | 40시간 | 60시간 | 100시간 |
| 계 | | 2,400,000 | | | |

활동기준원가계산에 의할 경우 고급형 스포츠자전거의 단위당 제조원가를 계산하시오.

풀이

1. 활동중심별 원가배부율
   - 매입주문활동: 100,800 ÷ 40회 = @2,520
   - 작업지시활동: 259,200 ÷ 200회 = @1,296
   - 품질검사활동: 540,000 ÷ 40회 = @13,500
   - 기계관련활동: 1,500,000 ÷ 100시간 = @15,000
2. 단위당 제조간접비배부액

| 구분 | 고급형 |
|---|---|
| 매입주문활동 | 20회 × @2,520 = 50,400 |
| 작업지시활동 | 80회 × @1,296 = 103,680 |
| 품질검사활동 | 18회 × @13,500 = 243,000 |
| 기계관련활동 | 40시간 × @15,000 = 600,000 |
| = 계 | 997,080 |
| 생산수량 | ÷ 2,500 단위 |
| 단위당 제조간접비배부액 | @398.8 |

3. 단위당 제조원가

| 구분 | 고급형 |
|---|---|
| 직접재료비 | @180 |
| 직접노무비 | @20 |
| 제조간접비 | @398.8 |
| = 단위당 제조원가 | @598.8 |

**사례연습 3. 전통적원가계산과 활동기준원가계산의 비교**

㈜파주는 정상원가계산을 사용하고 있으며 예상직접노동시간에 근거한 제조간접비 배부율을 사용하여 예정배부하고 있다. 내년도의 예상직접노동시간은 50,000시간이며 제조간접비 예산액은 ₩350,000이다. 회사는 최근 새로운 입찰에 참여하도록 요청받았다. 일반적으로 입찰가격은 총원가에 30%를 가산하여 책정하고 있다. 새로운 작업에 대한 추정자료는 다음과 같다.

| 직접재료 | ₩5,000 |
|---|---|
| 직접노무비(750시간) | 7,500 |
| 기계시간 | 300시간 |
| 재료처리횟수 | 8회 |
| 작업준비횟수 | 3회 |
| 검사횟수 | 5회 |

[물음 1] 새로운 작업의 총원가와 입찰가격을 계산하시오.

[물음 2] 최근 경영자는 활동기준원가계산을 적용하여 입찰가격을 결정하기로 하였다. 다음의 자료를 이용하여 활동기준원가계산하에서의 총원가와 입찰가격을 계산하시오.

| 활동 | 예산액 | 원가동인 | 예상원가동인수 |
|---|---|---|---|
| 기계유지활동 | ₩140,000 | 기계시간 | 16,000시간 |
| 재료처리활동 | 60,000 | 재료처리횟수 | 4,000회 |
| 작업준비활동 | 50,000 | 작업준비횟수 | 2,000회 |
| 검사활동 | 100,000 | 품질검사횟수 | 8,000회 |
| 합계 | 350,000 | | |

풀이

[물음 1] 전통적 원가계산하에서의 총원가 및 입찰가격

1) 제조간접비 예정배부율: 350,000 ÷ 50,000시간 = 직접노동시간당 @7

2) 총원가: 5,000 + 7,500 + 750시간 × @7 = 17,750

⇒ 입찰가격: 17,750 × 130% = 23,075

[물음 2]

1) 활동별 원가배부율

(1) 기계유지원가: 140,000 ÷ 16,000시간 = @8.75

(2) 재료처리원가: 60,000 ÷ 4,000회 = @15

(3) 작업준비원가: 50,000 ÷ 2,000회 = @25

(4) 검사원가: 100,000 ÷ 8,000회 = @12.5

(5) 제조간접비배부액: 300시간 × @8.75 + 8회 × @15 + 3회 × @25 + 5회 × @12.5 = 2,882.5

2) 총원가: 5,000 + 7,500 + 2,882.5 = 15,382.5

⇒ 입찰가격: 15,382.5 × 130% = 19,997.25

# 확인 문제

**01** ㈜한국은 제품 A와 제품 B를 생산하고 있으며, 최근 최고경영자는 활동기준원가계산제도의 도입을 검토하고 있다. 활동기준원가계산 관점에서 분석한 결과가 다음과 같을 때, 옳지 않은 것은? 2017년 국가직 9급

| 활동 | 제조간접비 | 원가동인 | 제품 A | 제품 B |
|---|---|---|---|---|
| 제품설계 | ₩400 | 부품 수 | 2개 | 2개 |
| 생산준비 | ₩600 | 준비횟수 | 1회 | 5회 |

① 제품설계활동의 원가동인은 부품 수, 생산준비활동의 원가동인은 준비횟수이다.
② 활동기준원가계산하에서 제품 A에 배부되는 제조간접비는 ₩300, 제품 B에 배부되는 제조간접비는 ₩700이다.
③ 만약 ㈜한국의 제품종류가 더 다양해지고 각 제품별 생산수량이 줄어든다면 활동기준원가계산제도를 도입할 실익이 없다.
④ 기존의 제품별 원가와 이익수치가 비현실적이어서 원가계산의 왜곡이 의심되는 상황이면 활동기준원가계산제도의 도입을 적극 고려해볼 수 있다.

I

해커스공무원 정윤돈 회계학 기본서 원가관리회계·정부회계

정답 및 해설

01
1) 제품설계 활동별배부율: 400 ÷ 4개 = 100
2) 생산준비 활동별배부율: 600 ÷ 6회 = 100
3) 제품 A 배부되는 제조간접비: 2개 × 100 + 1회 × 100 = 300
4) 제품 B 배부되는 제조간접비: 2개 × 100 + 5회 × 100 = 700
제품종류가 더 다양해지고 각 제품별 생산수량이 줄어든다면 활동기준원가계산제도를 도입할 실익이 존재한다.

정답 01 ③

**02** ㈜한국은 보급형과 고급형 두 가지 모델의 제품을 생산 · 판매하고, 제조간접원가 배부를 위해 활동기준원가계산을 적용한다. ㈜한국은 당기에 보급형 800개, 고급형 100개를 생산 · 판매하였으며, 제조원가 산정을 위한 자료는 다음과 같다. ㈜한국의 고급형 모델의 단위당 제조원가는? (단, 기초재고와 기말재고는 없다) 2019년 지방직 9급

| 구분 | | 보급형 | 고급형 |
|---|---|---|---|
| 직접재료원가 | | ₩ 32,000 | ₩ 5,000 |
| 직접노무원가 | | 24,000 | 3,500 |
| 제조간접원가 | 작업준비 | ₩ 6,000 | |
| | 제품검사 | 9,000 | |
| | 합계 | ₩ 15,000 | |

| 활동 | 원가동인 | 활동사용량 | | |
|---|---|---|---|---|
| | | 보급형 | 고급형 | 계 |
| 작업준비 | 준비횟수 | 20회 | 10회 | 30회 |
| 제품검사 | 검사시간 | 100시간 | 100시간 | 200시간 |

① ₩ 100
② ₩ 120
③ ₩ 135
④ ₩ 150

**03** ㈜한국은 가공원가에 대해 활동기준원가계산을 적용하고 있다. 회사의 생산활동, 활동별 배부기준, 가공원가 배부율은 다음과 같다.

| 생산활동 | 활동별 배부기준 | 가공원가 배부율 | |
|---|---|---|---|
| 기계작업 | 기계작업시간 | 기계작업시간당 | ₩ 10 |
| 조립작업 | 부품수 | 부품 1개당 | ₩ 6 |

당기에 완성된 제품은 총 100단위이고, 총직접재료원가는 ₩ 6,000이다. 제품 1단위를 생산하기 위해서는 4시간의 기계작업시간이 소요되고 5개 부품이 필요하다. 당기에 생산된 제품 100단위를 단위당 ₩ 200에 모두 판매가 가능하다고 할 때, 매출총이익은? 2020년 지방직 9급

① ₩ 7,000
② ₩ 9,000
③ ₩ 11,000
④ ₩ 13,000

## 04 ㈜대한은 각 작업에 대해서 활동기준원가를 계산하기 위하여 <보기>의 자료를 수집하였다. 활동기준원가계산을 이용하여 계산한 제품 A의 총원가는?

2019년 서울시 7급

<보기>

| 활동 | 원가 | 원가동인 | 최대활동량 |
|---|---|---|---|
| 생산준비 | ₩30,000 | 생산준비시간 | 1,000시간 |
| 재료처리 | ₩30,000 | 재료처리횟수 | 3,000회 |
| 기계사용 | ₩500,000 | 기계작업시간 | 20,000시간 |

| 제품 | 기초원가 | 생산수량 | 생산준비 | 재료처리 | 기계작업 |
|---|---|---|---|---|---|
| A | ₩300,000 | 12,000단위 | 50시간 | 100회 | 2,000시간 |

① ₩352,500
② ₩362,500
③ ₩372,500
④ ₩382,500

## 05 활동기준원가계산(ABC)에 대한 다음의 설명 중 가장 옳지 않은 것은?

2015년 서울시 9급

① 공정의 자동화로 인한 제조간접원가의 비중이 커지고 합리적인 원가배부기준을 마련하기 위한 필요에 의해 도입되었다.
② 발생하는 원가의 대부분이 하나의 원가동인에 의해 설명이 되는 경우에는 ABC의 도입효과가 크게 나타날 수 없다.
③ 활동별로 원가를 계산하는 ABC를 활용함으로써 재무제표 정보의 정확성과 신속한 작성이 가능해지게 되었다.
④ ABC의 원가정보를 활용함으로써 보다 적정한 가격결정을 할 수 있다.

### 정답 및 해설

**02**
1) 작업준비배부율: 6,000 ÷ 30회 = 200
2) 제품검사배부율: 9,000 ÷ 200시간 = 45
3) 고급형 제조간접비: 10회 × 200 + 100시간 × 45 = 6,500
4) 고급형제조원가: 5,000 + 3,500 + 6,500 = 15,000
5) 고급형단위당제조원가: 15,000 ÷ 100개 = 150

**03**
1) 매출: 100단위 × 200 = 20,000
2) 매출원가: 100단위 × 4시간 × 10 + 100단위 × 5개 × 6 + 6,000 = 13,000
3) 매출총이익: 1) − 2) = 7,000

**04**
1) 활동별 배부율
   생산준비활동 = 30,000 ÷ 1,000시간 = 30
   재료처리활동 = 30,000 ÷ 3,000회 = 10
   기계사용 = 500,000 ÷ 20,000시간 = 25
2) A의 총원가 = 300,000 + 50시간 × 30 + 100회 × 10 + 2,000시간 × 25 = 352,500

**05**
활동별로 원가를 계산하는 활동원가계산을 활용하게 되면 재무제표의 신속한 작성은 어려워진다.

정답 02 ④ 03 ① 04 ① 05 ③

# CHAPTER 06 결합원가의 배분

## 1 결합원가의 이해

하나의 공정에서 동일한 재료를 사용하여 동시에 생산되는 두 종류 이상의 서로 다른 제품을 결합제품 또는 연산품이라고 한다. 공정의 일정시점부터 여러 연산품들이 분리되어 이 시점 이후에 발생하는 원가는 각 제품에 추적하여 배부할 수 있지만 분리시점 이전에 발생한 원가는 일정한 기준에 의해 연산품들에 배부하여야 한다. 이때 분리시점 이후에 발생하는 원가를 개별원가라고 하며, 분리시점 이전에 발생되는 원가를 결합원가라고 한다. 이러한 연산품의 원가를 계산하기 위해서는 결합원가의 배분이 핵심이다.

Additional Comment
예를 들어 석유를 처리하여 휘발유, 경유 등 다른 제품을 생산하는 것을 생각하면 석유를 가공하는 원가를 결합원가로 볼 수 있다.

### 결합원가의 의의

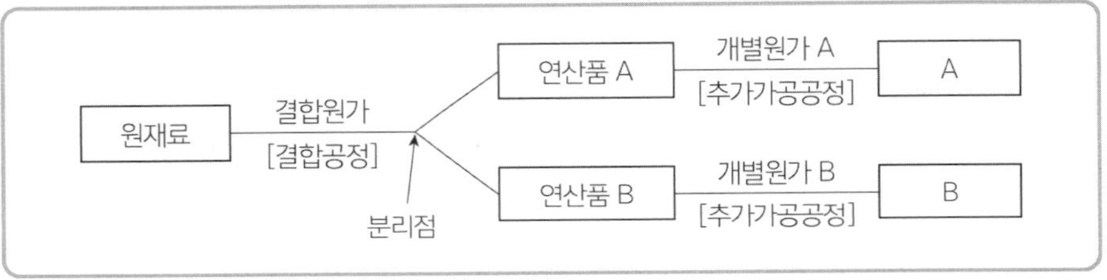


| 구분 | 내용 |
|---|---|
| 연산품 | 결합공정에서 동일한 원재료를 투입하여 생산되는 서로 다른 제품 |
| 분리점 | 연산품이 개별적으로 분리되는 시점 |
| 결합원가 | 분리점에 도달하기까지 발생한 모든 제조원가 |
| 개별원가 | 분리점 이후에 연산품을 추가로 가공하는 과정에서 발생하는 제조원가 |

## 2 결합원가의 배분

결합원가의 배분은 결합원가와 연산품 간의 명백한 인과관계를 파악하기 어려우므로, 인위적인 방법으로 결합원가를 연산품에 배분한다. 결합원가의 배분방법은 다음과 같다.

### 1. 물량기준법

물량기준법은 분리점에서 각 제품생산량의 무게, 부피 등과 같은 물리적 측정치의 상대적인 비율을 기준으로 결합원가를 배분하는 방법이다. 물량기준법은 제품의 판매가격 정보가 없어도 적용 가능하다. 그러나 물리적 기준이 판매가치와 상관관계가 없을 경우에는 개별제품의 수익성을 제대로 보여주지 못할 수 있다. 이는 판매가치를 고려하지 않은 원가의 배분이므로 각 제품의 수익성을 정확히 반영할 수 없다는 것을 의미한다.

**물량기준법**

| 물량기준법 | • 분리점에서 물량에 비례하여 결합원가를 배분하는 방법<br>• 연산품의 판매가치를 알 수 없을 때 유용함 |
|---|---|

## 2. 분리점 판매가치법

분리점 판매가치법이란 분리점에서 개별 제품 생산량이 갖는 상대적인 판매가치를 기준으로 결합원가를 배부하는 방법이다. 분리점 판매가치법은 수익비용 대응을 위해 판매가치가 높은 제품에 비례하여 많은 원가를 배분하는 방법이다. 그러므로 분리점에서 모든 제품이 판매될 경우 제품별 매출총이익률은 일치하게 된다. 그러나 분리점에서 판매가치를 알 수 없는 경우 적용하지 못하는 단점이 있다.

**분리점 판매가치법**

| 분리점 판매가치법 | • 분리점에서 상대적 판매가치(생산량 × 단위당 판매가격)에 비례: 결합원가를 배분하는 방법<br>• 분리점에서 매출총이익률이 동일하나 추가가공할 경우: 매출총이익률은 달라질 수 있음 |
|---|---|

**사례연습 1. 분리점 판매가치법**

㈜슈퍼빠나나는 우유를 투입하여 바나나우유와 초코우유를 생산한다. 당기 중 우유를 가공하여 바나나우유 2,000리터와 초코우유 8,000리터를 생산하였으며, 분리점 이전에 발생한 원가는 ₩10,000,000이며, 분리점 이후에 바나나우유를 생산하는데 ₩1,000,000, 초코우유를 생산하는데 ₩1,000,000이 추가적으로 발생하였다. 바나나우유는 리터당 ₩8,000에 판매되며 초코우유는 리터당 ₩3,000에 판매된다. 또한 추가적인 가공 전의 반제품도 판매가 가능하며, 바나나우유 반제품은 리터당 ₩4,000, 초코우유 반제품은 리터당 ₩1,000에 판매 가능하다. 상대적 판매가치법에 의해 결합원가를 배분하여 바나나우유와 초코우유의 제조원가를 구하시오.

풀이

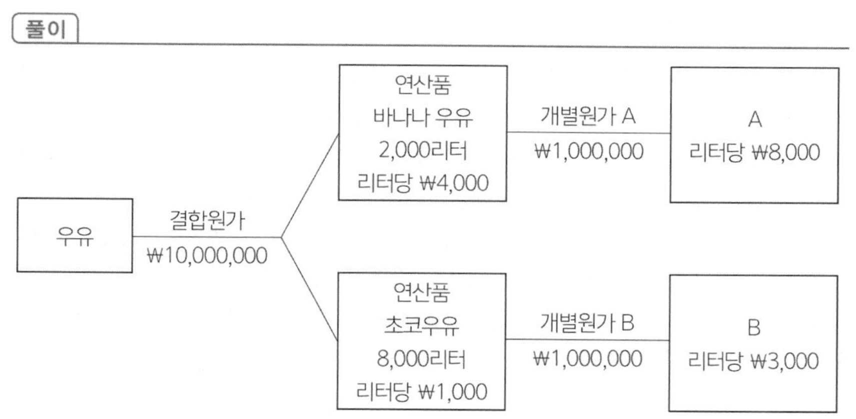

1. 분리시점에 판매가치
   1) 바나나우유 반제품: 4,000 × 2,000리터 = 8,000,000
   2) 초코우유 반제품: 1,000 × 8,000리터 = 8,000,000
2. 결합원가를 분리시점의 판매가치로 안분
   1) 바나나우유 결합원가 배부액: 10,000,000 × 8/16 = 5,000,000
   2) 초코우유 결합원가 배부액: 10,000,000 × 8/16 = 5,000,000
3. 제조원가
   1) 바나나우유 제조원가: 1,000,000 + 5,000,000 = 6,000,000
   2) 초코우유 제조원가: 1,000,000 + 5,000,000 = 6,000,000

## 3. 순실현가치법(NRV)

순실현가치법은 상대적인 추정순실현가능가치( = 최종판매가 - 추가가공원가 - 판매비)를 기준으로 결합원가를 배부하는 방법이다. 연산품의 수익성이 고려되고 중간 제품의 판매가격을 알 수 없는 경우에도 적용할 수 있어서 분리점에서 한 개 이상의 제품 판매가격이 주어지지 않을 경우, 순실현가능가치법이 분리점에서의 판매가치법보다 선호된다. 순실현가치법은 결합공정에서 발생하는 결합원가만이 이익을 창출하고 추가공정에서 발생하는 추가원가는 이익창출에 공헌하지 못한다고 보므로 추가가공을 인정하지 않는 결과가 되어 수익, 비용 대응에 위배되는 경우가 생길 수도 있다. 또한, 순실현가능가치가 ( - )인 제품은 원가부담능력이 없다고 보아 결합원가를 배분하지 않는다.

순실현가치법

| 순실현가치법 (NRV) | • 분리점에서 순실현가치(최종판매가 - 추가가공원가 - 판매비)에 비례하여 결합원가를 배분하는 방법<br>• ( - )의 순실현가치를 갖는 연산품에는 결합원가를 배분하지 않음<br>• 결합원가만이 이익을 창출하는 데 기여하고 개별원가는 이익을 창출하지 못하는 결과가 발생하는 문제점이 있음 |
|---|---|

**사례연습 2. 순실현가능가치법**

㈜슈퍼빠나나는 우유를 투입하여 바나나우유와 초코우유를 생산한다. 당기 중 우유를 가공하여 바나나우유 2,000리터와 초코우유 8,000리터를 생산하였으며, 분리점 이전에 발생한 원가는 ₩10,000,000이며, 분리점 이후에 바나나우유를 생산하는 데 ₩1,000,000, 초코우유를 생산하는데 ₩1,000,000이 추가적으로 발생하였다. 바나나우유는 리터당 ₩8,000에 판매되며 초코우유는 리터당 ₩3,000에 판매된다. 또한 추가적인 가공전의 반제품도 판매가 가능하며, 바나나우유 반제품은 리터당 ₩4,000, 초코우유 반제품은 리터당 ₩1,000에 판매 가능하다. 순실현가치법에 의해 결합원가를 배분하여 바나나우유와 초코우유의 제조원가를 구하시오.

풀이

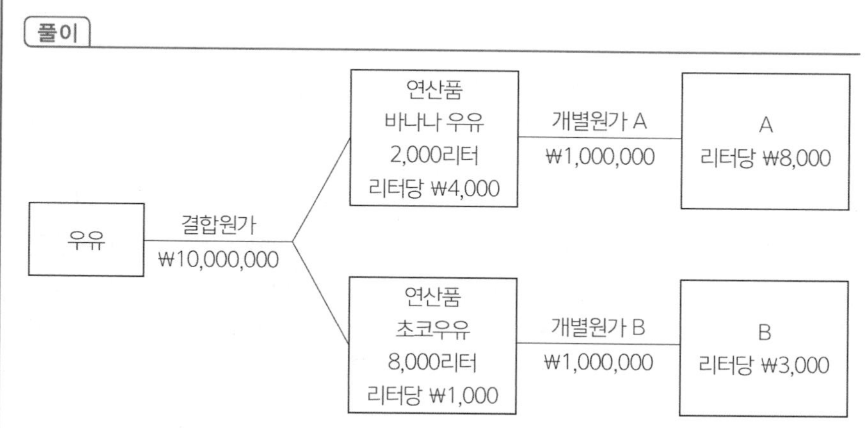


1. 분리시점의 순실현가치
   1) 바나나우유: 2,000리터 × 8,000 - 1,000,000 = 15,000,000
   2) 초코우유: 8,000리터 × 3,000 - 1,000,000 = 23,000,000
2. 결합원가를 분리시점의 판매가치로 안분
   1) 바나나우유 결합원가 배부액: 10,000,000 × 15/38 = 3,947,368
   2) 초코우유 결합원가 배부액: 10,000,000 × 23/38 = 6,052,632
3. 제조원가
   1) 바나나우유 제조원가: 1,000,000 + 3,947,368 = 4,947,368
   2) 초코우유 제조원가: 1,000,000 + 6,052,632 = 7,052,632

## 4. 균등이익률법

균등이익률법은 각 제품의 매출원가율을 동일하게 만들고 추가가공비를 차감하여 결합원가의 배부액을 계산하는 방법이다. 균등이익률법은 동일한 제조공정에서 생산된 각 제품의 매출총이익률은 모두 동일해야 한다는 관점이므로, 전체 제품의 매출총이익률을 먼저 산정하고, 개별제품의 매출총이익률이 전체 제품의 매출총이익률과 동일하도록 매출원가를 결정하고, 이 매출원가에서 추가가공원가를 차감한 후의 결합원가를 배분한다.

### 균등이익률법

| 균등이익률법 | • 모든 연산품의 매출총이익률이 동일해지도록 결합원가를 배분<br>• **평균매출원가율**: (Σ결합원가 + Σ개별원가) ÷ Σ최종판매가치<br>• 경우에 따라 연산품에 (-)의 결합원가가 배분될 수 있음<br>• **적용순서**<br>- **1단계**: 전체의 원가율을 구한다.<br>- **2단계**: 각 제품이 부담해야할 총원가를 구한다.<br>- **3단계**: 각 제품이 부담해야할 총원가를 개별원가를 차감하여 배부받아야 할 결합원가를 구한다. |
|---|---|

해커스공무원 **정윤돈 회계학** 기본서 원가관리회계·정부회계

**사례연습** 3. 균등이익률법

㈜슈퍼빠나나는 우유를 투입하여 바나나우유와 초코우유를 생산한다. 당기 중 우유를 가공하여 바나나우유 2,000리터와 초코우유 8,000리터를 생산하였으며, 분리점 이전에 발생한 원가는 ₩10,000,000이며, 분리점 이후에 바나나우유를 생산하는데 ₩1,000,000, 초코우유를 생산하는데 ₩1,000,000이 추가적으로 발생하였다. 바나나우유는 리터당 ₩8,000에 판매되며, 초코우유는 리터당 ₩3,000에 판매된다. 또한 추가적인 가공전의 반제품도 판매가 가능하며, 바나나우유 반제품은 리터당 ₩4,000, 초코우유 반제품은 리터당 ₩1,000에 판매 가능하다. 순실현가치법에 의해 결합원가를 배분하여 바나나우유와 초코우유의 제조원가를 구하시오.

풀이

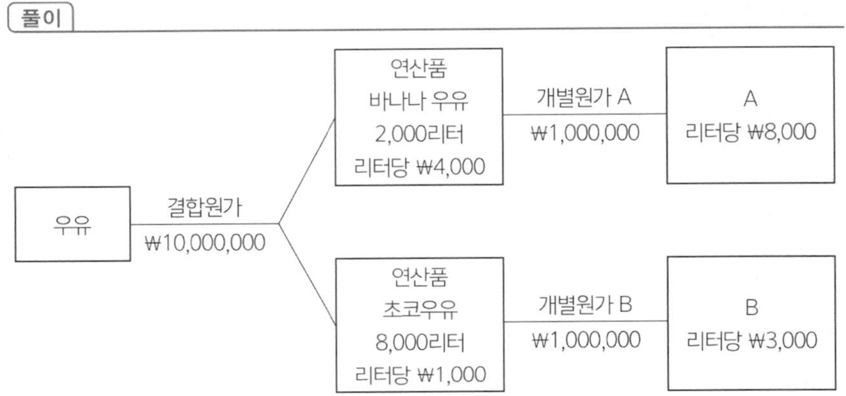


1. 회사전체의 수익: 2,000리터 × 8,000 + 8,000리터 × 3,000 = 40,000,000
2. 회사전체의 비용: 10,000,000 + 1,000,000 + 1,000,000 = 12,000,000
3. 회사전체원가율: 12,000,000 ÷ 40,000,000 = 30%
4. 결합원가 배부

| 구분 | 바나나우유 | 초코우유 |
|---|---|---|
| 총판매수익 | ₩16,000,000 | ₩24,000,000 |
| 배분받은 총원가(총수익 × 원가율) | 4,800,000 | 7,200,000 |
| 개별원가 | 1,000,000 | 1,000,000 |
| 결합원가 배부액 | 3,800,000 | 6,200,000 |

## 3 부산물의 회계처리

동일한 공정에서 생산되는 결합제품은 상대적인 가치에 따라 연산품과 부산물, 작업폐물로 분류한다.

### 1. 부산물과 작업폐물의 정의

| | |
|---|---|
| 연산품 | 결합제품들 중 상대적으로 높은 판매가치를 갖는 제품(연산품, 주산물) |
| 부산물 | 결합제품들 중 상대적으로 낮은 판매가치를 갖는 제품(부산품) |
| 작업폐물 | 결합제품들과 함께 생산되는 판매가치가 없거나 폐기비용이 발생하는 폐품 |

### 2. 부산물의 회계처리방법

부산물의 회계처리방법에 따라 연산품에 배분되는 결합원가가 달라진다.

| | |
|---|---|
| 판매기준법 | • 생산시점에서는 아무런 회계처리를 하지 않고 판매시점에서 부산물의 순수익을 잡이익으로 처리하는 방법<br>• 연산품에 결합원가 전액을 배부함<br>• 결합원가 ₩1,000, 부산물의 판매가치 ₩100<br>- 생산시점: 차) 제품 1,000 대) 재공품 1,000<br>- 판매시점: 차) 현금 100 대) 잡이익 100 |
| 순실현가치법 | • 생산시점에서 부산물의 순실현가치를 결합원가에서 차감하여 부산물(재고자산)으로 처리하는 방법<br>• 연산품에 부산물의 순실현가치만큼 감소된 결합원가를 배분함<br>• 결합원가 ₩1,000, 부산물의 판매가치 ₩100<br>- 생산시점: 차) 제품 900 대) 재공품 1,000<br>부산물 100<br>- 판매시점: 차) 현금 100 대) 부산물 100 |

작업폐물은 작업폐물의 폐기비용이 발생하는 경우 비용을 결합원가에 가산한다.

# 확인 문제

**01** ㈜한국은 결합제품 A, B를 생산하고 있으며, 결합원가는 분리점에서의 상대적 순실현가치를 기준으로 배분한다. ㈜한국의 20×1년 원가자료는 다음과 같다.

| 구분 | 제품 A | 제품 B |
|---|---|---|
| 생산량 | 2,000단위 | 5,000단위 |
| 단위당 추가가공원가 | ₩100 | ₩80 |
| 추가가공 후 단위당 판매가격 | ₩400 | ₩160 |
| 결합원가 | ₩350,000 | |

기초와 기말제품재고는 없다고 가정할 때, 20×1년도 제품 A와 제품 B의 매출총이익은? 2019년 국가직 9급

| | 제품 A | 제품 B |
|---|---|---|
| ① | ₩325,000 | ₩325,000 |
| ② | ₩390,000 | ₩260,000 |
| ③ | ₩425,000 | ₩225,000 |
| ④ | ₩500,000 | ₩150,000 |

**02** ㈜서울은 사과를 가공해서 사과주스원액과 사과비누원액을 생산한 후, 추가가공을 거쳐 사과주스와 사과비누를 생산하고 있다. 20×1년 1월 사과 1,000Kg을 투입(분리점까지 발생원가: ₩3,000,000)하여 사과주스원액 500L와 사과비누원액 500L가 생산되었다. 사과주스원액 500L는 추가원가 ₩500,000으로 사과주스 2,000개가 생산되었으며, 사과비누원액 500L는 추가원가 ₩700,000으로 사과비누 2,000개가 생산되었다. 제품별 판매가격은 <보기>와 같다. 기초 및 기말재고자산은 없으며 생산된 제품은 모두 판매되었다. 분리점에서의 판매가치법(sales value at split-off method)을 이용하여 결합원가를 배분할 경우 사과주스의 매출총이익은? 2018년 서울시 7급

<보기>

– 제품별 판매가격 –

• 사과주스원액: L당 ₩1,000 • 비누원액: L당 ₩2,000 • 사과주스: 개당 ₩2,000 • 비누: 개당 ₩3,000

① ₩1,200,000 ② ₩1,500,000 ③ ₩2,000,000 ④ ₩2,500,000

## 03 ㈜한국은 단일의 공정을 거쳐 A, B 두 종류의 결합제품을 생산하고 있으며, 사업 첫 해인 당기에 발생한 결합원가는 ₩200이다. 다음의 자료를 이용하여 결합원가를 균등이익률법으로 배부할 경우 제품 A와 B에 배부될 결합원가로 옳은 것은?

2017년 국가직 9급

| 구분 | 추가가공 후 최종가치(매출액) | 추가가공원가 |
|---|---|---|
| 제품 A | ₩100 | ₩50 |
| 제품 B | ₩300 | ₩50 |

| | 제품 A | 제품 B |
|---|---|---|
| ① | ₩25 | ₩175 |
| ② | ₩50 | ₩150 |
| ③ | ₩150 | ₩50 |
| ④ | ₩175 | ₩25 |



### 정답 및 해설

**01**

1) 순실현가능가치
   (1) 제품 A: 2,000단위 × (400 - 100) = 600,000
   (2) 제품 B: 5,000단위 × (160 - 80) = 400,000
2) 결합원가배부
   (1) 제품 A: 350,000 × 600,000/1,000,000 = 210,000
   (2) 제품 B: 350,000 × 400,000/1,000,000 = 140,000
3) 매출원가
   (1) 제품 A: 210,000 + 2,000단위 × 100 = 410,000
   (2) 제품 B: 140,000 + 5,000단위 × 80 - = 540,000
4) 매출총이익
   (1) 제품 A: 2,000단위 × 400 - 410,000 = 390,000
   (2) 제품 B: 5,000단위 × 160 - 540,000 = 260,000

**02**

1) 사과주스 매출액: 2,000개 × 2,000 = 4,000,000
2) 분리점에서 판매가치
   (1) 사과주스: 500L × 1,000 = 500,000
   (2) 사과비누: 500L × 2,000 = 1,000,000
3) 사과주스의 결합원가배부액: 3,000,000 × 500,000/1,500,000 = 1,000,000
4) 사과주스 매출원가: 1,000,000 + 500,000 = 1,500,000
5) 매출총이익: 4,000,000 - 1,500,000 = 2,500,000

**03**

1) 총원가: 200 + 50 + 50 = 300
2) 총매출액: 100 + 300 = 400
3) 매출총이익: 400 - 300 = 100
4) 매출총이익률: 100 ÷ 400 = 25%

⇒ 제품 A 배부될 결합원가: 100 × 75% - 50 = 25
⇒ 제품 B 배부될 결합원가: 300 × 75% - 50 = 175

**정답** 01 ② 02 ④ 03 ①

**04** 다음은 제품 A ~ C에 대한 자료이다. 이 중에서 제품 A에 대한 설명으로 옳지 않은 것은? (단, 결합원가 ₩70,000의 배분은 순실현가치기준법을 사용한다) 2015년 국가직 9급

| 제품 | 생산량 | 각 연산품 추가가공비 | 단위당 공정가치 |
|---|---|---|---|
| A | 100 kg | ₩15,000 | ₩500 |
| B | 150 kg | ₩8,000 | ₩300 |
| C | 200 kg | ₩12,000 | ₩200 |

① 매출액은 ₩50,000이다.
② 순실현가치는 ₩35,000이다.
③ 단위당 제조원가는 ₩245이다.
④ 결합원가의 배분액은 ₩24,500이다.

**05** ㈜한국은 당기에 제1공정에서 결합원가 ₩120,000을 투입하여 결합제품 A, B, C를 생산하였다. A와 B는 분리점에서 각각 ₩100,000과 ₩80,000에 판매 가능하며, C는 분리점에서 판매 불가능하므로 추가가공원가 ₩60,000을 투입하여 ₩120,000에 판매한다. ㈜한국이 균등이익률법으로 결합원가를 배부할 경우, C에 배부될 결합원가는? 2022년 지방직 9급

① ₩12,000
② ₩48,000
③ ₩60,000
④ ₩72,000

**06** ㈜한국은 화학재료 4,000kg을 투입해서 정제공정을 거쳐 3:2의 비율로 연산품 A와 B를 생산하며, 분리점 이전에 발생한 결합원가는 다음과 같다.

| 구분 | 물량 |
|---|---|
| 직접재료원가 | ₩ 250,000 |
| 직접노무원가 | ₩ 120,000 |
| 제조간접원가 | ₩ 130,000 |
| 합계 | ₩ 500,000 |

결합제품의 kg당 판매가격은 연산품 A가 ₩ 40/kg이고, 연산품 B가 ₩60/kg이다. 분리점에서의 판매가치법에 따라 결합원가를 배분할 경우, 연산품 B에 배부되는 결합원가는? 2022년 국가직 9급

① ₩ 250,000
② ₩ 350,000
③ ₩ 450,000
④ ₩ 550,000





정답 및 해설

**04**
A제품의 제조원가: 24,500(결합원가배부) + 15,000(추가가공비) = 39,500
A제품의 단위당 제조원가: 39,500(A제품 총제조원가)/100Kg = 395
① A제품 매출액: 100Kg × 500 = 50,000
② A제품 순실현가치: 100Kg × 500 − 15,000 = 35,000
④ 총제품의 순실현가능가치: 100Kg × 500 − 15,000 + 150Kg × 300 − 8,000 + 200Kg × 200 − 12,000 = 100,000
A제품의 결합원가배부: 70,000 × 35,000/ 100,000 = 24,500

**05**
1) 매출액: 100,000 + 80,000 + 120,000 = 300,000
2) 매출원가: 120,000 + 60,000 = 180,000
3) 매출원가율: 180,000/300,000 = 60%
4) C의 결합원가배부액: 120,000 × 60% − 60,000 = 12,000

**06**
1) 판매가치
(1) 연산품 A: 4,000kg × 3/5 × 40 = 96,000
(2) 연산품 B: 4,000kg × 2/5 × 60=96,000
2) 연산품 B에 배부되는 결합원가: 500,000 × (96,000/192,000) = 250,000

정답 04 ③ 05 ① 06 ①

# CHAPTER 07 변동원가계산

## 1 변동원가계산의 기초개념

### 1. 제품원가와 기간원가의 구분

제품의 원가는 제품원가계산 과정에서 재고자산에 배분되는 원가로서, 재무제표에 재고자산으로 계상되었다가 제품이 판매되는 시점에 매출원가로 비용처리된다. 이에 반해 기간원가는 제품의 생산과 관계없이 발생되므로 발생된 기간에 비용으로 처리되는 원가이다. 따라서 제품원가는 제품이 판매될 때 비용으로 처리되고, 기간원가는 발생 즉시 비용으로 처리되므로 제품의 원가에 대한 범위에 따라 당기비용으로 인식되는 금액이 달라지고, 이익으로 인식할 금액이 달라지게 된다.

### 2. 분류

제품원가의 구성방법에 따라 전부원가계산, 변동원가계산, 초변동원가계산으로 분류된다.

**(1) 전부원가계산**

전부원가계산은 직접재료비, 직접노무비, 변동제조간접비, 고정제조간접비가 제품의 원가를 구성하여 비용발생시점에 재고자산으로 계상하고 판매시점에 매출원가로 비용처리하는 계산방법이다. 전부원가계산은 외부보고용 재무제표 작성 시에 사용된다.

**(2) 변동원가계산**

변동원가계산은 고정제조간접원가를 제품의 생산과 직접 관련이 없다고 보아, 직접재료비, 직접노무비, 변동제조간접비만 제품의 제조원가를 구성하고 고정제조간접비는 재고자산으로 계상되지 않고 당기 비용처리하는 계산방법이다. 변동원가계산은 주로 내부 의사결정 및 성과평가 등에 사용된다.

**(3) 초변동원가계산**

초변동원가계산은 직접노무비와 변동제조간접비도 고정원가 성격을 지닌 것으로 보아 직접재료비만 제조원가를 구성하며 나머지는 직접노무비, 변동제조간접비, 고정제조간접비는 발생시점에 비용처리하는 계산방법이다.

### ⊕ 재고가능원가의 범위

<table>
<tr><th>원가요소</th><th>전부원가계산</th><th>변동원가계산</th><th>초변동원가계산</th></tr>
<tr><td>직접재료원가(DM)</td><td rowspan="4">제품원가<br>(제조원가)</td><td rowspan="3">제품원가<br>(변동제조원가)</td><td>제품원가</td></tr>
<tr><td>직접노무원가(DL)</td><td rowspan="5">기간원가</td></tr>
<tr><td>변동제조간접원가(VOH)</td></tr>
<tr><td>고정제조간접원가(FOH)</td><td rowspan="3">기간원가</td></tr>
<tr><td>변동판매관리비</td><td rowspan="2">기간원가</td></tr>
<tr><td>고정판매관리비</td></tr>
</table>

* 제조원가: 변동제조원가 + 고정제조간접원가 = 직접재료원가 + 가공원가
* 변동제조원가: 직접재료원가 + 변동가공원가
* 변동가공원가: 직접노무원가 + 변동제조간접원가

## 3. 전부원가계산의 문제점

전부원가계산은 고정제조간접원가를 제품원가로 처리하여 생산량이 증가할수록 단위당 고정제조간접원가가 감소하여 단위당 제품원가 및 단위당 매출원가가 감소한다. 이로 인하여 영업이익이 증가하여 경영자로 하여금 생산량을 증가시킴으로써 영업이익을 증가시키려는 동기부여를 제공한다. 판매를 수반하지 않은 상태에서 생산량을 증가시킨 결과 바람직하지 못한 재고자산의 누적을 초래할 수 있다.

## 4. 전부원가계산, 변동원가계산, 초변동원가계산의 비교

| 구분 | 전부원가계산 | 변동원가계산 | 초변동원가계산 |
|---|---|---|---|
| 생산량이 영업이익에 미치는 영향 | 생산량 증가할수록 영업이익의 증가 | 생산량이 영업이익에 영향을 미치지 못함 | 생산량이 증가할수록 영업이익 감소 |
| 생산량 조절을 통하여 이익을 조작하려는 동기부여 측면 | 동기부여 제공 | 동기부여 억제 | 동기부여 억제 효과 커짐 |
| 바람직하지 못한 재고 누적의 초래 여부 | 재고누적 초래 | 재고누적 방지 | 재고누적에 대한 벌금효과 |

## 5. 전부원가계산, 변동원가계산, 초변동원가계산의 재고자산 금액 비교

### (1) 재고자산의 크기 비교

| 전부원가계산의 재고자산금액 (DM+DL+VOH+FOH) | ≥ | 변동원가계산의 재고자산금액 (DM+DL+VOH) | ≥ | 초변동원가계산의 재고자산금액 (DM) |
|---|---|---|---|---|

### (2) 각 계산별 재고자산 금액의 구성

| | | | | |
|---|---|---|---|---|
| 전부원가계산의 재고자산금액 (DM+DL+VOH+FOH) | = | 변동원가계산의 재고자산금액 (DM+DL+VOH) | + | 재고자산의 고정제조간접원가 (FOH) |
| 변동원가계산의 재고자산금액 (DM+DL+VOH) | = | 초변동원가계산의 재고자산금액 (DM) | + | 재고자산의 변동가공원가 (DL+VOH) |
| 전부원가계산의 재고자산금액 (DM+DL+VOH+FOH) | = | 초변동원가계산의 재고자산금액 (DM) | + | 재고자산의 가공원가 (DL+VOH+FOH) |

**기출문제**

**전부원가계산, 변동원가계산, 초변동원가계산에 관한 다음 설명 중 옳지 않은 것은?**

① 다른 조건이 일정할 경우 생산량이 증가할수록 전부원가계산에 의한 영업이익은 증가하나 변동원가계산에 의한 영업이익은 그대로이고, 초변동원가계산에 의한 영업이익은 감소한다.

② 전부원가계산은 경영자로 하여금 생산량을 조절함으로써 이익을 조작하려는 그릇된 동기부여를 할 수 있다는 문제점이 있다.

③ 변동원가계산은 바람직하지 못한 재고누적에 대하여 벌금을 부과하는 효과가 있다.

④ 전부원가계산에 의한 재고자산금액은 변동원가계산에 의한 재고자산금액보다 항상 크거나 같고 변동원가계산에 의한 재고자산금액은 초변동원가계산에 의한 재고자산금액보다 항상 크거나 같다.

해설

초변동원가계산에 대한 설명이다. 변동원가계산은 바람직하지 못한 재고 누적에 대한 방지효과만 있다.

답 ③

## 2 각 방법별 영업이익 비교

### 1. 생산량과 판매량에 따른 영업이익 비교

#### (1) 생산량 > 판매량

① 생산량이 판매량보다 많은 경우, 비용처리되는 고정제조간접원가가 변동원가계산하에서 더 많으므로 전부원가계산하의 영업이익이 변동원가계산하의 영업이익보다 많다.

② 생산량이 판매량보다 많은 경우, 비용처리되는 변동가공원가가 초변동원가계산하에서 더 많으므로 변동원가계산하의 영업이익이 초변동원가계산하의 영업이익보다 많다.

#### (2) 생산량 = 판매량

① 생산량과 판매량이 같은 경우, 전부원가계산 및 변동원가계산에서 고정제조간접원가가 전액 비용처리되므로 전부원가계산하의 영업이익과 변동원가계산하의 영업이익이 동일하다.

② 생산량과 판매량이 같은 경우, 변동원가계산 및 초변동원가계산에서 변동가공원가가 전액 비용처리되므로 변동원가계산하의 영업이익과 초변동원가계산하의 영업이익이 동일하다.

#### (3) 생산량 < 판매량

① 생산량이 판매량보다 적은 경우, 비용처리되는 고정제조간접원가가 변동원가계산하에서 더 적으므로 전부원가계산하의 영업이익이 변동원가계산하의 영업이익보다 적다.

② 생산량이 판매량보다 적은 경우, 비용처리되는 변동가공원가가 초변동원가계산하에서 더 적으므로 변동원가계산하의 영업이익이 초변동원가계산하의 영업이익보다 적다.

**생산량과 판매량에 따른 영업이익 비교**

| 구분 | 영업이익 |
|---|---|
| 생산량 > 판매량 | 전부원가계산 > 변동원가계산 > 초변동원가계산 |
| 생산량 = 판매량 | 전부원가계산 = 변동원가계산 = 초변동원가계산 |
| 생산량 < 판매량 | 전부원가계산 < 변동원가계산 < 초변동원가계산 |

### 2. 전부원가계산과 변동원가계산 및 초변동원가의 영업이익 차이

전부원가계산에서는 고정제조간접비가 당기제품제조원가에 포함이 되지만 변동원가에서는 당기비용처리된다. 기말재고자산금액은 차기 판매 시 비용처리되므로 차기에 제품이 판매되면 전부원가계산이 더 큰 매출원가가 계상된다.

**전부원가계산과 변동원가계산의 고정제조간접비 처리**

<전부원가계산>

| 매출원가(당기비용) | 재고자산(차기비용) |
|---|---|

↓ (영업이익 차이)

<변동원가계산>

| 당기비용 |
|---|

### (1) 전부원가계산

전부원가계산하에서는 판매량, 단위당 변동비, 총고정비가 일정할 경우 판매량 이상의 생산을 하게 되면 이익이 증가하게 된다. 그 이유는 생산량을 증가시켜 기말재고를 크게 하면 기말재고에 배부되는 고정제조간접비가 커지며, 그만큼 매출원가가 작게 계상되기 때문이다. 따라서 경영자는 당기의 영업이익을 증가시키기 위해 필요 이상의 생산을 하게 될 유인이 생기게 된다.

### (2) 변동원가계산

변동원가계산에서는 고정비가 전액 당기 비용처리되므로 생산량이 영업이익에 영향을 미치지 않는다. 이로 인해 경영자는 필요 이상의 생산을 할 유인이 사라지게 되며, 변동원가계산에 의한 이익은 성과평가에 유용하게 사용할 수 있다.

### (3) 초변동원가계산

초변동원가계산에서는 판매령보다 생산량이 많아지게 되는 경우 오히려 영업이익이 감소하게 된다. 그 이유는 변동가공원가가 재고자산에 포함되지 않고 전액 당기비용처리되기 때문이다. 초변동원가계산방식 적용 시 회사 경영자는 불필요한 재고를 줄이려는 유인이 생기게 된다.

**손익계산서 비교**

| 전부원가계산 | | 변동원가계산 | | | 초변동원가 | | |
|---|---|---|---|---|---|---|---|
| 매출액 | ××| 매출액 | | ×× | 매출액 | | ×× |
| 매출원가 | (××) | 변동원가 | | | 직접재료원가 | | (××) |
| 매출총이익 | ×× | 변동매출원가 | ×× | | 재료매출원가 | ×× | |
| 판매관리비 | (××) | 변동판매관리비 | ×× | (××) | 재료처리량공헌이익 | | ×× |
| 영업이익 | ×× | 공헌이익 | | ×× | 운영원가 | | (××) |
| | | 고정원가 | | | 직접노무원가 | ×× | |
| | | 고정제조간접원가 | ×× | | 제조간접원가 | ×× | |
| | | 고정판매관리비 | ×× | (××) | 판매관리비 | ×× | |
| | | 영업이익 | | ×× | 영업이익 | | ×× |

**간편 풀이법**

① 영업이익
   ㉠ 전부원가계산의 영업이익: 매출액 – 매출원가 – 판매관리비
   ㉡ 변동원가계산의 영업이익: 매출액 – 변동원가 – 고정원가
   ㉢ 초변동원가계산의 영업이익: 매출액 – 직접재료원가 – 운영원가

② 제품 단위당 원가 계산
  ㉠ 전부원가계산: 제품 단위당 제조원가 = 총 제조원가 ÷ 생산량
  ㉡ 변동원가계산: 제품 단위당 변동제조원가 = 총 변동제조원가 ÷ 생산량
  ㉢ 초변동원가계산: 제품 단위당 직접재료원가 = 총 직접재료원가 ÷ 생산량

### 사례연습 1. 영업이익 비교

서울회사는 외부보고목적으로 전부원가계산을 사용하고, 내부관리목적으로 변동원가계산과 초변동원가계산을 사용하고 있다. 회사에서 이익중심점으로 간주되는 A사업부의 당기 생산, 판매 및 원가 자료는 다음과 같다.

- 기초제품 2,000개
- 생산량 8,000개
- 판매량 7,000개
- 기말제품 3,000개

| 구분 | 기초제품원가 | 당기투입원가 |
|---|---|---|
| 직접재료원가 | ₩ 800,000 | ₩ 3,200,000 |
| 변동가공원가 | 200,000 | 800,000 |
| 고정제조간접원가 | 400,000 | 2,000,000 |
| 합계 | 1,400,000 | 6,000,000 |

A사업부에서 판매하는 제품의 단위당 판매가격은 ₩ 1,000이다. A사업부는 재공품재고를 보유하고 있지 않으며, 선입선출법에 의하여 재고자산을 평가한다. 다음 세 가지 원가계산방법에 의해 A사업부의 영업이익을 계산하시오. 단, 판매관리비는 고려하지 않는다.

**풀이**

1. 전부원가계산

| 구분 | 기초제품 | + | 완성 | = | 판매 | + | 기말제품 |
|---|---|---|---|---|---|---|---|
| 수량 | 2,000 | + | 8,000 | = | 7,000 | + | 3,000 |
| 금액 | ₩ 1,400,000 | + | ₩ 6,000,000 | = | ₩ 5,150,000 | + | ₩ 2,250,000 |
| 단가 | @700 | | @750 | | @700, @750 | | @750 |

<전부원가계산>

|  | |  |
|---|---|---|
| 매출액 | | 7,000,000 |
| 매출원가 | | 5,150,000 |
| 기초제품재고 | 1,400,000 | |
| 당기제품재고 | 6,000,000 | |
| 기말제품재고 | (2,250,000) | |
| 매출총이익 | | 1,850,000 |
| 판매관리비 | | – |
| 영업이익 | | 1,850,000 |

2. 변동원가계산

| 구분 | 기초제품 | + | 완성 | = | 판매 | + | 기말제품 |
|---|---|---|---|---|---|---|---|
| 수량 | 2,000 | + | 8,000 | = | 7,000 | + | 3,000 |
| 금액 | ₩1,000,000 | + | ₩4,000,000 | = | ₩3,500,000 | + | ₩1,500,000 |
| 단가 | @500 | | @500 | | @500, @500 | | @500 |

<변동원가계산>

| | | |
|---|---|---|
| 매출액 | | 7,000,000 |
| 변동원가 | | |
| 변동매출원가 | | (3,500,000) |
| 기초제품재고 | 1,000,000 | |
| 당기제품재고 | 4,000,000 | |
| 기말제품제고 | (1,500,000) | |
| 변동판매관리비 | | - |
| 공헌이익 | | 3,500,000 |
| 고정원가 | | (2,000,000) |
| 고정제조간접원가 | 2,000,000 | |
| 고정판매관리비 | - | |
| 영업이익 | | 1,500,000 |

* 변동원가계산에서는 고정제조간접비는 재고가능원가에서 제외되어 전액 당기비용처리 된다.

3. 초변동원가계산

| 구분 | 기초제품 | + | 완성 | = | 판매 | + | 기말제품 |
|---|---|---|---|---|---|---|---|
| 수량 | 2,000 | + | 8,000 | = | 7,000 | + | 3,000 |
| 금액 | ₩800,000 | + | ₩3,200,000 | = | ₩2,800,000 | + | ₩1,200,000 |
| 단가 | @400 | | @400 | | @400, @400 | | @400 |

<초변동원가계산>

| | | |
|---|---|---|
| 매출액 | | 7,000,000 |
| 직접재료원가 | | (2,800,000) |
| 재료매출원가 | | |
| 기초제품재고 | 800,000 | |
| 당기제품재고 | 3,200,000 | |
| 기말제품재고 | (1,200,000) | |
| 재료처리량공헌이익 | | 4,200,000 |
| 운영원가 | | (2,800,000) |
| 직접노무원가 | 800,000 | |
| 제조간접원가 | 2,000,000 | |
| 판매관리비 | - | |
| 영업이익 | | 1,400,000 |

## 3 각 방법별 영업이익 차이 조정

기말재고자산에 포함된 고정제조간접비는 전부원가계산의 이익을 크게 만들어주며 기초재고자산에 포함된 고정제조간접비는 전부원가계산의 이익을 작게 만드는 효과가 있다. 변동원가계산과 전부원가계산의 이익은 기초와 기말재고자산에 포함된 고정제조간접비만큼이며, 이 금액을 구하면 두 방법 간의 이익차이를 조정할 수 있다. 변동원가계산과 마찬가지로 초변동원가계산에서도 제조원가 및 재고자산에 포함되는 원가의 범위가 전부원가계산과 달라서 영업이익이 차이가 나게 된다. 초변동원가계산에서는 직접노무비, 변동제조간접비, 고정제조간접비 모두 기간비용처리되므로 전부원가계산에서 재고자산으로 배분되는 직접노무비, 변동제조간접비, 고정제조간접비만큼 영업이익이 차이가 나게 된다.

**이익차이조정**

| 초변동, 변동, 전부원가계산 이익차이 조정 | | 초변동, 전부원가계산 이익차이 조정 | |
|---|---|---|---|
| 초변동원가계산의 이익 | ×× | 초변동원가계산의 이익 | ×× |
| (+)기말재고의 변동가공원가 | ×× | | |
| (−)기초재고의 변동가공원가 | (××) | | |
| 변동원가계산의 이익 | ×× | | |
| (+)기말재고의 고정제조간접원가 | ×× | (+)기말재고의 가공원가 | ×× |
| (−)기초재고의 고정제조간접원가 | (××) | (−)기초재고의 가공원가 | (××) |
| 전부원가계산의 이익 | ×× | 전부원가계산의 이익 | ×× |

### 1. 초변동원가계산의 이익 ⇒ 변동원가계산의 이익

| 구분 | 초변동 | 변동 | 당기이익 |
|---|---|---|---|
| 기말재고의 변동가공원가 | 당기 기간원가 | 당기 재고자산 | 변동원가가 큼 |
| 기초재고의 변동가공원가 | 전기 기간원가 | 당기 매출원가 | 초변동원가가 큼 |

### 2. 변동원가계산의 이익 ⇒ 전부원가계산의 이익

| 구분 | 변동 | 전부 | 당기이익 |
|---|---|---|---|
| 기말재고의 고정제조간접원가 | 당기 기간원가 | 당기 재고자산 | 전부원가가 큼 |
| 기초재고의 고정제조간접원가 | 전기 기간원가 | 당기 매출원가 | 변동원가가 큼 |

### 3. 초변동원가계산의 이익 ⇒ 전부원가계산의 이익

| 구분 | 초변동 | 전부 | 당기이익 |
|---|---|---|---|
| 기말재고의 가공원가 | 당기 기간원가 | 당기 재고자산 | 전부원가가 큼 |
| 기초재고의 가공원가 | 전기 기간원가 | 당기 매출원가 | 초변동원가가 큼 |

**사례연습** 2. 영업이익차이 조정

㈜가나는 20×1년에 영업을 개시하였으며 실제원가계산제도를 채택하고 있다. ㈜가나의 20×1년과 20×2년의 제조활동에 관한 자료는 다음과 같다.

| 구분 | 20×1년 | 20×2년 |
|---|---|---|
| 판매량 | 8,000개 | 9,000개 |
| 기말제품수량 | 1,000개 | 2,000개 |
| 고정제조간접원가 | ₩180,000 | ₩255,000 |

제품 단위당 변동제조원가는 직접재료원가 ₩100, 직접노무원가 ₩50, 변동제조간접원가 ₩30으로 20×1년과 20×2년이 동일하였다. ㈜가나는 선입선출법에 의하여 재고자산을 평가한다.

[물음 1] 20×2년 초변동원가계산의 이익과 변동원가계산의 이익차이는 얼마인가?

[물음 2] 20×2년 변동원가계산의 이익과 전부원가계산의 이익차이는 얼마인가?

[물음 3] 20×2년 초변동원가계산의 이익과 전부원가계산의 이익차이는 얼마인가?

풀이

[물음 1]
이익차이: 80,000

| 초변동원가계산의 이익 | A |
|---|---|
| (+)기말재고의 변동가공원가 | 2,000 × (50 + 30) = 160,000 |
| (−)기초재고의 변동가공원가 | − 1,000 × (50 + 30) = (80,000) |
| 변동원가계산의 이익 | A + 80,000 |

[물음 2]
이익차이: 31,000

| 변동원가계산의 이익 | A + 80,000 |
|---|---|
| (+)기말재고의 고정제조간접원가 | 255,000 × 2,000/10,000 *1 = 51,000 |
| (−)기초재고의 고정제조원가 | − 180,000 × 1,000/9,000 = (20,000) |
| 전부원가계산의 이익 | A + 111,000 |

*1. 1,000 + 투입 = 9,000 + 2,000, 투입: 10,000

[물음 3]
이익차이: 111,000

| 초변동원가계산의 이익 | B |
|---|---|
| (+)기말재고의 가공원가 | 2,000 × 80 + 255,000 × 2,000/10,000 *1 = 211,000 |
| (−)기초재고의 가공원가 | − 1,000 × 80 − 180,000 × 1,000/9,000 = (100,000) |
| 전부원가계산의 이익 | B + 111,000 |

## 4 각 제품원가계산 방법의 장·단점

### 1. 전부원가계산

| 장점 | 단점 |
|---|---|
| • 외부보고목적으로 인정<br>• 고정비까지 고려한 원가정보를 제공하므로 장기적 계획과 통제에 유용<br>• 혼합원가를 주관적으로 변동원가와 고정원가로 구분할 필요가 없음 | • 과잉생산을 통한 이익조작 및 바람직하지 못한 재고자산의 보유를 동기부여<br>• 기간손익이 재고수준의 변동에 영향 받음<br>• 단기적 계획과 통제에 유용하지 않음<br>• 생산량에 따라 단위당 원가가 달라짐 |

### 2. 변동원가계산

| 장점 | 단점 |
|---|---|
| • 과잉생산을 통한 이익조작 및 바람직하지 못한 재고자산의 보유를 억제함<br>• 기간손익이 재고수준의 변동에 영향을 받지 않음<br>• 단기적 계획과 통제에 유용<br>• 생산량에 따라 단위당 원가가 달라지지 않음<br>• 조업도차이가 발생하지 않음 | • 외부보고목적으로 불인정<br>• 장기적 계획과 통제에 유용하지 않음<br>• 혼합원가를 고정비와 변동비로 구분할 때 주관이 개입될 수 있음 |

### 3. 초변동원가계산

| 장점 | 단점 |
|---|---|
| • 과잉생산을 통한 이익조작 및 바람직하지 못한 재고자산의 보유를 억제하는 효과가 변동원가계산보다 강화<br>• 직접재료원가와 운영원가의 분류가 쉬움<br>• 조업도차이가 발생하지 않음 | • 외부보고목적으로 불인정<br>• 장기적 계획과 통제에 유용하지 않음<br>• 재고자산의 보유에 대하여 지나치게 부정적 |

# 확인 문제

**01** <보기>는 단일제품을 생산하여 개당 ₩50에 판매하는 ㈜서울(20×1년 초 설립)의 20×1년도 제조원가와 생산량에 대한 자료이다. ㈜서울의 20×1년도 변동원가계산에 의한 영업이익이 ₩600,000일 때, 전부원가계산에 의한 영업이익은? (단, 판매관리비는 발생하지 않는다고 가정한다) 2020년 서울시 7급

<보기>

- 단위당 직접재료원가 ₩10
- 단위당 직접노무원가 ₩8
- 단위당 변동제조간접원가 ₩12
- 연간 총 고정제조간접원가 ₩1,000,000
- 당기 생산량 100,000개

① ₩400,000
② ₩600,000
③ ₩800,000
④ ₩1,000,000

**02** 전부원가계산과 변동원가계산에 대한 설명으로 옳지 않은 것은? (단, 주어진 내용 외의 다른 조건은 동일하다) 2020년 국가직 9급

① 전부원가계산에서 판매량이 일정하다면 생산량이 증가할수록 영업이익은 증가한다.
② 전부원가계산은 외부보고 목적보다 단기의사결정과 성과평가에 유용하다.
③ 변동원가계산에서는 고정제조간접원가를 제품원가에 포함시키지 않는다.
④ 변동원가계산에서 생산량의 증감은 이익에 영향을 미치지 않는다.

**03** 원가행태에 대한 설명으로 옳지 않은 것은? 2020년 지방직 9급

① 월급제로 급여를 받는 경우, 작업자가 받는 급여는 노무시간에 비례하지 않지만, 총생산량에 따라 작업자의 인원을 조정할 수 있으면 총노무원가는 계단원가가 된다.
② 제품수준(유지)원가는 제품 생산량과 무관하게 제품의 종류 수 등 제품수준(유지)원가동인에 비례하여 발생한다.
③ 고정제조간접원가가 발생하는 기업에서 전부원가계산을 채택하면 생산량이 많아질수록 제품단위당 이익은 크게 보고된다.
④ 초변동원가계산에서는 직접재료원가와 직접노무원가를 제품원가로 재고화하고 제조간접원가는 모두 기간비용으로 처리한다.

## 04

20×1년 초에 영업을 개시한 ㈜한국은 동 기간에 5,000단위의 제품을 생산 · 완성하였으며, 단위당 ₩1,200에 판매하고 있다. 영업활동에 관한 자료는 다음과 같다.

| | | | |
|---|---|---|---|
| • 단위당 직접재료원가 | ₩450 | • 고정제조간접원가 | ₩500,000 |
| • 단위당 직접노무원가 | ₩300 | • 고정판매관리비 | ₩300,000 |
| • 단위당 변동제조간접원가 | ₩100 | • 단위당 변동판매관리비 | ₩100 |

전부원가계산에 의한 영업이익이 변동원가계산에 의한 영업이익보다 ₩300,000이 많을 경우, 20×1년 판매수량은?

2020년 지방직 9급

① 1,000단위 ② 2,000단위
③ 3,000단위 ④ 4,000단위





**정답 및 해설**

**01**

1) 변동원가계산에 의한 영업이익
   @(50 − 10 − 8 − 12) × 판매수량 − 1,000,000 = 600,000,
   판매수량: 80,000개
2) 전부원가계산하의 영엉이익
   600,000 + 기말재고자산의 고정제조간접원가 배부액( = @10* × 20,000개) = 800,000
   * 고정제조간접원가 배부액: 1,000,000 ÷ 100,000개 = 10

**02**

전부원가계산은 외부보고 목적으로 사용된다.

**03**

초변동원가계산에서는 직접재료원가만 제품원가로 자산처리하고, 직접노무원가와 제조간접원가는 모두 기간비용으로 처리한다.

**04**

1) 기말수량(3,000개) × 500,000/5,000개 = 300,000
2) 판매수량: 5,000개 − 3,000개 = 2,000개

**정답** 01 ③ 02 ② 03 ④ 04 ②

**05** <보기>의 자료로 계산한 변동원가계산방법과 전부원가계산방법 간 영업이익의 차이는? 2019년 서울시 9급

<보기>

| | | | |
|---|---|---|---|
| • 기초재고수량 | 0개 | • 생산량 | 200개 |
| • 판매량 | 180개 | • 매출액 | ₩180,000 |
| • 총변동재료원가 | ₩100,000 | • 총변동가공원가 | ₩20,000 |
| • 총고정제조간접원가 | ₩30,000 | • 총고정판매비 | ₩10,000 |

① ₩2,000 ② ₩3,000
③ ₩5,000 ④ ₩7,000

**06** 신설법인인 ㈜한국의 기말 제품재고는 1,000개, 기말 재공품 재고는 없다. 다음 자료를 근거로 변동원가계산방법에 의한 공헌이익은? 2018년 국가직 9급

| | | | |
|---|---|---|---|
| • 판매량 | 4,000개 | • 단위당 판매가격 | ₩1,000 |
| • 생산량 | 5,000개 | • 단위당 직접재료원가 | ₩300 |
| • 단위당 직접노무원가 | ₩200 | • 단위당 변동제조간접원가 | ₩100 |
| • 총 고정제조간접비 | ₩1,000,000 | • 단위당 변동판매관리비 | ₩150 |
| • 총 고정판매관리비 | ₩800,000 | | |

① ₩1,000,000 ② ₩1,250,000
③ ₩1,600,000 ④ ₩2,000,000

**07** ㈜한국은 당해 사업연도 초에 영업을 시작하였으며, 당해 연도의 생산 및 판매와 관련된 자료는 다음과 같다. ㈜한국이 실제원가계산에 의한 전부원가계산방법과 변동원가계산방법을 사용할 경우, 영업이익이 더 높은 방법과 두 방법 간 영업이익의 차이는? 2016년 지방직 9급

| | | | |
|---|---|---|---|
| • 제품생산량 | 1,000개 | • 제품판매량 | 800개 |
| • 고정제조간접원가 | ₩1,000,000 | • 고정판매비와 관리비 | ₩1,100,000 |
| • 기말 재공품은 없음 | | | |

| | 영업이익이 더 높은 방법 | 영업이익의 차이 |
|---|---|---|
| ① | 전부원가계산 | ₩200,000 |
| ② | 변동원가계산 | ₩200,000 |
| ③ | 전부원가계산 | ₩220,000 |
| ④ | 변동원가계산 | ₩220,000 |

**08** ㈜한국은 변동원가계산을 사용하여 ₩100,000의 순이익을 보고하였다. 기초 및 기말 재고자산은 각각 15,000단위와 19,000단위이다. 매 기간 고정제조간접비배부율이 단위당 ₩3이었다면 전부원가계산에 의한 순이익은? (단, 법인세는 무시한다)

2014년 국가직 9급

① ₩88,000
② ₩145,000
③ ₩43,000
④ ₩112,000



정답 및 해설

**05**
30,000(고정제조간접원가) × 20개(기말재고)/200개(생산량) = 3,000

**06**
1) 매출액: 4,000개 × 1,000 = 4,000,000
2) 변동비: 4,000개 × 750 = (3,000,000)
3) 공헌이익: 1,000,000

**07**
기초제품보다 기말제품이 크므로 전부원가계산에 의한 영업이익이 변동원가계산에 의한 영업이익보다 크다.
1,000,000(고정제조간접비) × 200개(기말제품) ÷ 1,000개(생산량) = 200,000

**08**
변동원가 순이익: 100,000
(－) 기초고정제조간접비: 15,000개 × 3 = 45,000
(＋) 기말고정제조간접비: 19,000개 × 3 = 57,000
전부원가 순이익: 112,000

정답 05 ② 06 ① 07 ① 08 ④

**09** 20×1년 초에 설립된 ㈜뿌잉은 20×1년에 1,200개의 제품을 생산하여 800개를 판매하였다. 20×1년에 전부원가계산의 영업이익이 변동원가계산의 영업이익보다 ₩8,000만큼 크다면 총고정제조간접원가는 얼마인가?

① ₩24,000
② ₩24,600
③ ₩25,200
④ ₩25,600

**10** 다음은 현주기업의 1월 및 2월 중 발생한 원가자료이다. 현주기업은 실제 원가계산제도를 도입하고 있으며, 선입선출법을 사용한다.

| 구분 | 1월 | 2월 |
|---|---|---|
| 생산능력 | 100,000단위 | 100,000단위 |
| 실제생산량 | 90,000단위 | 100,000단위 |
| 판매량 | 80,000단위 | 90,000단위 |
| 고정제조간접비 | ₩1,350,000 | ₩1,400,000 |

2월의 변동원가계산에 의한 영업이익이 ₩210,000이었다면 전부원가계산에 의한 영업이익은 얼마인가? (단, 1월 초의 재고는 없다)

① ₩330,000
② ₩340,000
③ ₩360,000
④ ₩400,000

**11** 20×1년 초에 설립된 ㈜하늘은 단일제품을 생산하여 단위당 ₩30에 판매하고 있다. 20×1년과 20×2년의 생산 및 판매에 관한 자료는 다음과 같다.

| 구분 | 20×1년 | 20×2년 |
|---|---|---|
| 생산량 | 25,000단위 | 30,000단위 |
| 판매량 | 22,000단위 | 28,000단위 |
| 변동제조원가 | 단위당 ₩8 | |
| 고정제조원가 | ₩150,000 | |
| 변동판매비와 관리비 | 단위당 ₩2 | |
| 고정판매비와 관리비 | ₩100,000 | |

20×2년도의 전부원가계산에 의한 영업이익은 얼마인가? (단, 제공품은 없으며 선입선출법을 가정한다)

① ₩300,000 ② ₩303,000
③ ₩310,000 ④ ₩317,000





정답 및 해설

**09**

20×1년의 고정제조간접비(B): 24,000

| 변동원가계산의 이익 | A |
|---|---|
| **(+)기말재고의 고정제조간접원가** | B × 400/1,200 |
| **(−)기초재고의 고정제조간접원가** | − |
| 전부원가계산의 이익 | A + 8,000 |

**10**

| 변동원가계산의 이익 | 210,000 |
|---|---|
| **(+)기말재고의 고정제조간접원가** | 1,400,000 × 20,000/100,000[*1] = 280,000 |
| **(−)기초재고의 고정제조간접원가** | − 1,350,000 × 10,000/90,000 = (150,000) |
| 전부원가계산의 이익 | 340,000 |

*1: 10,000 + 100,000 − 90,000 = 20,000

**11**

1) 변동원가계산의 영업이익
(30 − 8 − 2) × 28,000 − (150,000 + 100,000) = 310,000

2) 영업이익 조정

| 변동원가계산의 이익 | 310,000 |
|---|---|
| **(+)기말재고의 고정제조간접원가** | 150,000 × 5,000/30,000 = 25,000 |
| **(−)기초재고의 고정제조간접원가** | − 150,000 × 3,000/25,000 = (18,000) |
| 전부원가계산의 이익 | 317,000 |

정답 09 ① 10 ② 11 ④

**12** 20×1년 초에 설립된 ㈜하늘은 자동차를 제조하여 판매하고 있다. ㈜하늘은 재고자산의 원가흐름 가정으로 선입선출법을 적용하며, 실제원가계산으로 제품원가를 산출한다. ㈜하늘의 매월 최대 제품생산능력은 1,000대이며, 20×1년 1월과 2월의 원가자료는 다음과 같다.

| 구분 | 1월 | 2월 |
|---|---|---|
| 생산량 | 900대 | 800대 |
| 판매량 | 800대 | ? |
| 고정제조간접원가 | ₩180,000 | ₩200,000 |

2월의 전부원가계산하의 영업이익이 변동원가계산하의 영업이익보다 ₩20,000만큼 큰 경우, ㈜하늘의 2월 달 계산 시 판매수량은 얼마인가? (단, 매월 말 재공품은 없는 것으로 가정한다)

① 710대
② 720대
③ 730대
④ 740대

**13** ㈜한국의 다음 자료를 이용한 변동제조원가발생액은? (단, 기초제품재고와 기초 및 기말 재공품재고는 없다)

2021년 지방직 9급

- 당기 제품생산량: 50,000개
- 당기 제품판매량: 50,000개
- 변동매출원가: ₩900,000

① ₩600,000
② ₩700,000
③ ₩800,000
④ ₩900,000

**14** 전부원가계산에 의한 영업이익이 변동원가계산에 의한 영업이익보다 ₩10,000이 더 클 때, 다음의 자료를 이용한 당기 생산량은?

2021년 지방직 9급

| 구분 | 수량 / 금액 |
|---|---|
| 판매량 | 500개 |
| 고정판매관리비 | ₩15,000 |
| 고정제조간접원가(총액) | ₩30,000 |
| 기초재고 | 없음 |

① 650개
② 700개
③ 750개
④ 800개



정답 및 해설

**12**

| 변동원가계산의 이익 | A |
|---|---|
| **(+)기말재고의 고정제조간접원가** | **200,000 × 기말재고/800 = 40,000** |
| **(−)기초재고의 고정제조간접원가** | **−180,000 × 100/900 = (20,000)** |
| 전부원가계산의 이익 | A + 20,000 |

1) 기말재고: 160대
2) 당기 판매수량: 100 + 800 − 160 = 740대

**13**

제품생산량과 판매량이 동일하므로 변동제조원가 발생액 전액이 변동매출원가 금액과 일치한다.

**14**

30,000 × 500/당기생산량 = 20,000, 당기생산량 = 750

**정답** 12 ④ 13 ④ 14 ③

# CHAPTER 08 표준원가

## 1 표준원가계산의 기초개념

### 1. 실제원가계산의 문제점

실제원가계산은 보고기간 말이 될 때까지 계산할 수 없으므로 원가정보의 산출이 지연된다. 또한 실제원가계산은 조업도의 변동에 따라 제품원가가 현저하게 변동하기 때문에 원가통제 관점에서 부적합하다.

### 2. 표준원가계산의 의의

표준원가계산이란 직접재료원가, 직접노무원가, 변동제조간접원가, 고정제조간접원가에 대하여 미리 설정해 놓은 표준원가를 이용하여 제품원가를 계산하는 원가측정 방법이다. 표준원가를 미리 산정하고 이를 실제 발생한 원가와 비교하여 그 차이를 분석함으로써 경영자로 하여금 과거의 성과를 평가하고 미래의 성과를 향상시키는 데 유용한 정보를 제공한다. 즉, 표준원가계산은 원가관리 및 통제를 위한 사전원가계산이라는 것이다.

### 3. 표준원가계산의 한계점

표준원가를 사용하면 신속한 원가계산과 예산편성이 가능하게 되고, 실제원가와의 차이를 분석하여 성과평가에 활용할 수 있고, 실제원가와 표준원가의 차이에 의한 관리를 할 수 있다. 그러나 객관적인 표준원가를 설정하거나, 통제 목적의 허용 범위를 설정하는 것이 어렵고, 소품종대량생산에서 다품종소량생산으로 전환되면서 그 유용성이 감소하고 있다.

## 2 원가차이 분석

### 1. 표준원가

#### (1) 표준원가의 설정

표준원가는 생산활동이 능률적인 경우 제품 1단위를 생산하기 위하여 발생된 것으로 예상되는 원가이다. 표준원가는 표준수량과 표준가격으로 구성되며 직접재료원가(DM), 직접노무원가(DL), 변동제조간접원가(VOH), 고정제조간접원가(FOH) 등 각 요소별로 사전에 결정된다.

표준원가 = 표준수량(SQ) × 표준가격(SP)

### (2) 표준원가의 설정

① **표준직접재료원가**: 능률적인 조건에서 제품 1단위를 생산하는 데 투입되는 직접재료 표준수량과 직접재료 단위당 가격을 결정한 후 아래와 같이 산정한다. 단, 표준수량 및 가격을 결정할 때는 공손, 감손, 가격변동 등을 고려한다.

> 표준직접재료원가 = 직접재료 표준수량(SQ) × 직접재료 표준가격(SP)

② **표준직접노무원가**: 능률적인 조건에서 제품 1단위를 생산하는 데 투입되는 표준직접 노동시간과 각 시간당 표준임률을 결정하여 아래와 같이 산정한다. 단, 표준시간 및 임률을 결정할 때는 휴식, 기계고장, 임금상승 등을 고려한다.

> 표준직접노무원가 = 표준직접노동시간(SQ) × 표준임률(SP)

### (3) 표준제조간접원가

제조간접원가는 변동제조간접원가와 고정제조간접원가를 구분하여 산정한다.

① **표준변동제조간접원가**: 변동제조간접원가의 발생과 논리적으로 관련 있는 요인들을 고려하여 배부기준을 설정한 후 제품 단위당 표준배부기준수와 표준배부율을 설정하여 제품단위당 표준변동제조간접원가를 아래와 같이 산정한다.

> 표준변동제조간접원가 = 표준배부기준수(SQ) × 표준배부율(SP)

② **표준고정제조간접원가**: 고정원가는 조업도와 상관없이 일정한 수준으로 금액이 산정되어 있다. 그러므로 표준고정제조간접원가의 경우 조업도에 따라 배부율( = 고정제조간접원가 총액 ÷ 조업도)이 달라진다. 그러므로 일정한 기준에 따라 기준조업도를 설정하여 표준배부율을 설정한 후 제품단위당 표준배부기준수를 곱하여 아래와 같이 산정한다.

> 표준고정제조간접원가 = 표준배부기준수(SQ) × 표준배부율(SP)

**참고 | 원가계산의 구조**

| 제품원가 집계 | | 제품원가 측정 | | 제품원가 구성 |
|---|---|---|---|---|
| 개별원가계산 | | 실제원가계산 | | 전부원가계산 |
| 종합원가계산 | ⇒ | 정상원가계산 | ⇒ | 변동원가계산 |
| 혼합원가계산 | | 표준원가계산 | | 초변동원가계산 |

| 구분 | 실제원가계산 | 정상원가계산 | 표준원가계산 |
| --- | --- | --- | --- |
| 직접재료비 | 실제원가 | 실제원가 | 표준원가 |
| 직접노무비 | 실제원가 | 실제원가 | 표준원가 |
| 제조간접원가 | 실제원가 | 예정원가 | 표준원가 |

* 정상원가계산과 표준원가계산은 제조간접원가의 경우 사전에 설정된 원가를 이용하여 사후에 차이를 조정하는 방식으로 계산방식이 거의 유사하다. 그러나 정상원가계산의 제조간접원가는 예정배부율(= 발생할 것으로 예상되는 원가총액 ÷ 예상되는 조업도 수준)사용하고 있다면 표준원가계산에서는 표준배부율(= 달성했으면 하는 목표가 반영된 표준원가 총액 ÷ 표준이 되는 조업도 수준)을 사용한다는 차이가 있다.

## 2. 원가차이 분석의 의의

차이분석은 실제 발생한 원가를 표준원가와 비교하여 차이를 분석하는 것을 말한다. 표준원가는 생산이 있기 전에 사전적으로 결정된 원가이므로, 표준원가와 실제원가는 차이가 존재한다. 표준원가로 기중에 회계처리하고 기말에 실제원가가 산출되면, 실제원가를 외부공시용 재무제표에 공시한다(⇒ 한국채택국제회계기준은 이러한 차이가 유사한 경우에 표준원가를 사용하여 외부공시를 할 수 있다). 표준원가와 실제원가의 차이를 그 원인에 따라 여러 가지의 차이로 나누어 실제원가와 표준원가의 차이를 분석하는 것을 차이분석이라고 한다.

### (1) 차이분석의 일반

차이의 발생원인이 수량인지 가격인지에 따라 수량차이와 가격차이로 분류된다. 이렇게 분류된 차이에 대한 포괄적인 개념이 총차이이다. 총차이는 특정기간동안 발생한 실제투입원가와 실제생산량에 허용된 표준원가와의 차이를 의미한다. 총차이는 가격차이와 수량차이로 구분하는데 가격차이와 수량차이에 따라 책임부서가 서로 다르다.

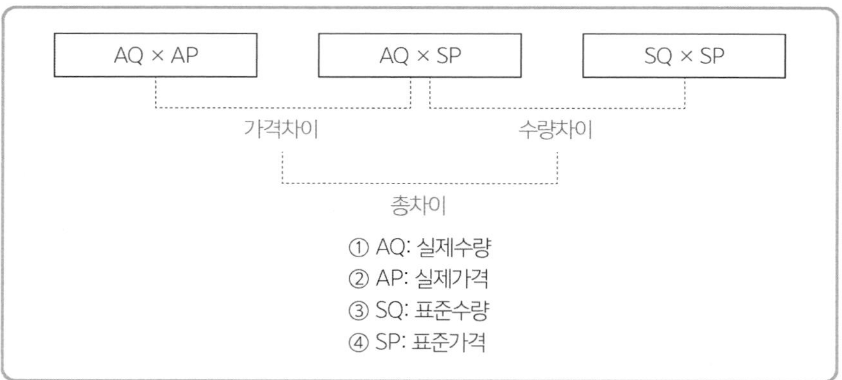


① **가격차이**: 가격차이는 총차이 중 가격으로 인하여 표준원가와 실제원가가 차이나는 부분으로 아래와 같다.

가격차이 = (AQ × AP) − (AQ × SP) = AQ × (AP − SP)

이러한 가격차이는 주로 수요와 공급상황, 구매담당자의 협상능력, 원재료의 품질에 영향을 받는다.

② **수량차이( = 능률차이)**: 수량차이는 총차이 중 가격으로 인한 차이를 제외한 차이로 수량에 의한 차이부분으로 아래와 같다.

> 수량차이 = (AQ × SP) − (SQ × SP) = (AQ − SQ) × SP

이러한 수량차이는 생산의 효율성, 원재료의 품질, 기술의 발전 등에 영향을 받는다.

③ **원가요소별 명칭**: 가격차이와 수량차이는 원가요소에 따라 아래와 같은 용어를 사용한다.

| 원가요소 | 가격차이 | 수량차이 |
|---|---|---|
| 직접재료원가 | 가격차이 | 능률차이 |
| 직접노무원가 | 임률차이 | 능률차이 |
| 변동제조간접원가 | 소비차이 | 능률차이 |
| 고정제조간접원가 | 예산차이 | 조업도차이 |

④ **유리한 차이와 불리한 차이**: 유리한 차이 또는 불리한 차이란 차이가 순이익에 미치는 영향에 따라 분류한다. 유리한 차이란 실제원가가 표준원가보다 적게 되어 원가가 감소하여 순이익을 증가시키는 차이를 말한다. 불리한 차이는 실제원가가 표준원가보다 많게 되어 원가가 증가되므로 순이익을 감소시키는 차이를 말한다.

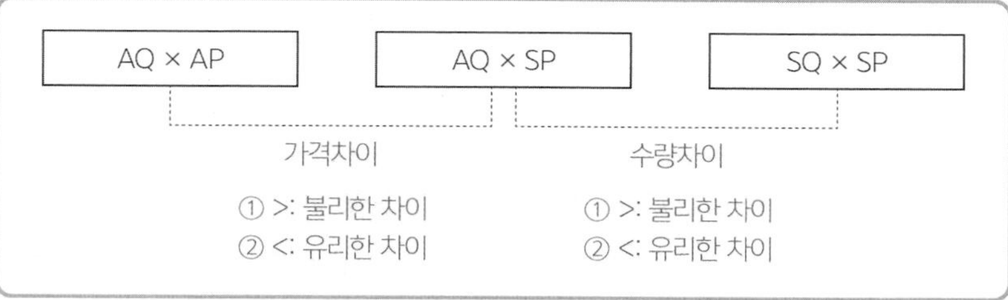

## 3 원가요소별 차이분석

### 1. 직접재료원가 차이

직접재료원가 차이는 표준원가 배부액과 직접재료원가로, 가격차이와 능률차이로 구분된다. 직접재료원가는 원재료의 구매가격 차이를 분리하는 시점에 따라 차이분석 방법을 두 가지로 분리할 수 있다. 가격차이는 원재료 실재구입가격과 표준구입가격의 차이에 실제투입량을 곱하여 산정하고, 능률차이는 생산의 효율성에 따른 실제투입량과 실제생산에 허용된 표준투입량의 차이에 원재료 표준구입단가를 곱하여 계산한다.

#### (1) 가격차이를 사용시점에 분리하는 방법

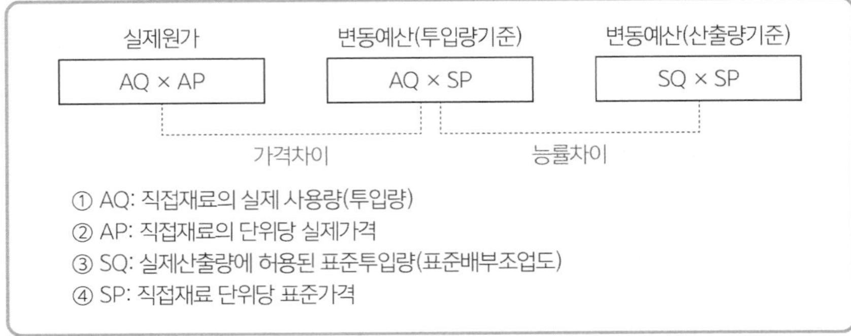


#### (2) 가격차이를 구입시점에 분리하는 방법

① **가격차이:** AQ(실제구입량) × AP − AQ(실제구입량) × SP
② **능률차이:** AQ(실제사용량 · 투입량) × SP − SQ × SP

Self Study
가격에 대한 차이는 구매담당자가, 능률에 대한 책임은 제조담당자가 책임을 지지만, 원재료의 품질 등이 능률에 영향을 미치는 등의 상호연관성이 존재할 수도 있다.

**사례연습 1. 직접재료원가의 가격차이와 능률차이**

A사는 표준원가계산을 채택하고 있다. A사의 원재료 구입 및 제조와 관련된 자료는 아래와 같다.

1) **당기의 예산생산량:** 2,400개
2) **실제생산량:** 2,000개
3) 당기 중 직접재료 8,000kg를 80,000원에 구입하여 6,000kg를 사용하였다.
4) 직접재료의 기초재고는 없다.
5) 제품 단위당 표준직접재료원가는 24원(2kg × 12원 = 24원)이다.

[물음 1] 직접재료원가의 가격차이를 재료의 사용시점에 분리하는 경우 가격차이와 능률차이를 계산하시오.

[물음 2] 직접재료원가의 가격차이를 구입시점에 분리하는 경우 가격차이와 능률차이를 계산하시오.

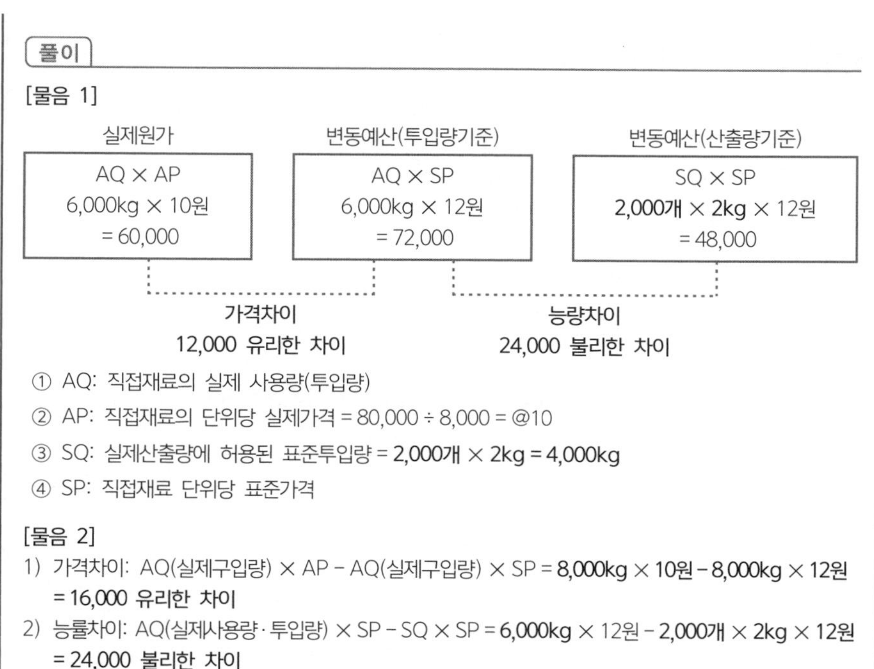
풀이

[물음 1]

| 실제원가 | 변동예산(투입량기준) | 변동예산(산출량기준) |
|---|---|---|
| AQ × AP<br>6,000kg × 10원<br>= 60,000 | AQ × SP<br>6,000kg × 12원<br>= 72,000 | SQ × SP<br>2,000개 × 2kg × 12원<br>= 48,000 |

가격차이 12,000 유리한 차이 / 능량차이 24,000 불리한 차이

① AQ: 직접재료의 실제 사용량(투입량)
② AP: 직접재료의 단위당 실제가격 = 80,000 ÷ 8,000 = @10
③ SQ: 실제산출량에 허용된 표준투입량 = 2,000개 × 2kg = 4,000kg
④ SP: 직접재료 단위당 표준가격

[물음 2]

1) 가격차이: AQ(실제구입량) × AP - AQ(실제구입량) × SP = 8,000kg × 10원 - 8,000kg × 12원 = 16,000 유리한 차이
2) 능률차이: AQ(실제사용량·투입량) × SP - SQ × SP = 6,000kg × 12원 - 2,000개 × 2kg × 12원 = 24,000 불리한 차이

## 2. 직접노무원가차이

직접노무원가차이란 실제직접노무원가와 표준직접노무원가와의 차이를 의미하며, 직접노무원가가 총차이는 직접노무원가 가격차이와 직접노무원가 능률차이로 구분된다. 이때 가격차이는 임률차이라고도 한다. 가격차이는 직접노동시간당 표준임률과 실제임률의 차이에 실제직접노동시간을 곱하여 산출하며, 능률차이를 실제산출량에 허용된 표준노동시간과 실제직접노동시간의 차이에 표준임률을 곱하여 산정한다.

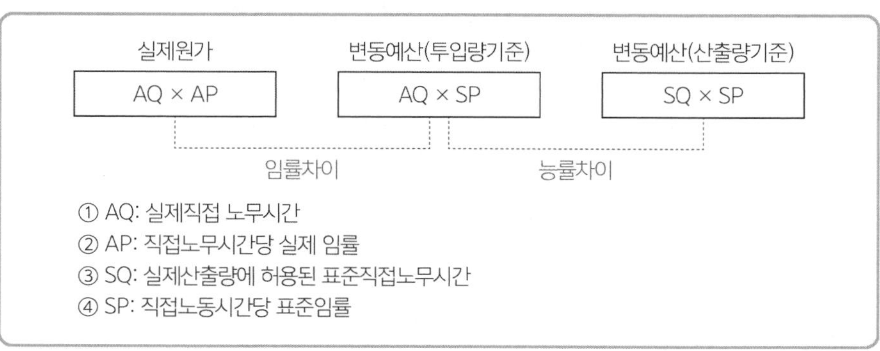

**사례연습 2. 직접노무원가 차이**

B사의 제조원가와 관련된 자료는 다음과 같다.

1) 직접노무원가 투입단위당 표준배부율: ₩2,200
2) 제품 단위당 표준노동시간 투입단위: 5시간
3) 실제 생산수량: 2,000단위
4) 노무시간당 실제임률: ₩2,400
5) 총 투입노동시간: 9,000시간

이때 직접노무원가의 차이를 가격차이와 능률차이로 나누어 구하시오.

**풀이**

| 실제원가 | 변동예산(투입량기준) | 변동예산(산출량기준) |
|---|---|---|
| AQ × AP<br>9,000시간 × 2,400<br>= 21,600,000 | AQ × SP<br>9,000시간 × 2,200<br>= 19,800,000 | SQ × SP<br>2,000단위 × 5시간 × 2,200<br>= 22,000,000 |

임률차이 1,800,000 불리한 차이 (실제원가 – 변동예산(투입량기준))

능률차이 2,200,000 유리한 차이 (변동예산(투입량기준) – 변동예산(산출량기준))

### 3. 변동제조간접원가 차이분석

변동제조간접원가차이는 표준원가배부액과 실제변동제조간접원가의 차이이며, 소비차이와 능률차이로 구분된다. 여기서 소비차이는 표준배부율과 실제배부율의 차이에 실제조업도를 곱하여 계산하며, 능률차이는 실제산출량에 허용된 표준조업도와 실제조업도의 차이에 배부율을 곱하여 산정한다.

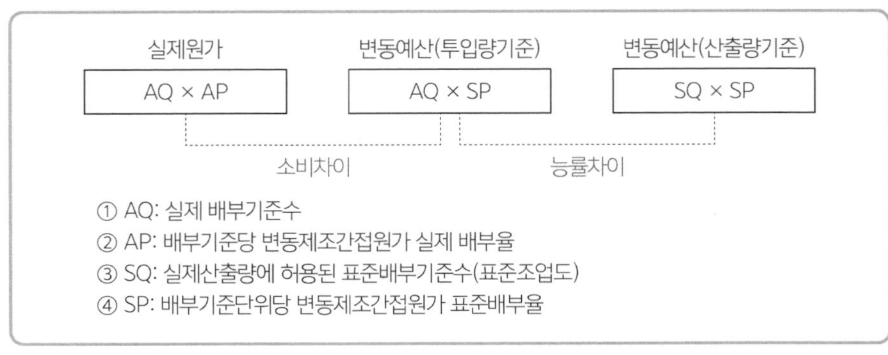

실제원가
변동예산(투입량기준)
변동예산(산출량기준)
AQ × AP
AQ × SP
SQ × SP
소비차이
능률차이
① AQ: 실제 배부기준수
② AP: 배부기준당 변동제조간접원가 실제 배부율
③ SQ: 실제산출량에 허용된 표준배부기준수(표준조업도)
④ SP: 배부기준단위당 변동제조간접원가 표준배부율


변동제조간접원가의 능률차이는 실제조업도와 표준조업도의 조업도차이에 표준배부율을 곱한 것이므로 변동제조간접원가의 배부기준이 되는 조업도의 능률적인 사용으로 인하여 발생한다.

**Self Study**

변동제조간접원가의 배부기준이 직접노동시간인 경우에는 직접노무원가의 능률차이로 인해 변동제조간접원가의 능률차이가 도출될 수 있다. 그 계산방법은 다음과 같다.

> 변동제조간접원가 능률차이 = 직접노무원가 능률차이 × 직접노무시간당 변동제조간접원가 표준배부율 ÷ 직접노무시간당 표준임률

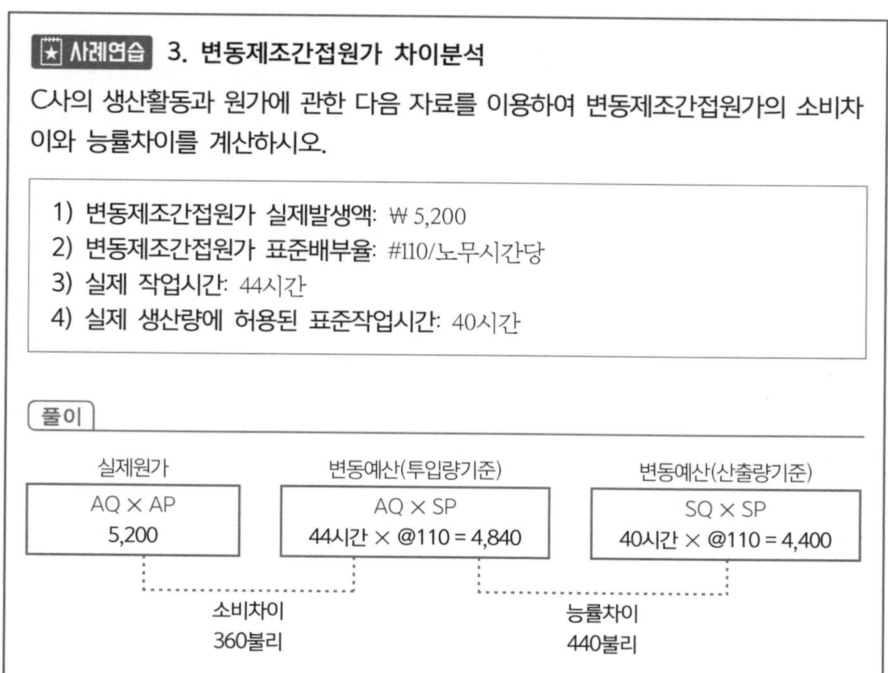

**사례연습 3. 변동제조간접원가 차이분석**

C사의 생산활동과 원가에 관한 다음 자료를 이용하여 변동제조간접원가의 소비차이와 능률차이를 계산하시오.

1) 변동제조간접원가 실제발생액: ₩5,200
2) 변동제조간접원가 표준배부율: #110/노무시간당
3) 실제 작업시간: 44시간
4) 실제 생산량에 허용된 표준작업시간: 40시간

풀이



## 4. 고정제조간접원가 차이분석

(1) 고정제조간접원가 차이는 실제발생한 원가와 각 제품에 배부된 원가와의 차이를 의미한다. 고정제조간접원가는 원가의 성격이 조업도에 관계없이 일정액이 발생하므로 그 분석에 있어서 주의하여야 한다. 변동제조간접원가는 투입과 산출 사이에 비례 관계가 존재하므로 원가통제목적을 위한 변동예산과 재공품에 배부되는 금액이 일치한다. 하지만 고정제조간접원가는 투입과 산출 간에 비례관계가 성립하지 않으므로, 원가통제 목적상으로는 고정제조간접원가 예산을 사용하지만 제품원가계산 목적으로 고정제조간접원가 표준 배부율을 사용하여 일치하지 않는다.

(2) 고정제조간접원가차이는 예산차이와 조업도차이로 구분된다. 고정제조간접원가 예산차이는 실제발생액과 고정제조간접원가 예산과의 차이를 의미한다. 고정제조간접원가차이는 가격차이와 능률차이를 분류하지 않고 예산과 실제발생액과의 차이 전액을 예산차이로 처리한다.

(3) 조업도차이는 고정제조간접원가가 일정액이 발생하는 고정성을 가지면서도 각 제품에 배부할 때에 변동원가처럼 일정한 배분율에 따라서 배분되어야 하는 특성에서 발생한다. 정리하면 고정원가예산을 기준조업도(배부기준)로 나누어 배부율을 계산하므로 당기의 조업도가 기준조업도보다 높거나 낮을 경우 배부액과 예산과의 차이가 생기면서 이러한 차이를 조업도차이라도 한다.

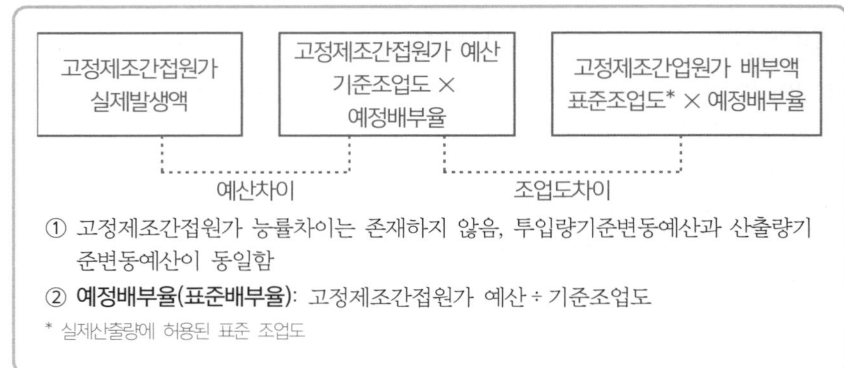

고정제조간접원가
실제발생액
고정제조간접원가 예산
기준조업도 ×
예정배부율
고정제조간업원가 배부액
표준조업도* × 예정배부율
예산차이
조업도차이
① 고정제조간접원가 능률차이는 존재하지 않음, 투입량기준변동예산과 산출량기준변동예산이 동일함
② 예정배부율(표준배부율): 고정제조간접원가 예산 ÷ 기준조업도
* 실제산출량에 허용된 표준 조업도


**사례연습** **4. 고정제조간접원가 차이분석**

D사는 표준원가계산제도를 채택하고 있으며, 기계작업시간을 기준으로 고정제조간접원가를 제품에 배부한다. 다음 자료를 이용하여 고정제조간접원가의 예산차이와 조업도차이를 구하시오.

1) 기계작업시간당 고정제조간접원가 표준배부율: ₩ 20
2) 실제생산량: 1,000단위
3) 제품 단위강 표준기계작업시간: 3시간
4) 기준조업도: 2,000시간
5) 고정제조간접비 실제발생액: ₩ 25,000

풀이

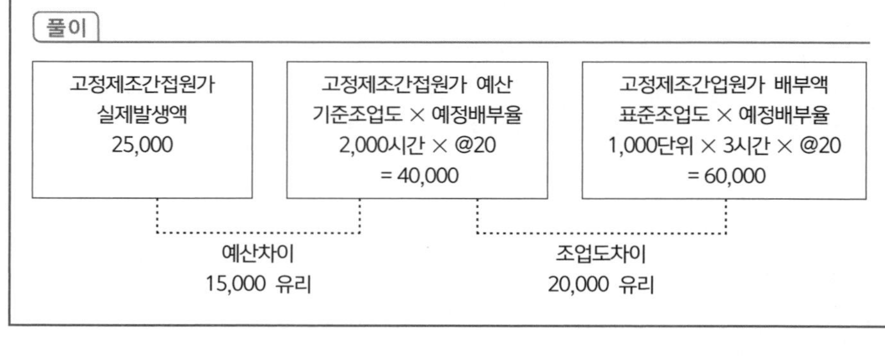

# 확인 문제

**01** ㈜한국의 당기 실제 제품 생산량은 400개, 직접노무비 실제발생액은 ₩31,450, 제품 단위당 표준 직접노동시간은 5시간이다. 표준원가계산하에서 계산된 직접노무비 임률차이는 ₩3,700 불리한 차이, 직접노무비 능률차이는 ₩2,250 유리한 차이이다. 직접노무비의 시간당 표준임률은? 2019년 국가직 7급

① ₩14
② ₩15
③ ₩16
④ ₩17

**02** ㈜서울의 표준원가계산자료는 <보기>와 같다. 당기 중의 실제직접노무시간은? 2019년 서울시 7급

<보기>

| | | | |
|---|---|---|---|
| • 실제제품생산량 | 10,000개 | • 실제직접노무원가총액 | ₩5,000,000 |
| • 제품단위당 표준직접노무시간 | 10시간 | • 직접노무원가 임률차이(유리한 차이) | ₩720,000 |
| • 직접노무원가 능률차이(불리한 차이) | ₩520,000 | | |

① 100,000시간
② 110,000시간
③ 120,000시간
④ 130,000시간

정답 및 해설

**01**
1) AQ × AP = 31,450
2) AQ × SP = 31,450 − 3,700(불리) = 27,750
3) SQ × SP = 27,750 + 2,250(유리) = 400개 × 5시간 × 15(역산)

**02**
1) AQ × AP = 5,000,000
2) AQ × SP = 5,000,000 + 720,000(유리) = 5,720,000
3) SQ × SP = 5,720,000 − 520,000(불리) = 10,000개 × 10시간 × 52(역산)

정답 01 ② 02 ②

**03** ㈜한국은 표준원가계산을 사용하고 있다. 다음 자료를 근거로 한 직접노무원가의 능률차이는?

2018년 국가직 9급

| | |
|---|---|
| • 실제 직접노동시간 | 7,000시간 |
| • 직접노무원가 임률차이 | ₩ 3,500(불리) |
| • 표준 직접노동시간 | 8,000시간 |
| • 실제 노무원가 총액 | ₩ 24,500 |

① ₩ 3,000(유리)
② ₩ 3,000(불리)
③ ₩ 4,000(유리)
④ ₩ 4,000(불리)

**04** 표준원가계산제도를 사용하고 있는 ㈜서울은 제품 단위당 표준 직접재료원가로 ₩ 200을 설정하였으며 단위당 표준 직접재료원가의 산정 내역과 2018년 3월 동안 제품을 생산하면서 집계한 자료는 <보기>와 같다. ㈜서울의 직접재료원가 변동예산 차이에 대한 설명으로 가장 옳지 않은 것은?

2018년 서울시 9급

<보기>

| 직접재표 표준원가 산정내역 | 실제 재품생산관련 자료 |
|---|---|
| • 제품 단위당 직접재료 표준사용량: 10kg | • 제품 생산량: 100단위<br>• 실제 직접재료 사용량: 1,050kg |
| • 직접재료의 표준가격: ₩ 20/kg | • 실제 직접재료원가: ₩ 20,600 |

① 총변동예산 차이는 ₩ 600(불리한 차이)이다.
② 가격차이는 ₩ 400(유리한 차이)이다.
③ 능률차이는 ₩ 1,000(불리한 차이)이다.
④ 총변동예산 차이는 ₩ 600(유리한 차이)이다.

**05** 제품 100개를 생산할 때 총직접노동시간은 500시간이 걸릴 것으로 추정하고 있으며, 표준임률은 시간당 ₩200이다. 당기실제생산량은 120개였고 실제작업시간은 600시간이었다. 당기에 ₩15,000의 불리한 임률 차이가 발생하였다면, 실제 임률은?

2018년 지방직 9급

① ₩225
② ₩205
③ ₩195
④ ₩175



정답 및 해설

03
1) AQ × AP = 24,500
2) AQ × SP = 24,500 - 3,500(불리) = 7,000시간 × 3(역산)
3) SQ × SP = 8,000시간 × 3 = 21,000 + 3,000(유리 - 역산)

04
1) AQ × AP: 20,600
2) AQ × SP: 1,050Kg × 20 = 21,000
3) SQ × SP: 100개 × 10Kg × 20 = 20,000
4) 가격차이: 20,600 - 21,000 = 400 유리
5) 능률차이: 21,000 - 20,000 = 1,000 불리
6) 총차이: 20,600 - 20,000 = 600 불리

05
1) AQ × SP = 600시간 × 200 = 120,000
2) AQ × AP = 120,000 + 15,000(불리) = 135,000 = 600시간 × 225(역산)

정답 03 ① 04 ④ 05 ①

**06** ㈜한국은 표준원가계산제도를 적용하고 있으며, 직접노무원가와 관련된 자료는 다음과 같다.

- 표준직접노동시간: 1,000 시간
- 실제발생 직접노무원가: ₩364,800
- 임률차이(불리한 차이): ₩9,600
- 실제직접노동시간: 960시간
- 능률차이(유리한 차이): ₩14,800

직접노무원가 시간당 표준임률은? 2022년 지방직 9급

① ₩240
② ₩350
③ ₩370
④ ₩380

**07** ㈜한국의 4월 직접재료원가에 대한 자료는 다음과 같다. 4월의 유리한 재료수량차이(능률차이)는? 2017년 지방직 9급

- 실제 재료구매량: 3,000 kg
- 실제 재료구입단가: ₩310/kg
- 불리한 재료가격차이(구입시점기준): ₩30,000
- 실제생산에 대한 표준재료투입량: 2,400 kg
- 실제 재료사용량: 2,200 kg

① ₩50,000
② ₩55,000
③ ₩60,000
④ ₩65,000

**08** ㈜한국은 표준원가계산제도를 적용하고 있으며, 당기 변동제조간접원가 예산은 ₩ 1,500,000, 고정제조간접원가 예산은 ₩ 2,000,000이다. ㈜한국의 제조간접원가 배부율을 구하기 위한 기준조업도는 1,000기계시간이며, 당기 실제 기계시간은 800시간이었다. 변동제조간접원가 능률차이가 ₩ 75,000 불리한 것으로 나타났다면, 고정제조간접원가 조업도차이는?

2021년 국가직 9급

① ₩ 250,000 유리한 차이
② ₩ 250,000 불리한 차이
③ ₩ 500,000 유리한 차이
④ ₩ 500,000 불리한 차이





정답 및 해설

**06**

1) AQ × AP = 364,800
2) AQ × SP = 364,800 - 9,600 = 355,200 = 960시간 × @370(역산)

**07**

| AQ × AP | AQ × SP |
|---|---|
| 3,000kg × 310 = 930,000 | 3,000kg × 300 = 900,000 |
| 구입가격차이: 30,000 불리 | |

| AQ × SP | SQ × SP |
|---|---|
| 2,200kg × 300 = 660,000 | 2,400kg × 300 = 720,000 |
| 수량차이: 60,000 유리 | |

**08**

1) 변동제조간접비
  (1) SP: 1,500,000/1,000시간 = 1,500
  (2) AQ(800시간) × SP(1,500) = 1,200,000
  (3) SQ × SP = 1,200,000 - 75,000(불리한차이) = SQ × SP(1,500), SQ = 750시간

2) 고정제조간접비
  (1) SP: 2,000,000/1,000시간 = 2,000
  (2) 조업도차이: 2,000,000 - 750시간 × 2,000 = 500,000불리한 차이

정답 06 ③ 07 ③ 05 ④

# CHAPTER 09 원가추정

## 1 원가추정의 의의

원가추정이란 조업도(독립변수)와 원가(종속변수) 사이의 관계를 규명하여 원가함수를 추정(원가행태결정)하는 것을 말하며, 원가추정의 목적은 계획과 통제 및 의사결정에 유용한 미래원가를 추정하기 위한 것이다.

### 1. 전통적인 원가함수

(1) 전통적인 원가함수를 통한 원가를 추정한다고 하는 것은 고정비와 단위당 변동비가 얼마인지를 파악하는 것이다. 또한 이를 이용하여 추정된 원가함수를 통해 특정 조업도에 따른 총원가도 파악할 수 있다.

(2) 실제로 원가발생에 영향을 미치는 요인은 여러 가지이고 복잡하지만 원가함수에서는 다음의 두 가지 가정하에 결정하므로 일차함수로 표현할 수 있다.
① 총원가는 하나의 조업도의 변화로 설명될 수 있다.
② 일정한 관련범위 내에서는 총원가가 조업도의 선형함수로 표시될 수 있다.

(3) 일반적으로 원가는 변동원가와 고정원가가 혼합되어 있으며 이를 표현하는 가장 일반적인 선형 원가함수식과 관련된 그래프는 아래와 같다.

총원가 = (단위당원가 × 생산량) + 고정비

$$Y = ax + b$$

① Y: 총원가 추정치
② x: 조업도
③ a: 조업도 단위당 변동원가 추정치
④ b: 총고정원가 추정치

### 2. 활동기준원가계산하의 원가함수

$$Y = b + a1 \times 1 + a2 \times 2 + \cdots$$

① Y: 총원가 추정치
② x: 원가동인
③ a: 원가동인 단위당 변동활동원가 추정치
④ b: 총고정활동원가 추정치

**사례연습 1. 원가함수**

서울모터의 원가담당자는 원가를 분석한 결과 고정비 ₩500,000 단위당 변동비 ₩50,000인 것으로 파악하였다. 서울모터의 원가함수를 구하고 이 원가함수를 바탕으로 생산량이 10단위일 때의 총원가를 예측하시오.

**풀이**

Y = 50,000X + 500,000
생산량이 10단위일 때 총원가: 50,000 × 10단위 + 500,000 = 1,000,000

## 2 원가의 추정방법

원가함수의 a, b의 값을 추정하는 방법이다.

| 구분 | 의의 | 장점 | 단점 |
|---|---|---|---|
| 공학적 방법 | 투입과 산출 사이의 관계를 계량적으로 분석하여 원가함수를 추정하는 방법 | • 정확성이 높음<br>• 과거의 원가 자료를 이용할 수 없는 경우에도 사용 가능 | • 제조간접원가의 추정에는 적용이 힘듬<br>• 시간과 비용이 많이 소요 |
| 계정 분석법 | 분석자의 전문적 판단에 따라 각 계정과목에 기록된 원가를 변동원가와 고정원가로 분석하여 원가함수를 추정하는 방법 | 시간과 비용이 적게 소요 | • 단일기간의 원가자료를 이용하기 때문에 비정상적인 상황이 반영될 수 있음<br>• 분석자의 주관적 판단이 개입됨 |
| 산포도법 | 조업도와 원가의 실제치를 도표에 점으로 표시하고 눈대중으로 이러한 점들을 대표하는 원가추정선을 도출하여 원가함수를 추정하는 방법 | • 적용이 간단하고 이해하기 쉬움<br>• 시간과 비용이 적게 소요<br>• 예비적 검토 | 분석자의 주관적 판단이 개입됨 |
| 고저점법 | 최고조업도와 최저조업도의 원가자료를 이용하여 원가함수를 추정하는 방법 | 객관적임 | • 비정상적인 결과를 도출할 수 있음<br>• 원가함수가 모든 원가자료를 대표하지 못함 |
| 회귀 분석법 | 독립변수가 한 단위 변화함에 따른 종속변수의 평균적 변화량을 측정하는 통계적방법에 의하여 원가함수를 추정하는 방법 | • 정상적인 원가자료를 모두 이용<br>• 객관적임<br>• 다양한 통계자료를 제공<br>• **결정계수($R^2$)**: 0 ~ 1의 값을 가지며 1에 가까울수록 독립변수가 종속변수의 변동을 잘 설명해줌 | • 통계적 가정이 충족되지 않을 경우에는 무의미한 결과가 산출됨<br>• 적용이 복잡하고 이해하기 어려움 |

공학적 방법을 제외한 나머지 모든 방법은 과거원가를 이용하여 원가함수를 추정하는 방법이다.

### 사례연습 2. 계정분석법

㈜도도전기의 원가담당자는 20×1년 계정분석을 통해 아래와 같은 자료를 구하였다.

| 계정명 | 변동비 | 고정비 | 합계 |
|---|---|---|---|
| 직접재료비 | ₩1,000,000 | ₩0 | ₩1,000,000 |
| 간접재료비 | 100,000 | 200,000 | 300,000 |
| 직접노무비 | 400,000 | 0 | 400,000 |
| 감가상각비 | 0 | 200,000 | 200,000 |
| 합계 | 1,500,000 | 400,000 | 1,900,000 |

20×1년의 생산량은 40단위였다.

[물음 1] 단위당 변동비를 구하시오.

[물음 2] 원가함수를 추정하시오

[물음 3] 20×2년의 예상생산량이 200단위일 때 총원가를 추정하시오

풀이

[물음 1]
1,500,000 / 40 단위 = 37,500

[물음 2]
Y = 37,500X + 400,000

[물음 3]
37,500 × 200단위 + 400,000 = 7,900,000

### 참고 | 고저점법에 의한 원가 추정

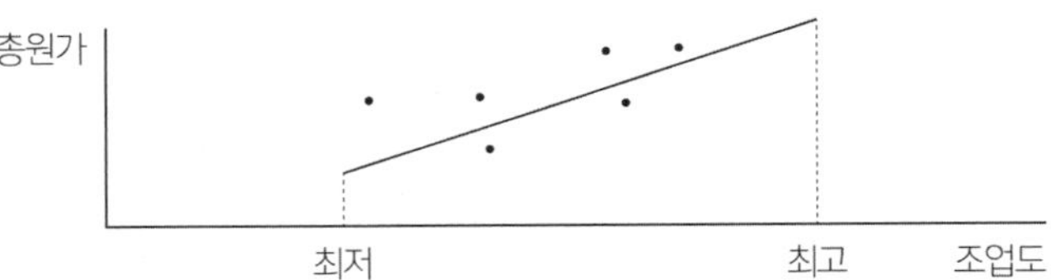


1. 조업도 단위당 변동원가(b)
   = (최고조업도 총원가 – 최저조업도 총원가) ÷ (최고조업도 – 최저조업도)
2. 총고정원가
   = 최고조업도의 총원가 – 조업도 단위당 변동원가 × 최고조업도
   = 최저조업도의 총원가 – 조업도 단위당 변동원가 × 최저조업도

**사례연습 3. 고저점법**

㈜최신의 작업준비활동의 원가동인은 작업준비시간이다. 다음은 과거 4개월 동안의 작업준비활동에 관련된 자료이다.

| 월 | 작업준비원가 | 작업준비시간 |
|---|---|---|
| 2 | ₩ 75,000 | 500시간 |
| 3 | 126,000 | 900시간 |
| 4 | 119,000 | 700시간 |
| 5 | 62,000 | 400시간 |

6월에 종업원의 임금 인상으로 인해 작업준비시간당 변동작업원가가 20% 증가할 것으로 예상된다. 6월의 예상 작업준비시간이 750시간이라면 작업준비원가는 얼마인가?

풀이

1) 작업준비시간당 변동작업준비원가(b): (126,000 − 62,000) ÷ (900시간 − 400시간)
   = 128/시간
2) 월간 고정작업준비원가(a): 62,000 − 128 × 400시간 = 10,800
   ⇒ 6월작업준비원가: 128 × (1 + 20%) × 750시간 + 10,800 = 126,000

## 3 학습곡선

### 1. 학습곡선의 정의

학습곡선이란 학습효과(생산량이 증가함에 따라 단위당 직접노무시간 또는 단위당 직접노무원가가 체계적으로 감소하는 효과)를 고려하여 추정한 비선형 원가함수를 말한다.

### 2. 학습효과

학습효과란 생산량이 늘어날수록 변동비가 줄어드는 효과를 말한다. 학습효과는 학습률이라는 지표로 표시를 한다. 예를 들어 학습률이 90%라는 것은 단위당 변동비가 최초 대비 90%가 되었다는 것을 의미한다.

| 구분 | 학습효과 |
|---|---|
| 직접재료비 | × |
| 직접노무비 | ○ |
| 변동제조간접비 − 직접재료비에 비례 | × |
| 변동제조간접비 − 직접노무비에 비례 | ○ |
| 고정제조간접비 | × |

### 3. 학습곡선의 모형

#### (1) 누적평균시간 학습곡선

누적생산량이 두 배가 될 때마다 단위당 누적평균시간(원가)이 학습률 수준으로 감소하는 학습곡선이다.

**90% 누적평균시간 학습곡선**

| 누적생산량(X) | | 단위당 누적평균시간(Y) | | 총누적시간(XY) |
|---|---|---|---|---|
| 1개 | ↓ × 2 | 100시간 | ↓ × 0.9 | 100시간 |
| 2개 | | 90시간 | | 180시간 |
| 3개 | ↓ × 2 | ? | ↓ × 0.9 | ? |
| 4개 | | 81시간 | | 324시간 |

#### (2) 증분단위시간 학습곡선

누적생산량이 두 배가 될 때마다 증분단위시간(원가)이 학습률 수준으로 감소하는 학습곡선이다.

**사례연습 4. 누적평균시간 학습곡선**

A회사는 당기 초에 신제품의 개발을 완료하여 생산에 착수하였다. 신제품을 생산하는 데 소요되는 직접노무시간은 80%의 학습곡선이 적용될 수 있다고 한다. 1월에 신제품 첫 100단위를 생산하는 데 총 5,000시간의 직접노무시간이 소요되었다. 2월에 추가로 700단위를 생산할 예정이라면 2월의 예상 직접노무시간은 몇 시간인가?

풀이

| 누적생산량(X) | | 단위당 누적평균시간(Y) | | 총누적시간(XY) |
|---|---|---|---|---|
| 100단위 | ↓ × 2 | 50시간 | ↓ × 0.8 | 5,000시간 |
| 200단위 | ↓ × 2 | 40시간 | ↓ × 0.8 | ↓ 15,480시간 |
| 400단위 | ↓ × 2 | 32시간 | ↓ × 0.8 | |
| 800단위 | | 25.6시간 | | 20,480시간 |

# 확인 문제

**01** ㈜한국은 단일제품을 생산·판매하고 있으며 제품 1단위를 생산하는 데 11시간의 직접노무시간을 사용하고 있고, 제품 단위당 변동판매관리비는 ₩25이다. ㈜한국의 총제조원가에 대한 원가동인은 직접노무시간이고, 고저점법에 의하여 원가를 추정하고 있다. 제품의 총제조원가와 직접노무시간에 대한 자료는 다음과 같다.

| 구분 | 총제조원가 | 직접노무시간 |
|---|---|---|
| 1월 | ₩14,000 | 120시간 |
| 2월 | ₩17,000 | 100시간 |
| 3월 | ₩20,000 | 135시간 |
| 4월 | ₩19,000 | 150시간 |

㈜한국이 5월에 30단위의 제품을 단위당 ₩500에 판매한다면 총공헌이익은? 2020년 국가직 7급

① ₩850
② ₩1,050
③ ₩1,250
④ ₩1,450



정답 및 해설

01

1) 직접노무시간당 제조원가: (19,000 − 17,000) ÷ (150 − 100) = @40/시간당
2) 총공헌이익: 30단위 × [@500 − (@40 × 11시간 + @25)] = 1,050

정답 01 ②

**02** ㈜한국의 최근 2년간 생산량과 총제품제조원가는 다음과 같다. 2년간 고정원가와 단위당 변동원가는 변화가 없었다. 2013년도에 고정원가는 10% 증가하고 단위당 변동원가가 20% 감소하면, 생산량이 500개일 때 총제품제조원가는?

2014년 국가직 9급

| 연도 | 생산량 | 총제품제조원가 |
|---|---|---|
| 2011 | 100개 | ₩30,000 |
| 2012 | 300개 | ₩60,000 |

① ₩76,500
② ₩75,500
③ ₩94,500
④ ₩70,000

**03** ㈜율촌은 20×1년 초에 개발한 전기자동차는 학습곡선이 적용된다. 이 전기자동차를 최초 2대 생산하는데 총 ₩1,000,000의 직접노무원가가 발생하고, 추가로 2대를 더 생산하면 ₩600,000의 직접노무원가가 추가 발생할 것으로 예상하고 있다. ㈜율촌은 전기자동차 1대당 직접재료원가가 ₩1,500,000일 것으로 예상하고 있고, 변동제조간접원가는 직접노무원가의 50%를 배부할 예정이다. 20×1년 예상하는 주문량은 총 8척이다. ㈜율촌은 변동제조원가에 20%의 이익을 가산한 가격으로 납품할 계획이다. 전기자동차 총 8대의 예상되는 납품가격은 얼마인가?

① ₩17,560,000
② ₩17,840,000
③ ₩19,008,000
④ ₩19,984,000

**04** ㈜대한은 상품운반용 신제품 드론 1대를 생산하였다. 1대를 생산하는 데 소요되는 원가자료는 다음과 같다.

| | |
|---|---|
| • 직접재료원가 | ₩ 80,000 |
| • 직접노무시간 | 100시간 |
| • 직접노무원가 | ₩ 1,000/직접노무시간 |
| • 변동제조간접원가 | ₩ 500/직접노무시간 |

직접노무시간에 대해 80 % 누적평균시간 학습모형이 적용될 때, 드론 3대를 추가로 생산할 경우 발생할 제조원가는? (단, 추가 생산 시 단위당 직접재료원가, 직접노무원가, 변동제조간접원가의 변동은 없으며, 고정제조간접원가는 발생하지 않는다)

2021년 국가직 7급

① ₩ 234,000
② ₩ 318,000
③ ₩ 396,000
④ ₩ 474,000

정답 및 해설

**02**

1) 저점: 30,000 = 100a + b
2) 고점: 60,000 = 300a + b
 a = 150, b = 15,000
3) 원가함수: Y = 150X + 15,000
4) 2013년 원가함수: Y = 120X + 16,500
5) 생산량 500개일 경우 총제품제조원가: 120 × 500 + 16,500 = 76,500

**03**

| 누적생산량(X) | | 단위당 누적평균원가(Y) | | 총누적시간(XY) |
|---|---|---|---|---|
| 2대 | × 2 | ₩ 500,000 | ↓ × 0.8[*2] | ₩ 1,000,000 |
| 4대 | | 400,000[*1] | | 1,600,000 |
| 8대 | ↓ × 2 | 320,000 | ↓ × 0.8 | 2,560,000 |

[*1] 단위당 누적평균원가: 1,600,00/4대 = 400,000/대
[*2] 학습률(K): 500,000 × K = 400,000, K = 0.8
⇒ 납품가격: (12,000,000 + 2,560,000 + 1,280,000) × (1 + 20%) = 19,008,000
1) 직접재료원가: 8대 × 1,500,000 = 12,000,000
2) 직접노무원가: 2,560,000
3) 변동제조간접원가: 2,560,000 × 50% = 1,280,000

**04**

(1) 노무시간
 1대: 100시간
 2대: 100시간 × 80% = 80시간
 4대: 100시간 × 80% × 80% = 64시간
(2) 직접재료비: 3대 × 80,000 = 240,000
(3) 직접노무비: (64시간 × 4대 - 100시간) × 1,000 = 156,000
(4) 변동제조간접비: (64시간 × 4대 - 100시간) × 500 = 78,000
(5) 제조원가: (2) + (3) + (4) = 474,000

정답 02 ① 03 ③ 04 ④

**05** 다음은 20×1년 ㈜한국의 기계가동시간과 제조간접원가에 대한 분기별 자료이다.

| 분기 | 기계가동시간 | 제조간접원가 |
|---|---|---|
| 1 | 5,000시간 | ₩ 256,000 |
| 2 | 4,000시간 | ₩ 225,000 |
| 3 | 6,500시간 | ₩ 285,000 |
| 4 | 6,000시간 | ₩ 258,000 |

㈜한국은 고저점법을 이용하여 원가를 추정하며, 제조간접원가의 원가동인은 기계가동시간이다. 20×2년 1분기 기계가동시간이 5,500시간으로 예상될 경우, 제조간접원가 추정 금액은? 2022년 국가직 9급

① ₩ 252,000
② ₩ 258,500
③ ₩ 261,000
④ ₩ 265,000

**06** ㈜대한은 상품운반용 신제품 드론 1대를 생산하였다. 1대를 생산하는 데 소요되는 원가자료는 다음과 같다.

| | |
|---|---|
| • 직접재료원가 | ₩ 80,000 |
| • 직접노무시간 | 100시간 |
| • 직접노무원가 | ₩ 1,000/직접노무시간 |
| • 변동제조간접원가 | ₩ 500/직접노무시간 |

직접노무시간에 대해 80% 누적평균시간 학습모형이 적용될 때, 드론 3대를 추가로 생산할 경우 발생할 제조원가는? (단, 추가 생산 시 단위당 직접재료원가, 직접노무원가, 변동제조간접원가의 변동은 없으며, 고정제조간접원가는 발생하지 않는다)

2021년 국가직 7급

① ₩ 234,000
② ₩ 318,000
③ ₩ 396,000
④ ₩ 474,000



정답 및 해설

**05**

1) 단위당변동비: (285,000 – 225,000)/(6,500시간 – 4,000시간) = ₩ 24
2) 고정비(129,000): 4,000시간 × ₩ 24 + 고정비 = 225,000
3) 20 × 2년 1분기 제조간접원가: 5,500시간 × ₩24 + 129,000 = 261,000

**06**

(1) 노무시간
1대: 100시간
2대: 100시간 × 80% = 80시간
4대: 100시간 × 80% × 80% = 64시간
(2) 직접재료비: 3대 × 80,000 = 240,000
(3) 직접노무비: (64시간 × 4대 – 100시간) × 1,000 = 156,000
(4) 변동제조간접비: (64시간 × 4대 – 100시간) × 500 = 78,000
(5) 제조원가: (2) + (3) + (4) = 474,000

정답 05 ③ 06 ④

# CHAPTER 10 CVP분석

## 1 CVP분석의 의의와 가정

### 1. CVP분석의 기본개념

원가·조업도·이익분석(COST – VOLUME – PROFIT ANALYSIS: CVP분석)은 조업도의 변동이 수익, 원가 및 이익에 미치는 영향을 분석하는 기법으로 단기이익계획수립에 주로 사용된다.

**CVP분석이 사용되는 예**

① 수익과 원가가 동일하게 되는 판매량 산정
② 판매량 10% 증가 시 이익의 증가량 산정
③ 10억 원의 이익을 달성하기 위해서 필요한 매출액 산정

### 2. CVP분석의 기본가정

CVP분석을 위해서는 다음과 같은 몇 가지 제한된 가정이 필요하다.

① 모든 원가는 변동원가와 고정원가로 구분된다.
② 조업도만이 원가에 영향을 미친다.
③ 수익과 원가의 행태는 확실히 결정(확실성의 가정)되어 있으며, 관련범위 내에서 선형이다(선형성의 가정). 즉, 단위당 판매가격, 단위당 변동원가, 총고정원가가 확실하며 관련 범위 내에서 일정하다.
④ 생산량과 판매량이 일치한다(동시성의 가정).
⑤ 단일제품만 판매하거나 복수제품을 판매할 경우에는 매출배합이 일정하다.
⑥ 분석기간이 단기간이다.

## 2 CVP분석의 기본개념

관리회계 목적의 손익계산서에서는 변동비와 고정비의 분류가 중요하여 다음과 같이 손익계산서가 작성된다.

| 매출액 | ×× |
|---|---|
| **변동비** | (××) |
| 공헌이익 | ×× |
| **고정비** | (××) |
| 손익 | ×× |

## 1. 공헌이익

공헌이익이란 매출액에서 변동비를 차감한 금액을 말한다. 매출액 중에서 변동비를 초과한 부분을 의미하므로 조업도가 증가함에 따라 공헌이익은 일정하게 증가하게 되며 공헌이익이 고정비보다 커지면 이익이 발생한다.

공헌이익: 매출액 − 변동비

### (1) 등식법에 의한 공헌이익(문제풀이 시 복잡한 경우에 적용)

공헌이익이 고정비보다 크면 영업이익이 발생하고, 공헌이익이 고정비보다 작으면 영업손실, 그리고 공헌이익과 고정비가 같을 때는 영업이익이 0이 되어 손익분기점(BEP)이 된다.

① 매출액 = 변동원가 + 고정원가 + 이익
  ⇒ 판매량 × 단위당 판매가격 = 판매량 × 단위당 변동원가 + 고정원가 + 이익
  ⇒ 매출액 = 매출액 × 변동원가율 + 고정원가 + 이익

② 공헌이익(매출액 − 변동원가) = 고정원가 + 이익
  ⇒ 판매량 × 단위당 공헌이익 = 고정원가 + 이익
  ⇒ 매출액 × 공헌이익률 = 고정원가 + 이익

### (2) 공헌이익법에 의한 공헌이익(문제풀이 시 간단한 경우에 적용)

단위당 공헌이익은 단위당 판매가격에서 단위당 변동비를 차감한 금액이며 제품 한 개를 판매할 때마다 증가하는 이익을 의미한다.

① $\text{판매량} = \dfrac{\text{고정원가} + \text{이익}}{\text{단위당 공헌이익}}$

② $\text{매출액} = \dfrac{\text{고정원가} + \text{이익}}{\text{공헌이익률}}$

**참고 | 변동원가율과 공헌이익률**

1. **변동원가율**
   = 변동원가 / 매출액 = 단위당 변동원가 / 단위당 판매가격
2. **공헌이익률**
   = 공헌이익 / 매출액 = 단위당 공헌이익 / 단위당 판매가격

⇒ 변동원가율 + 공헌이익률 = 1

## CVP분석 도표

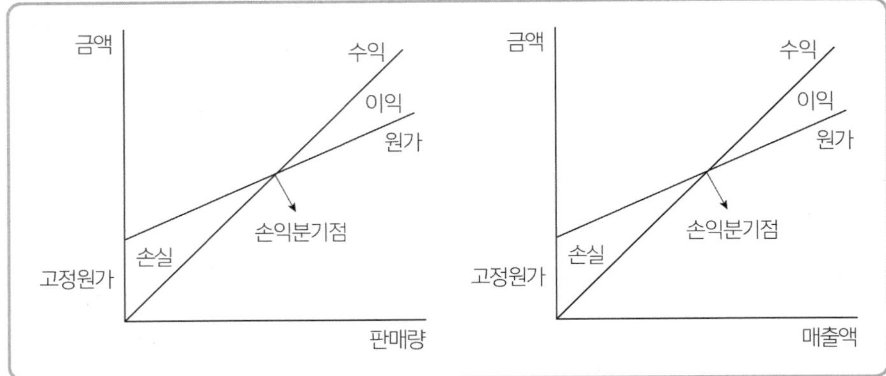


**사례연습 1. 변동원가손익계산서**

A회사는 단위당 판매가격이 ₩50인 자동차를 생산·판매하고 있다. 회사는 올해 40,000척의 선박을 판매한다는 기준으로 다음과 같이 예산을 책정하였다.

| | | |
|---|---|---|
| 매출액 | | ₩2,000,000 |
| 매출원가 | | |
| 직접재료비 | 600,000 | |
| 직접노무비 | 200,000 | |
| 변동제조간접비 | 100,000 | |
| 고정제조간접비 | 400,000 | (1,300,000) |
| 매출총이익 | | 700,000 |
| 판매관리비 | | |
| 변동판매관리비 | 100,000 | |
| 고정판매관리비 | 100,000 | (200,000) |
| 영업이익 | | 500,000 |

[물음 1] 공헌이익과 단위당 공헌이익을 계산하시오.

[물음 2] 공헌이익률과 변동비율을 계산하시오.

**풀이**

[물음 1]

1) 변동비: 600,000 + 200,000 + 100,000 + 100,000 = 1,000,000

2) 고정비: 400,000 + 100,000 = 500,000

⇒ 공헌이익: 2,000,000 - 1,000,000 = 1,000,000

⇒ 단위당 공헌이익: 1,000,000 / 40,000척 = 25

[물음 2]

1) 공헌이익률: 1,000,000/2,000,000 = 25/50 = 0.5

2) 변동비율: 1 - 0.5 = 1,000,000 / 2,000,000 = 25/50 = 0.5

## 3 기본적인 CVP분석

### 1. 손익분기점 CVP분석

손익분기분석이란 영업이익이 '0'이 되는 손익분기점을 찾는 분석기법이다. 즉, 수익과 원가가 일치하는 판매량 또는 매출액을 말한다.

① 매출액 = 변동원가 + 고정원가
② 공헌이익 = 고정원가 + 이익 (손익분기점: 공헌이익 = 고정원가)
⇒ 손익분기점 판매량 = 고정원가 / 단위당 공헌이익
⇒ 손익분기점 매출액 = 고정원가 / 공헌이익률

**사례연습 2. 손익분기점 CVP분석**

**다음 각 상황에 따라 물음에 답하시오.**

[물음 1] A회사는 단위당 판매가격이 ₩50이고 단위당 변동비가 ₩20인 제품을 생산판매하고 있다. A회사의 고정비가 ₩3,000일 때 손익분기점 판매량을 구하시오.

[물음 2] B회사는 단위당 판매가격이 ₩40이고 변동비율이 20%인 제품을 생산판매하고 있다. 고정비가 ₩2,400일 때 손익분기점 판매량을 구하시오.

[물음 3] C회사는 변동비율이 40%인 제품을 생산판매하고 있다. 연간 고정비가 ₩3,600일 때 손익분기점 매출액을 구하시오.

**풀이**

[물음 1]
손익분기점 판매량: 고정비 3,000 ÷ 단위당 공헌이익 (50 - 20) = 100개

[물음 2]
1. 단위당 공헌이익: 판매가격 40 × 공헌이익률 (1 - 20%) = 32
2. 손익분기점판매량: 고정비 2,400 ÷ 단위당 공헌이익 32 = 75개

[물음 3]
손익분기점 매출액: 고정원가 3,600 ÷ 공헌이익률 (1 - 40%) = 6,000

### 2. 목표이익 CVP분석

CVP분석은 손익분기분석뿐만아니라 목표이익을 달성하는데 필요한 판매량이나 매출액 계산에도 활용할 수 있다.

① 매출액 = 변동원가 + 고정원가 + 목표이익
② 공헌이익 = 고정원가 + 목표이익
⇒ 목표판매량 = (고정원가 + 목표이익) / 단위당 공헌이익
⇒ 목표매출액 = (고정원가 + 목표이익) / 공헌이익률

**참고** 세후목표이익은 세전목표이익으로 바꾸어 대입 ⇒ 세전목표이익 = 세후목표이익 / (1 - 세율)

**사례연습** **3. 목표이익 CVP분석**

**다음 각 상황에 따라 물음에 답하시오.**

[물음 1] A회사는 단위당 판매가격이 ₩30이고 단위당 변동비가 ₩20인 제품을 생산판매하고 있다. 고정비는 ₩10,000이고 목표 영업이익이 ₩10,000일 때 목표판매량을 구하시오.

[물음 2] B회사는 변동비율이 40%인 제품을 생산판매하고 있다. 연간 고정비가 ₩100,000일 때 ₩20,000의 영업이익을 달성하기 위한 목표매출액을 구하시오.

[물음 3] C회사의 단위당 판매가격이 ₩200이고 단위당 변동비가 ₩100인 기계를 생산판매하고 있다. 고정비는 ₩24,000이고 법인세율이 20%일 때 목표세후이익이 ₩20,000일 때 목표판매량을 구하시오.

풀이

[물음 1]
목표판매량: (고정원가 10,000 + 목표이익 10,000) / 단위당 공헌이익(30 - 20) = 2,000개

[물음 2]
목표매출액: (고정원가 100,000 + 목표이익 20,000) / 공헌이익률(1 - 40%) = 200,000

[물음 3]
1) 목표세전이익: 20,000 / (1 - 20%) = 25,000
2) 목표판매량: (고정비 24,000 + 목표세전이익 25,000) / (200 - 100) = 490개

### 3. 안전한계

안전한계란 실제 또는 예산매출액이 손익분기점 매출액을 초과하는 금액을 의미한다.

① 안전한계 = 매출액 - 손익분기점 매출액
② 안전한계율 = 안전한계 / 매출액 = 영업이익/공헌이익

안전한계 및 안전한계율은 기업의 안정성을 측정하는 지표로 사용된다. 안전한계가 크고 안전한계율이 높을수록 이익이 많이 난다고 할 수 있다.

**사례연습 4. 안전한계**

㈜서울은 단위당 판매가격이 ₩1,000이고 단위당 변동비가 ₩200인 제품을 생산 판매한다. 회사는 제품 500개을 판매한다는 것을 기준으로 올해의 예산을 다음과 같이 세웠다.

| | |
|---|---|
| 매출액 | ₩500,000 |
| 변동비 | (100,000) |
| 공헌이익 | 400,000 |
| 고정비 | (100,000) |
| 영업이익 | 300,000 |

[물음 1] 손익분기점매출액을 구하시오

[물음 2] 안전한계를 구하시오

[물음 3] 안전한계율을 구하시오

**풀이**

[물음 1] 손익분기점매출액: 고정비 100,000 / 공헌이익률(800 / 1,000) = 125,000

[물음 2] 안전한계: 매출액 500,000 − 손익분기점매출 125,000 = 375,000

[물음 3] 안전한계율: 0.75

* 안전한계 375,000 / 매출액 500,000 = 영업이익 300,000 / 공헌이익 400,000 = 0.75

## 4. 원가구조와 영업레버리지

원가구조란 원가총액에서 변동비와 고정비의 상대적인 구성관계를 의미한다. 원가구조가 다른 경우 매출액의 변동에 따른 영업이익의 변동은 서로 다르게 나타나게 된다.

### (1) 영업레버리지

고정원가로 인하여 매출액(판매량)의 변화율보다 영업이익의 변화율이 더 커지는 현상을 말한다.

### (2) 영업레버리지도(DOL)

원가구조(고정원가와 변동원가의 상대적 비율)에 따른 이익의 변동성을 측정하는 지표로서 영업레버리지도가 클수록 이익의 변동성이 커진다.

DOL = 영업이익의 변화율 / 매출액(판매량)의 변화율
= 공헌이익 / 영업이익 = 1 / 안전한계율

⇒ **영업이익증가율**: 매출액(판매량) 증가율 × 영업레버리지도

(3) 고정원가 비중이 커질수록 DOL이 커진다. 고정원가가 '0'이라면 기업의 DOL은 1이다. 호황기에는 고정원가 비중을 늘리는 것이 유리하고, 불황기에는 변동원가 비중을 늘리는 것이 유리하다.

(4) 영업레버리지도는 언제나 일정한 값을 갖는 것이 아니고 매출액이 변할 때마다 변동한다. DOL은 손익분기점 부근에서 영업이익이 '0'에 수렴하므로 가장 크고 매출액이 증가할수록 작아지는 특징이 있다.

**사례연습 5. 영업레버리지도**

서울회사와 대전회사의 손익계산서가 아래와 같을 때 각 물음에 답하시오.

| 구분 | 서울회사 | 대전회사 |
|---|---|---|
| 매출액 | ₩1,000,000 | ₩1,000,000 |
| 변동비 | 400,000 | 600,000 |
| 공헌이익 | 600,000 | 400,000 |
| 고정비 | 400,000 | 200,000 |
| 영업이익 | 200,000 | 200,000 |

[물음 1] 현재시점에서 각 회사의 DOL을 구하시오.

[물음 2] 각 회사의 매출액이 20% 변동될 경우 영업이익은 몇 % 변하게 되는지 DOL을 이용하여 계산하시오.

[물음 3] 서울회사의 매출액이 ₩4,000,000이 된 경우와 ₩6,000,000이 된 경우 각각의 DOL을 구하시오.

풀이

[물음 1]

| 구분 | 서울회사 | 대전회사 |
|---|---|---|
| DOL | 600,000/200,000 = 3 | 400,000/200,000 = 2 |

[물음 2]

| 구분 | 서울회사 | 대전회사 |
|---|---|---|
| 영업이익 변동율 | 20% × 3 = 60% | 20% × 2 = 40% |

[물음 3]

| 구분 | 매출액 ₩4,000,000 | 매출액 ₩6,000,000 |
|---|---|---|
| 매출액 | ₩4,000,000 | ₩6,000,000 |
| 변동비 | 1,600,000 | 2,400,000 |
| 공헌이익 | 2,400,000 | 3,600,000 |
| 고정비 | 400,000 | 400,000 |
| 영업이익 | 2,000,000 | 3,200,000 |
| DOL | 2,400,000/2,000,000 = 1.2 | 3,600,000/3,200,000 = 1.125 |

## 4 확장된 CVP분석

### 1. 현금흐름분기점

현금흐름분기점이란 현금의 유출과 현금의 유입이 같아지는 판매량 또는 매출액을 의미한다. 수익 및 비용 중 현금흐름이 반영되지 않는 항목(감가상각비 등)은 현금흐름에 반영하면 안 되며, 법인세가 있는 경우 법인세는 발생주의를 기준으로 산정함을 주의하여야 한다.

① 매출액 = 변동원가 + 현금고정원가 + 법인세
② 현금고정원가 = 고정원가 - 비현금고정원가(감가상각비)
③ 법인세 = (매출액 - 변동원가 - 고정원가) × 세율

**사례연습 6. 현금흐름분기점 분석**

**㈜현주는 단위당 판매가격이 ₩400이고 단위당 변동비가 ₩200인 제품을 생산판매한다. 연간 고정비는 ₩80,000이고, 이 중 ₩30,000이 감가상각비이다. 법인세율이 20%인 경우 현금흐름분기점 매출액은 얼마인가?**

풀이

공헌이익률: 200/400 = 50%

| 현금유입 | | 현금유출 | |
|---|---|---|---|
| 매출 | A | 변동비 | 0.5A |
| | | 현금고정비 | 80,000 - 30,000 |
| | | 법인세 | (A - 0.5A - 80,000) × 20% |
| 합계 | A | 합계 | 0.6A + 34,000 |

A = 0.6A + 34,000, A = 85,000

### 2. 복수제품의 CVP분석

(1) 대부분의 기업들은 여러 종류의 제품을 생산한다. 복수제품의 CVP분석에서는 총판매수량 중 각 제품이 차지하는 비율을 의미하는 매출배합과 총매출액에서 각 제품의 매출액이 차지하는 비율인 매출액구성비는 판매량에 관계없이 일정하다고 가정한다.

(2) 복수제품들의 매출배합(판매량의 상대적 비율)이 제시된 경우에는 판매량을 구하는데 이용하고, 매출구성비(매출액의 상대적 비율)이 제시된 경우에는 매출액을 구하는데 사용한다.

**등식법**

① 총매출액 = 총변동원가 + 고정원가 + 이익
② 총공헌이익 = 고정원가 + 이익

### 가중평균공헌이익법

① 총판매수량 = (고정원가 + 이익) / 단위당 가중평균공헌이익*1

*1. Σ(제품별 단위당 공헌이익 × 매출배합 비율)

② 총매출액 = (고정원가 + 이익) / 가중평균공헌이익율*2

*2. Σ(제품별 공헌이익률 × 매출구성비 비율)

### 꾸러미법 - 복수제품을 단일제품(꾸러미)로 바꾼 후 공헌이익법 적용

꾸러미판매량 = (고정원가 + 이익) / 꾸러미 단위당 공헌이익*3

*3. Σ(제품별 단위당 공헌이익 × 매출배합)

**사례연습 7. 복수제품의 CVP분석**

㈜서울이 생산판매하는 세 종류의 제품 A, B, C의 연간 예상판매량은 20,000개, 50,000개, 30,000개이고 제품별 단위당 공헌이익은 다음과 같다.

| 구분 | A | B | C |
|---|---|---|---|
| 판매가격 | ₩1,400 | ₩800 | ₩2,500 |
| 변동원가 | 1,000 | 600 | 2,000 |
| 공헌이익 | 400 | 200 | 500 |

제품 A, B, C의 매출배합이 예상판매량 수준으로 일정하고, ㈜서울의 연간 고정원가가 ₩18,000,000일 경우에 연간 ₩12,525,000의 목표이익을 달성하기 위한 총판매량을 구하면 몇 개인가?

**풀이**

1) 등식법

매출배합 ⇒ A : B : C = 2 : 5 : 3

A, B, C의 목표판매량을 각각 2X, 5X, 3X라 하면,

2X × 400 + 5X × 200 + 3X × 500 = 18,000,000 + 12,525,000, X = 9,250개

⇒ 목표 총판매량: 10 × 9,250 = 92,500개

2) 가중평균공헌이익법

매출배합 비율 ⇒ A : B : C = 20% : 50% : 30%

단위당 가중평균공헌이익 = 400 × 0.2 + 200 × 0.5 + 500 × 0.3 = 330/개

⇒ 목표 총판매수량: (18,000,000 + 12,525,000) / 330 = 92,500개

3) 꾸러미법

매출배합 ⇒ A : B : C = 2 : 5 : 3

A 2개, B 5개, C 3개를 담은 꾸러미를 판매한다고 가정하면

꾸러미 단위당 공헌이익: 2 × 400 + 5 × 200 + 3 × 500 = 3,300/꾸러미

목표 꾸러미판매량: (18,000,000 + 12,525,000) / 3,300 = 9,250꾸러미

⇒ 목표 총판매수량: 9,250꾸러미 × 10개 = 92,500개

## 3. 비선형함수하의 CVP분석

조업도에 따라 단위당 판매가격, 단위당 변동원가 및 총고정원가가 관련범위별로 달라지는 경우의 CVP분석을 말한다.

**접근순서**

① 각 관련범위별로 단위당 판매가격, 단위당 변동원가 및 총고정원가를 파악
② 각 관련범위별로 기본공식을 적용하여 손익분기점 등을 계산
- 계산값이 관련범위 내에 존재: 적합
- 계산값이 관련범위 내에 부존재: 모순

**사례연습 8. 비선형함수하의 CVP분석**

다음은 제품A의 판매가격과 원가구조에 대한 자료이다.

| 단위당 판매가격 | | ₩ 20,000 |
|---|---|---|
| 고정원가 | 생산량 20,000단위 미만 | 10,000,000 |
| | 생산량 20,000단위 이상 | 16,000,000 |

제품 A의 공헌이익률이 10%이고 법인세율이 20%일 때 세후순이익 ₩2,000,000을 달성하기 위한 판매량은 얼마인가?

**풀이**

1. 생산량이 20,000단위 미만인 경우
   1) 목표 매출액: [10,000,000 + 2,000,000/(1 - 20%)] / 10% = 125,000,000
   2) 목표 판매량: 125,000,000 / 20,000 = 6,250단위
   (관련범위 내에 존재 적합)
2. 생산량이 20,000단위 이상인 경우
   1) 목표 매출액: [16,000,000 + 2,000,000/(1 - 20%)] / 10% = 185,000,000
   2) 목표 판매량: 185,000,000 / 20,000 = 9,250단위
   (관련범위 내에 부존재 모순)

# 확인 문제

**01** ㈜서울은 두 종류의 제품 A와 B를 생산하여 판매하며, 각 제품 매출액이 회사 총 매출액에서 차지하는 비중은 각각 50%이다. 매출액에 대한 변동비는 제품 A가 60%, 제품 B가 40%이다. 총고정비는 ₩100,000이며, 그 밖의 다른 비용은 없다. 총고정비가 20%만큼 증가한다고 가정할 때, ₩10,000의 순이익을 얻기 위하여 필요한 매출액은? (단, 세금효과는 고려하지 않는다) 2020년 서울시 7급

① ₩130,000
② ₩220,000
③ ₩240,000
④ ₩260,000

**02** 단일제품 A를 제조하는 ㈜한국의 제품생산 및 판매와 관련된 자료는 다음과 같다.

| | |
|---|---|
| 총판매량 | 200개 |
| 총공헌이익 | ₩200,000 |
| 총고정원가 | ₩150,000 |

법인세율이 20%일 경우, 세후 순이익 ₩120,000을 달성하기 위한 제품 A의 판매수량은? (단, 제품 A의 단위당 공헌이익은 동일하다) 2020년 국가직 9급

① 120개
② 150개
③ 270개
④ 300개

**03** ㈜한국은 급여체계를 일부 변경하려고 고민하고 있는데, 현재의 자료는 다음과 같다.

| | |
|---|---|
| 제품 단위당 판매가격 | ₩100 |
| 공헌이익률 | 60% |
| 연간고정원가 | |
| 임차료 | ₩15,000 |
| 급여 | ₩21,000 |
| 광고선전비 | ₩12,000 |

만약 매출액의 10%를 성과급으로 지급하는 방식으로 급여체계를 변경한다면 고정급여는 ₩6,000이 절약될 것으로 추정하고 있다. 급여체계의 변경으로 인한 손익분기점 판매량의 변화는? 2020년 지방직 9급

① 40단위 증가
② 40단위 감소
③ 50단위 증가
④ 50단위 감소

**04** ㈜한국은 단일 제품을 생산하여 판매하고 있다. 제품단위당 판매가격은 ₩500이며, 20×1년 매출 및 원가자료는 다음과 같다. 법인세율이 30%라고 할 때, (가) 손익분기점 판매량과 (나) 세후목표이익 ₩70,000을 달성하기 위한 매출액은? (단, 기초재고와 기말재고는 없다) 2019년 지방직 9급

| 매출액 | ₩600,000 |
|---|---|
| 변동원가 | 360,000 |
| 고정원가 | 200,000 |

| | (가) | (나) |
|---|---|---|
| ① | 1,000개 | ₩675,000 |
| ② | 1,000개 | ₩750,000 |
| ③ | 1,200개 | ₩675,000 |
| ④ | 1,200개 | ₩750,000 |

정답 및 해설

**01**

0.5 × (1 − 0.6) × 매출 + 0.5 × (1 − 0.4) × 매출 − 100,000 × (1 + 20%) = 10,000, 매출: 260,000

**02**

1) 단위당 공헌이익: 200,000/200개 = 1,000
2) CVP분석: (1,000Q − 150,000) × (1 − 20%) = 120,000
3) 제품 A 판매수량(Q): 300개

**03**

1) 기존의 손익분기점: 100 × 0.6Q − 48,000 = 0 ∴Q = 800개
2) 새로운 손익분기점: 100 × 0.5Q − 42,000 = 0 ∴Q = 840개
3) 급여체계의 변경으로 인한 손익분기점 판매량의 변화: 1) − 2) = 40개 증가

**04**

1) {[500 − 500 × (360,000 / 600,000)] × Q − 200,000} = 0, Q = 1,000개(가)
2) (S − 0.6S − 200,000) × (1 − 30%) = 70,000, S = 750,000(나)

정답 01 ④ 02 ④ 03 ① 04 ②

**05** ㈜서울은 당기에 생산한 제품을 전량 판매하고 있는데, 제품 단위당 변동원가는 ₩450이고 공헌이익률은 25%이다. 총고정원가는 생산량이 1,500단위 이하일 경우 ₩180,000이고, 1,500단위를 초과하는 경우 ₩240,000이다. 목표이익 ₩60,000을 달성하기 위한 생산 · 판매량은? (단, 법인세는 없다) 2019년 서울시 9급

① 1,200단위
② 1,400단위
③ 1,600단위
④ 2,000단위

**06** ㈜서울의 2018년 매출이 ₩18,000,000이고, 총비용은 ₩15,000,000이다. 총비용 중 고정비와 변동비의 비율은 2 : 3이다. ㈜서울의 손익분기점이 되는 매출액은? 2018년 서울시 7급

① ₩6,000,000
② ₩9,000,000
③ ₩12,000,000
④ ₩15,000,000

**07** ㈜한국의 20×1년 제품 단위당 변동원가는 ₩600, 연간 고정원가는 ₩190,000이다. 국내시장에서 단위당 ₩1,000에 300개를 판매할 계획이며, 남은 제품은 해외시장에서 ₩950에 판매 가능하다. 20×1년 손익분기점 판매량은? (단, 해외시장에 판매하더라도 제품단위당 변동원가는 동일하며 해외판매는 국내수요에 영향을 주지 않는다) 2018년 국가직 9급

① 500개
② 950개
③ 1,050개
④ 1,100개

**08** 제품단위당 변동비가 ₩800이며, 연간 고정비 발생액은 ₩3,600,000이다. 공헌이익률은 20%이며 법인세율이 20%인 경우, 법인세 차감 후 순이익 ₩3,600,000을 달성하기 위해서 연간 몇 단위의 제품을 제조·판매해야 하는가? (단, 기초재고는 없다)

2018년 지방직 9급

① 34,000단위
② 40,500단위
③ 44,500단위
④ 50,625단위

**09** ㈜한국의 20×1년도 손익분기점 매출액은 ₩100,000이고 단위당 공헌이익률은 20%, 순이익은 ₩30,000이다. ㈜한국의 20×1년도 총고정원가는?

2017년 국가직 7급

① ₩250,000
② ₩150,000
③ ₩20,000
④ ₩6,000





정답 및 해설

**05**

1) 단위당 판매가격: 450 ÷ (1 − 0.25) = 600
2) 1,500단위 이하인 경우: (600 − 450)Q − 180,000 = 60,000, Q = 1,600단위 (관련범위 내 답 없음)
3) 1,500단위 초과하는 경우: (600 − 450)Q − 240,000 = 60,000, Q = 2,000단위

**06**

1) 변동비: 15,000,000 × 3/5 = 9,000,000
2) 변동비율: 9,000,000 ÷ 18,000,000 = 50%
3) S − 0.5S − 6,000,000(고정비) = 0
4) 손익분기점 매출: 12,000,000

**07**

(1,000 − 600) × 300개 + (950 − 600) × 해외판매수량 − 190,000 = 0
⇒ 해외판매수량: 200개,
⇒ 손익분기점 판매량: 500개

**08**

{[(800 ÷ 0.8) − 800] × Q − 3,600,000} × (1 − 0.2) = 3,600,000, Q = 40,500단위

**09**

100,000 × 20% − 고정비 = 0, 고정비 = 20,000

정답 05 ④ 06 ③ 07 ① 08 ② 09 ③

**10** ㈜한국의 6월 제품 판매가격과 원가구조는 다음과 같다. ㈜한국이 세전순이익 ₩4,000을 달성하기 위한 6월 매출액은? (단, 판매량은 생산량과 동일하며, 법인세율은 30%이다) 2017년 지방직 9급

- 제품 단위당 판매가격: ₩5
- 공헌이익률: 20%
- 고정원가: ₩10,000

① ₩60,000　② ₩70,000
③ ₩80,000　④ ₩90,000

**11** ㈜대한은 A 투자안과 B 투자안 중에서 원가구조가 이익에 미치는 영향을 고려하여 하나의 투자안을 선택하고자 한다. 두 투자안의 예상 판매량은 각 100단위이고, 매출액 등의 자료가 다음과 같을 때, 두 투자안에 대한 비교 설명으로 옳은 것은? 2016년 국가직 9급

| 구분 | A 투자안 | B 투자안 | 구분 | A 투자안 | B 투자안 |
|---|---|---|---|---|---|
| 매출액 | ₩20,000 | ₩20,000 | 변동비 | ₩12,000 | ₩10,000 |
| 고정비 | ₩4,000 | ₩6,000 | 영업이익 | ₩4,000 | ₩4,000 |

① A 투자안의 변동비율이 B 투자안의 변동비율보다 작다.
② A 투자안의 단위당 공헌이익이 B 투자안의 단위당 공헌이익보다 크다.
③ A 투자안의 손익분기점 판매량이 B 투자안의 손익분기점 판매량보다 적다.
④ A 투자안의 안전한계는 B 투자안의 안전한계보다 작다.

**12** ㈜한국은 제품 X, Y를 생산하고 있으며 관련 자료는 다음과 같다.

| 구분 | 제품 X | 제품 Y |
|---|---|---|
| 단위당 판매가격 | ₩110 | ₩550 |
| 단위당 변동원가 | ₩100 | ₩500 |
| 총 고정원가 | ₩180,000 | |

㈜한국은 제품 X, Y를 하나의 묶음으로 판매하고 있으며, 한 묶음은 X제품 4개, Y제품 1개로 구성된다. 손익분기점에서 각 제품의 판매량은? 2016년 지방직 9급

| | 제품 X | 제품 Y |
|---|---|---|
| ① | 1,000개 | 1,000개 |
| ② | 2,000개 | 2,000개 |
| ③ | 2,000개 | 8,000개 |
| ④ | 8,000개 | 2,000개 |

## 13 ㈜한국의 손익분기점매출액이 ₩100,000,000, 고정비는 ₩40,000,000, 단위당 변동비는 ₩1,200일 때, 단위당 판매가격은?

2015년 국가직 9급

① ₩1,500
② ₩1,600
③ ₩1,800
④ ₩2,000



정답 및 해설

**10**
0.2 × 매출 − 10,000 = 4,000, 매출 = 70,000

**11**
1) 변동비율
　A: 12,000 ÷ 20,000 = 60%
　B: 10,000 ÷ 20,000 = 50%
2) 단위당 공헌이익
　A: (20,000 − 12,000) ÷ 100단위 = 80
　B: (20,000 − 10,000) ÷ 100단위 = 100
3) 손익분기점 판매량
　A: (200 − 120)Q − 4,000 = 0, Q = 50개
　B: (200 − 100)Q − 6,000 = 0, Q = 60개
4) 안전한계
　A: 20,000 − (50개 × 200) = 10,000
　B: 20,000 − (60개 × 200) = 8,000

**12**
1) 제품 X의 단위당 공헌이익: 110 − 100 = 10
2) 제품 Y의 단위당 공헌이익: 550 − 500 = 50
3) Set당 공헌이익: 10 × 4개 + 50 × 1개 = 90
4) 손익분기점 Set수량: 90 × Q − 180,000 = 0, Q = 2,000Set
5) 손익분기점 제품 판매량
　(1) 제품 X: 2,000Set × 4개 = 8,000개
　(2) 제품 Y: 2,000Set × 1개 = 2,000개

**13**
손익분기점에서 '공헌이익 = 고정비'
공헌이익률: 40,000,000 ÷ 100,000,000 = 40%
변동비율: 1 − 40% = 60%
1,200(단위당 변동비) ÷ X(판매가격) = 60%
∴ 단위당 판매가격 = 2,000

**정답** 10 ② 11 ③ 12 ④ 13 ④

**14** 다음은 단일제품인 곰인형을 생산하고 있는 ㈜한국의 판매가격 및 원가와 관련된 자료이다. 법인세율이 20%인 경우, 세후 목표이익 ₩200,000을 달성하기 위한 곰인형의 판매수량은? (단, 생산설비는 충분히 크며, 생산량과 판매량은 같다고 가정한다) 2015년 지방직 9급

| | | | |
|---|---|---|---|
| • 단위당 판매가격: | ₩1,000 | • 단위당 직접재료원가: | ₩450 |
| • 단위당 직접노무원가: | ₩200 | • 단위당 변동제조간접원가: | ₩100 |
| • 단위당 변동판매원가: | ₩50 | • 고정원가 총액: | ₩300,000 |

① 2,250단위 ② 2,500단위
③ 2,750단위 ④ 3,000단위

**15** ㈜한국은 창원공장에서 두 가지 제품(G엔진, H엔진)을 생산하고 있다. 이 제품들에 대한 정보는 다음과 같다. 엔진의 생산은 조립부문과 검사부문을 거쳐서 완성된다. 하루 최대생산능력은 조립부문 600기계시간, 검사부문 120검사시간이고, 단기적으로 추가적인 생산능력의 확장은 불가능하다. 판매는 생산하는 대로 가능하다. G엔진 한 대를 만들기 위해서는 2기계시간과 1검사시간이 소요되고, H엔진은 5기계시간과 0.5검사시간이 소요된다. H엔진은 재료부족으로 인하여 하루에 110대로 생산이 제한된다. ㈜한국이 제한된 생산능력하에서, 영업이익을 극대화하기 위해 하루에 생산해야 할 각 제품의 수량은? 2014년 국가직 9급

| | G엔진 | H엔진 |
|---|---|---|
| • 단위당 판매가격 | ₩8,000,000 | ₩10,000,000 |
| • 단위당 변동원가 | ₩5,600,000 | ₩6,250,000 |
| • 단위당 공헌이익 | ₩2,400,000 | ₩3,750,000 |
| • 공헌이익률 | 30% | 37.5% |

| | G엔진 | H엔진 |
|---|---|---|
| ① | 25대 | 110대 |
| ② | 75대 | 90대 |
| ③ | 90대 | 60대 |
| ④ | 90대 | 84대 |

**16** 2013년 1월 1일에 영업을 개시한 ㈜대한은 단위당 판매가격 ₩1,000, 단위당 변동원가 ₩700, 그리고 총고정원가가 ₩70,000인 연필을 생산하여 판매하고 있다. ㈜대한의 당해 연도에 생산된 연필은 당기 중에 모두 판매된다. 한편 ㈜대한의 세전이익에 대해 ₩10,000까지는 10%, ₩10,000을 초과하는 금액에 대해서는 20%의 세율이 적용된다. 만일 ㈜대한이 2013년도에 ₩17,000의 세후순이익을 보고하였다면 2013년도에 판매한 연필의 수량은?

2014년 지방직 9급

① 200개
② 250개
③ 300개
④ 350개

I

해커스공무원 **정윤돈 회계학** 기본서 원가관리회계 · 정부회계

정답 및 해설

**14**
단위당 공헌이익은 200이고, 세전이익은 250,000이므로, 목표이익판매수량은 (고정비 300,000 + 세전이익 250,000) / 200 = 2,750이다.

**15**
1) 2G + 5H ≦ 600
2) G + 0.5H ≦ 120
* H ≦ 90, G ≦ 75

**16**
1) 세전이익: 세전이익 − [(세전이익 − 10,000) × 0.2 + 10,000 × 0.1] = 17,000이므로, 세전이익 = 20,000이다.
2) 판매량: (70,000 + 20,000) / (@1,000 − @700) = 300개

**정답** 14 ③ 15 ② 16 ③

**17** ㈜한국의 다음 자료를 이용한 영업레버리지도는? (단, 기말재고와 기초재고는 없다) 2021년 지방직 9급

- 매출액: ₩1,000,000
- 공헌이익률: 30 %
- 고정원가: ₩180,000

① 0.4 ② 0.6
③ 2.0 ④ 2.5

**18** ㈜한국의 20×1년도 고정비는 ₩600,000이고 손익분기점 매출액이 ₩1,500,000이며, 안전한계율이 40%일 경우, 영업이익은? 2021년 국가직 7급

① ₩0 ② ₩200,000
③ ₩400,000 ④ ₩1,000,000

**19** ㈜한국은 제품 A와 B를 생산하여 제품 A 3단위와 제품 B 2단위를 하나의 묶음으로 판매하고 있다.

• 제품별 단위당 판매가격 및 변동원가

| 구분 \ 제품 | A | B |
|---|---|---|
| 단위당 판매가격 | ₩ 500 | ₩ 300 |
| 단위당 변동원가 | ₩ 300 | ₩ 700 |

• 고정제조간접원가 ₩ 600,000
• 고정판매비와관리비 ₩ 360,000

손익분기점에서 제품 A와 B의 판매량은?

2022년 지방직 9급

| | 제품 A | 제품 B |
|---|---|---|
| ① | 2,400단위 | 2,400단위 |
| ② | 2,400단위 | 3,600단위 |
| ③ | 3,600단위 | 2,400단위 |
| ④ | 3,600단위 | 3,600단위 |

정답 및 해설

**17**
1) 0.3 × 손익분기점 매출액 = 180,000, 손익분기점 매출액 = 600,000
2) 안전한계율: (1,000,000 − 600,000) ÷ 1,000,000 = 0.4
⇒ 영업레버리지도: 1 ÷ 0.4 = 2.5

**18**
(1) 고정비 600,000 ÷ 공헌이익률 = 손익분기점매출액 1,500,000, 공헌이익률: 0.4
(2) (매출 − 손익분기점매출액 1,500,000) ÷ 매출 = 안전한계율 40%, 매출: 2,500,000
(3) 공헌이익: 매출 2,500,000 ÷ 0.4 = 1,000,000
(4) 영업이익: 공헌이익 1,000,000 − 고정비 600,000 = 400,000

**19**
1) Set당 공헌이익: (500−300)×3+(800−700)×2=800
2) 손익분기점: 800×Q−960,000=0 ∴ Q=1,200
3) 손익분기점 판매량
  (1) 제품 A: 1,200×3개=3,600개
  (2) 제품 B: 1,200×2개=2,400개

**정답 17 ④ 18 ③ 19 ③**

# CHAPTER 11 관리원가와 의사결정

## 1 관련원가분석의 의의

### 1. 의사결정의 기본개념

#### (1) 의사결정의 의의

의사결정이란 여러 대안 중에서 목표를 달성하기 위한 최선의 대안을 선택하는 과정을 의미한다.

#### (2) 의사결정유형

① 대상기간

| 구분 | 단기의사결정 | 장기의사결정 |
|---|---|---|
| 대상기간 | 1년 이하 | 1년 초과 |
| 화폐의 시간가치 | 고려하지 않음 | 고려함 |
| 투자여부 | 투자를 수반하지 않음 | 투자를 수반함 |

② 상황의 확실성여부

| 구분 | 확실성하의 의사결정 | 불확실성하의 의사결정 |
|---|---|---|
| 상황 | 확실 | 불확실(확률 제시) |

#### (3) 의사결정용어

① 관련성

| 관련원가 | 대안 간에 차이가 나는 미래원가 → 의사결정과 관련된 원가 |
|---|---|
| 비관련원가 | 과거원가이거나 대안 간에 차이가 나지 않는 미래원가 → 의사결정과 무관 |

② 실제지출유무

| 지출원가 | 미래에 현금 등의 지출을 수반하는 원가 → 실제지출되는 원가 |
|---|---|
| 기회원가 | 자원을 현재 용도 이외의 다른 용도에 사용할 경우 얻을 수 있는 최대 금액 |

③ 발생시점

| 미래원가 | 현재 또는 미래에 발생할 원가 |
|---|---|
| 매몰원가 | 과거에 발생한 역사적 원가로서 현재 또는 미래에 회수할 수 없는 원가 |

④ 회피가능성

| 회피가능원가 | 특정대안을 선택함으로써 절약되거나 발생하지 않는 원가 |
|---|---|
| 회피불능원가 | 특정대안을 선택하는 것과 관계없이 계속해서 동일하게 발생하는 원가 |

### (4) 의사결정방법

| 총액접근법 | 대안별로 총수익과 총원가를 계산하고 총이익을 도출·비교하여 의사결정하는 방법 → 선택가능한 대안이 많거나 복잡한 문제에 적용 |
|---|---|
| 증분접근법 | 대안 간에 차이가 나는 관련항목(관련수익과 관련원가)만을 분석하여 의사결정하는 방법 → 증분이익을 도출하여 결정 → 선택가능한 대안이 두 개이면서 덜 복잡한 문제에 적용 |

**참고 | 증분접근법**

| 관련항목 | 금액 | 계산내역 |
|---|---|---|
| 수익의 증가 | ×× | |
| 원가의 감소 | ×× | |
| 수익의 감소 | (××) | |
| 원가의 증가 | (××) | |
| 이익의 증가 | ×× | |
| 이익의 감소 | (××) | |
| 합계 | | |

**사례연습 1. 기회원가**

북해회사는 홍수로 인하여 100단위의 재고자산이 파손되었는데, 총제조원가는 ₩1,500,000으로 기록되어 있었다. 이 재고자산은 ₩300,000을 들여서 재작업하면 ₩1,100,000에 판매될 수 있고, 재작업하지 않으면 ₩600,000에 판매될 수 있다. 만약 재작업한다고 가정하면 기회비용을 구하시오.

풀이

1) 매몰원가: 과거 재고자산의 총제조원가 1,500,000
2) 재작업의 기회비용: 즉시 판매 시에 얻을 수 있는 최대금액 600,000

## 2 단기의사결정의 유형

### 1. 특별주문의 거절 또는 수락

기업은 고객으로부터 예상치 못한 일회성 특별주문을 받을 수 있다. 이러한 주문의 경우 통상적인 경우와 거래가격, 제조원가들이 달라질 수 있고, 충분한 생산설비를 갖추지 못한 경우에는 기존의 거래를 포기하고 특별주문을 선택해야 할 수도 있다. 그러므로 관련손익을 분석하여 회사의 이익을 극대화시키는 방안을 결정해야 한다.

### (1) 유휴생산능력의 유무에 따라 관련항목이 달라짐

| 유휴생산능력 충분 | 기회원가 없음 |
|---|---|
| 유휴생산능력 부족 | 기회원가 있음(기존판매 기회 상실) |

### (2) 특별주문을 수락할 경우의 일반적인 관련항목

| 증분이익 | 관련항목 | 비고 |
|---|---|---|
| + | 특별주문 매출액 | |
| − | 특별주문 변동원가 | • 증분지출원가<br>• 고정원가는 증가 언급이 있을 경우만 고려 |
| − | 기존공헌이익 감소 | 특별주문 수락 시의 기회원가(유휴생산능력 없을 경우에만 발생) |

### (3) 특별주문을 수락할 수 있는 경우 최소판매가격

⇒ 증분지출원가/특별주문수량 + 기회원가/특별주문수량

**사례연습** 2. 특별주문의 거절 또는 수락

㈜한강의 20×1년 예산내역을 요약하면 다음과 같다.

| 매출액(25,000단위, @100) | ₩ 2,500,000 |
|---|---|
| 변동원가 | 1,500,000 |
| 공헌이익 | 1,000,000 |
| 고정원가 | 600,000 |
| 영업이익 | 400,000 |

㈜한강의 연간 최대조업능력은 35,000단위이다. 그런데 ㈜낙정이 20×1년 초에 단위당 ₩80에 15,000단위를 사겠다고 특별주문을 하였다. ㈜한강이 만약 이 제의를 수락하고 설비능력을 초과하지 않는 범위 내에서 단골고객으로부터 기존의 거래를 감소시키면, 20×1년 총영업이익은 예산보다 얼마나 변화하는지 구하시오.

풀이

총영업이익 100,000 증가

| 관련항목 | 금액 | 계산내역 |
|---|---|---|
| 매출액 증가 | 1,200,000 | = 15,000단위 × 80 |
| 변동원가 증가 | (900,000) | = 15,000단위 × 60[*1] |
| 기존 공헌이익 감소 | (200,000) | = 5,000단위[*2] × (100 − 60) |
| 합계 | 100,000 | |

[*1] 단위당 변동원가: 1,500,000 / 25,000단위 = 60/단위

[*2] 유휴생산능력 10,000단위 < 특별주문 15,000단위 ⇒ 기존판매량 5,000단위 감소

**사례연습 3. 특별주문을 수락할 수 있는 최소판매가격**

㈜영통은 외국에서 수입하는 원재료 P를 투입하여 제품 A를 생산하고 있다. 제품 A를 1kg 생산하는데 원재료 P 1.5kg이 투입된다. 제품 A의 1kg당 공헌이익은 ₩6이다. 최근에 ㈜영통은 ㈜동백으로부터 제품 B 3,000kg의 특별주문을 받았다. 제품 B는 제품 A와 동일하게 P를 원재료로 사용하여 생산된다. ㈜영통이 제품 B를 1kg 생산하는데 예상되는 제조원가는 다음과 같다.

|  |  |
|---|---|
| 직접재료원가(원재료P) 2kg × @4 | ₩8 |
| 직접노무원가 | 4 |
| 변동제조간접원가 | 3 |
| 고정제조간접원가 배부액 | 5 |
| 단위당 제조원가 | 20 |

㈜영통은 제품 B를 생산할 수 있는 유휴시설은 가지고 있으나, 원재료 P의 공급부족으로 인해 제품 B를 생산하기 위해서는 제품 B의 생산에 필요한 원재료만큼 제품 A의 생산을 감소시켜야 한다. ㈜영통이 ㈜동백의 주문을 수락하기 위한 단위당 최소판매가격은 얼마인가?

**풀이**

최소판매가격: 23/kg

단위당 증분지출원가 (8 + 4 + 3) + 단위당 기회원가 4,000kg × 6/3,000kg = 23

* 제품 A의 감소량: (3,000kg × 2kg) / 1.5kg = 4,000kg

**별해** 증분이익접근법

특별주문의 단위당 판매가격: S

| 관련항목 | 금액 | 계산내역 |
|---|---|---|
| 매출액 증가 | 3,000S | = 3,000kg × S |
| 변동원가 증가 | (45,000S) | = 3,000kg × (8 + 4 + 3) |
| 기존 공헌이익 감소 | (24,000) | = 4,000kg × 6 |
| 합계 | 3,000S - 69,000 | |

3,000S - 69,000 = 0, S = 23/kg

**참고 | 최소판매가격과 고정원가**

1. 최소판매가격
   주문수락 시 단위당 증분지출원가 + 주문수락 시 단위당 기회원가

2. 고정원가
   일반적으로 배부액은 비관련원가, 증가액 또는 감소액은 관련원가, 즉 증가 또는 감소 언급이 있을 때만 관련원가

## 2. 주품의 자가제조 또는 외부구입

### (1) 유형

기업은 완제품을 제조하는 과정에서 부품들을 직접 제작할 수도 있으며 외부에 제작을 의뢰할 수도 있다.

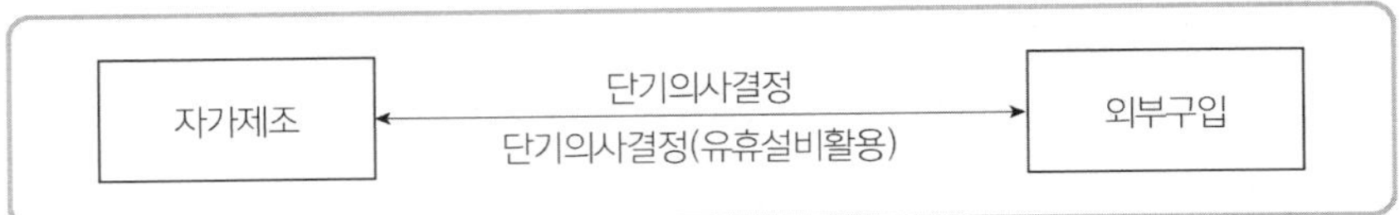


### (2) 부품을 외부구입할 경우의 일반적인 관련항목

| 증분이익 | 관련항목 | 비고 |
|---|---|---|
| − | 외부구입원가 증가 | |
| + | 회피가능한 자가제조원가 감소 | • 변동제조원가는 전액 회피가능<br>• 고정제조간접원가는 감소 언급이 있는 것만 회피가능 |
| + | (유휴시설을 대체용도에 활용) 수익 증가(원가 감소) | 자가제조 시의 기회원가 |

**사례연습 4. 부품의 자가제조 또는 외부구입**

중동회사는 완제품 생산에 필요한 부품 A를 단위당 가격 ₩300에 전량 하청생산해 주겠다는 제의를 산본회사로부터 받았다. 그 동안 중동회사는 부품 A를 매년 10,000단위 자가생산하여 이를 완제품 생산에 사용하여 왔다. 부품 A의 생산과 관련된 원가자료는 다음과 같다.

| 구분 | 단위당 원가 |
|---|---:|
| 직접재료비 | ₩35 |
| 직접노무비 | 180 |
| 제조간접비 | |
| 변동비 | 45 |
| 고정비(₩550,000/10,000개) | 55 |
| 합계 | 315 |

만일 산본회사의 제안을 받아들인다면, 그 동안 부품 A를 생산하던 공간을 부품 B의 생산에 이용하여 부품 B의 생산원가 감축액이 연간 ₩220,000에 달할 것으로 예측된다. 또한 부품 A는 위험한 주조작업에 의해 생산되므로 그 동안 특별산재보험에 가입하여 매년 ₩100,000의 보험료를 지불하여 왔는데, 산본회사의 제의를 받아들인다면 보험료는 지출할 필요가 없게 된다. 중동회사는 자가제조와 외부구입의 대안 중 어느 것을 선택하여야 하겠는가? 또한 그 대안이 다른 대안보다 금액적으로 얼마나 유리한가?

풀이

| 관련항목 | 금액 | 계산내역 |
|---|---|---|
| 외부구입원가 증가 | (3,000,000) | = 10,000단위 × 300 |
| 변동제조원가 감소 | 2,600,000 | = 10,000단위 × (35 + 180 + 45) |
| 고정제조간접비 감소 | 100,000 | |
| 부품 B 생산원가 감소 | 220,000 | |
| 합계 | (80,000) | |

자가제조하는 것이 ₩ 80,000 유리하므로 자가제조한다.

### 3. 제품라인의 유지 또는 폐지

기업이 여러 가지 제품을 생산·판매하는 경우 각 제품별로 수익성을 분석하여 수익성이 좋은 제품은 계속 생산하고 수익성이 낮은 제품은 생산을 중단하는 등의 의사결정을 내리게 된다. 경영자는 장기적인 관점에서 고정비 전체를 고려하여 의사결정을 내릴 수도 있지만 단기적인 관점에서 관련원가를 분석하여 의사결정을 내릴 수도 있다.

#### (1) 손실이 발생하는 특정제품의 생산중단여부 의사결정

| 증분이익 | 관련항목 | 비고 |
|---|---|---|
| − | 폐지제품 매출액 감소 | |
| + | 회피가능한 원가 감소 | • 변동원가는 전액 회피가능<br>• 고정원가는 감소 언급이 있는 것만 회피가능 |
| + | 유휴시설을 대체용도에 활용 수익증가(원가감소) | 제품라인 유지 시의 기회원가 |
| ± | 대체제 공헌이익 증가<br>(보완재 공헌이익 감소) | |

**사례연습 5. 제품라인의 유지 또는 폐지**

㈜미라는 현재 A, B, C 세가지 제품을 생산판매한다. 이 제품의 금년 예상 매출 관련 수치는 아래와 같다(단위는 만 원이다).

| 구분 | A | B | C | 합계 |
|---|---|---|---|---|
| 매출액 | 4,000 | 2,000 | 3,000 | 9,000 |
| 매출원가 | | | | |
| 직접재료원가 | 1,000 | 400 | 400 | 1,800 |
| 직접노무원가 | 1,200 | 300 | 200 | 1,700 |
| 제조간접원가 | 2,000 | 900 | 2,000 | 4,900 |
| 매출총이익 | (200) | 400 | 400 | 600 |

제조간접원가는 세 가지 제품에 매출액 기준으로 배부된 고정제조간접원가가 3,600만 원을 포함한다. 이 공통원가 3,600만 원은 한 가지 제품만 생산한다 하더라도 필요한 고정원가이다. 나머지는 모두 변동제조간접원가이다. 이 기업은 A 제품의 매출총이익이 적자이므로 이 제품의 생산을 중단하려고 한다. A 제품 생산을 중단할 때, A 제품 관련 시설과 공간의 대체적 이용가치는 없다. A 제품 생산을 중단하면 기업전체 매출총이익은 어떻게 바뀌는가?

풀이

| 관련항목 | 금액 | 계산내역 |
|---|---|---|
| 매출액 | (4,000) | |
| 변동제조원가 감소 | 2,600 | = 1,000 + 1,200 + 400* |
| 합계 | (1,400) | |

* 변동제조간접원가: 2,000 - (3,600 × 4,000/9,000) = 400

매출총이익 1,400만 원 감소

## 4. 제한된 자원의 사용

제품을 생산함에 있어서 여러 가지 제약조건이 존재할 수 있는데 경영자는 제한된 자원을 최대한 활용하여 이익을 극대화 할 수 있는 방안을 모색해야 한다. 제약조건이 하나만 존재하는 경우도 있으며 복수의 제약조건이 존재하는 경우도 있다. 제한된 자원의 사용은 이익을 극대화하는 최적제품배합(최적생산계획)을 정하는 의사결정이다.

### (1) 제한된 자원이 하나인 경우

제한된 자원 단위당 공헌이익이 높은 제품부터 우선적으로 생산하는 배합을 선택한다.

### (2) 제한된 자원이 둘 이상인 경우

선형계획법을 이용하여 최적제품배합을 결정한다.

사례연습 6. 제한된 자원의 사용

㈜벤틀리는 A형과 B형의 두 종류의 자동차를 생산·판매한다. 자동차 생산에 필요한 철판은 공급받을 수 있는 수량이 연간 700장으로 제한되어 있으며 각 자동차별 가격과 변동비, 철판 사용량은 다음과 같다.

| 구분 | A | B |
|---|---|---|
| 단위당 판매가격 | ₩1,400 | ₩600 |
| 단위당 변동비 | 600 | 400 |
| 단위당 공헌이익 | 800 | 200 |
| 단위당 철판 사용량 | 5장 | 2장 |

자동차 A와 B의 연간 수요량은 각각 100대, 400대이다. 이때, 최적의 생산량 배합을 구하시오.

풀이

| 구분 | A | B |
|---|---|---|
| 단위당 공헌이익 | ₩800 | ₩200 |
| 단위당 철판사용량 | 5장 | 2장 |
| 철판 1장당 공헌이익 | 160 | 100 |
| 생산량(철판사용량) | 100대(500장) | 100대(200장) |

철판사용량당 공헌이익이 큰 A자동차를 우선 생산하고 B를 생산한다.

### 사례연습 7. 제약조건이 2개인 경우의 최적 생산배합 결정

㈜호도는 A, B 두 종류의 빵을 생산, 판매하고 있다. 빵의 재료는 버터와 밀가루이며, 각 제품별로 단위당 가격과 변동비, 투입되는 재료의 양은 다음과 같다.

| 구분 | A | B |
|---|---|---|
| 가격 | ₩1,200 | ₩800 |
| 변동비 | 720 | 480 |
| 공헌이익 | 480 | 320 |
| 버터 투입량 | 4단위 | 2단위 |
| 밀가루 투입량 | 4단위 | 8단위 |

현재 회사가 보유중인 버터는 300단위이고, 밀가루는 480단위이다. 이때, 최적의 생산배합을 구하시오.

풀이

1) 목적함수: MAX Z = 480A + 320B
2) 제약조건의 수식화: 4A + 2B = 300, 4A + 8B = 480
3) 최적해의 계산

| 구분 | 좌표(A, B) | 총공헌이익 (480A + 320B) |
|---|---|---|
| 1 | (0, 60) | 480 × 0 + 320 × 60 = 19,200 |
| 2 | (60, 30) | 480 × 60 + 320 × 30 = 38,400 |
| 3 | (75, 0) | 480 × 75 + 320 × 0 = 36,000 |

⇒ A 60개, B 30개 생산 시 이익이 극대화 된다.

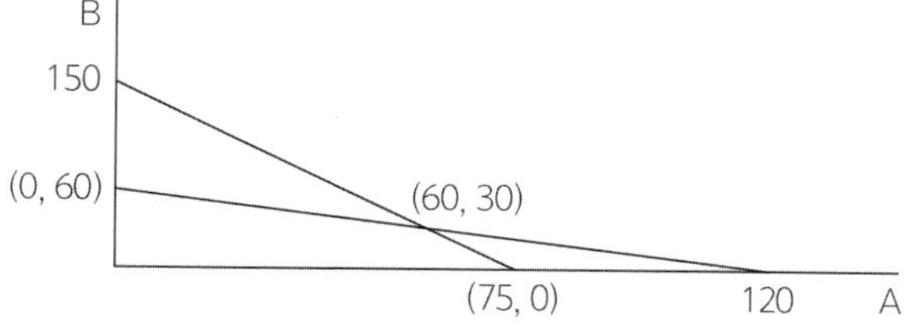

# 확인 문제

**01** ㈜한국은 당기에 손톱깎이 세트 1,000단위를 생산·판매하는 계획을 수립하였으며, 연간 최대 조업능력은 1,200단위이다. 손톱깎이 세트의 단위당 판매가격은 ₩1,000, 단위당 변동원가는 ₩400이며, 총 고정원가는 ₩110,000이다. 한편, ㈜한국은 당기에 해외 바이어로부터 100단위를 단위당 ₩600에 구매하겠다는 특별주문을 받았으며, 이 주문을 수락하기 위해서는 단위당 ₩150의 운송원가가 추가로 발생한다. 특별주문의 수락이 ㈜한국의 당기이익에 미치는 영향은? 2019년 지방직 9급

① ₩35,000 감소
② ₩5,000 감소
③ ₩5,000 증가
④ ₩20,000 증가

**02** ㈜서울은 화장품 제조회사로 화장품을 담는 용기도 함께 생산하고 있다. 화장품 용기 생산량은 매년 1,000개이며, 1,000개 조업도 수준하에서 화장품 용기의 단위당 제조원가는 아래의 표와 같다. 그런데 외부의 용기 생산업자가 화장품 용기 1,000개를 개당 ₩95에 공급하겠다고 제안하였다. ㈜서울이 이 제안을 수락할 경우 화장품 용기 생산에 사용되는 설비를 연 ₩10,000에 다른 회사에 임대할 수 있다. 한편, 화장품 용기를 외부에서 구입하더라도 고정제조간접원가의 50%는 계속해서 발생된다. ㈜서울이 외부공급업자의 제안을 수락할 경우 연간 이익은 얼마만큼 증가 혹은 감소하겠는가? 2016년 서울시 7급

| 구분 | 단위당 원가 |
|---|---|
| 직접재료원가 | ₩30 |
| 직접노무원가 | ₩20 |
| 변동제조간접원가 | ₩10 |
| 고정제조간접원가 | ₩40 |
| 화장품 용기의 단위당 제조원가 | ₩100 |

① ₩5,000 증가
② ₩5,000 감소
③ ₩10,000 증가
④ ₩10,000 감소

정답 및 해설

**01**

1) 증분수익: 100단위 × 600 = 60,000
2) 증분원가
   단위당변동비: 100단위 × 400 = 40,000
   단위당운송원가: 100단위 × 150 = 15,000
3) 증분이익: 5,000

**02**

외부구입 시
1) 증분수익: 90,000
   (1) 변동제조원가절감액: 1.000개 × 60 = 60,000
   (2) 고정제조간접비절감액: 1,000개 × 40 × 50% = 20,000
   (3) 임대수익: 10,000
2) 증분원가: 외부구입가격: 1,000개 × 95 = 95,000
⇒ 증분손실: 5,000

정답 01 ③ 02 ②

# Ⅱ

# 정부회계

# CHAPTER 01 정부회계의 이해

## 1 정부회계의 도입배경

정부회계는 과거 수 십년 동안 기업회계만큼 정보이용자의 의사결정 측면을 강조하지 않았다. 그 이유는 정부회계가 예산회계에 초점을 두었기 때문이다. 예산이란 정부가 수행할 공공서비스에 대한 자금의 지출규모와 이에 필요한 수입의 규모를 예측하여 화폐금액으로 표시한 정부활동의 계획서이다. 예산의 수입은 주로 조세수입에 의존하는데 조세수입은 법률에 정해진 바에 따라 징수되며, 예산과 지출은 의회가 승인한 범위 내에서만 집행될 수 있다. 그 결과 예산의 수입과 지출을 기록한 예산회계정보만으로는 정보이용자가 정부의 재정상태나 효율적인 재정운영의 결과를 파악하는데 한계가 있었다.

세입과 세출의 예산제도만으로는 정보이용자가 정부의 재정상태나 재정운영의 결과를 파악하는데 한계가 있기 때문에 1980년대부터 일부 선진국에서는 발생주의와 복식부기를 도입하여 재정개혁의 핵심과제로 정부회계제도를 개혁하게 되었다. 따라서 정보이용자의 측면을 강조하는 정부회계정보의 산출 및 제공이 가능하게 되었다.

우리나라는 1990년대 말 외환위기 이후 국가재정의 효율적인 운영과 관련하여 다양한 재정 개혁이 이루어져 왔으며, 이는 중장기 국가재정운용계획의 수립, 총액배분·자율편성 예산제도, 성과관리제도, 프로그램 예산제도 및 복식부기와 발생주의 정부회계 도입으로 요약할 수 있다. 우리나라는 국가재정법(2006), 국가회계법(2007), 국가회계기준(2009)의 제정에 따라 2009년부터 복식부기와 발생주의 정부회계제도를 전면도입하게 되었다.

## 2 정부회계의 기본개념

### 1. 정부회계의 의의

정부회계(governmental accounting)는 정부부문의 회계, 즉 중앙정부나 지방자치단체와 같은 정부조직의 재정활동에 대한 회계를 의미한다. 재정활동은 이러한 과정에서 정부조직이 재화나 용역을 취득하거나 사용하는 모든 활동을 말하는데 정부회계는 재정활동의 결과를 적절한 방법으로 측정·기록하고 가공하여 다양한 의사결정자들에게 유용한 정보를 제공하는 과정으로 정의할 수 있다.

**정부회계의 구성**

① 국가회계
② 지방자치단체회계

## 2. 예산회계와 발생주의 회계

정부회계는 예산회계에 초점을 두고 있다. 다만, 예산의 수입과 지출을 기록하는 예산회계의 정보만으로는 정보이용자가 정부의 재정상태나 효율적인 재정운영결과를 파악하는데 한계가 있으므로 발생주의 회계를 도입한 것이다.

정부회계에 발생주의 회계를 도입하더라도 예산회계 시스템에서 산출되는 결산보고서는 여전히 필요하다. 의회에서 승인된 예산안이 제대로 집행되었는지 사후적으로 확인하고 평가할 필요가 있기 때문이다. 그러므로 정부회계는 종전의 예산회계를 그대로 유지하면서 발생주의 회계를 추가하여 두 가지 종류의 통합재정정보를 산출할 수 있도록 구축되어 있다.

다만 특정 거래에 대해 회계를 기록할 때 예산회계와 발생주의회계의 기록을 이중으로 기록하면 자원의 낭비가 초래되므로 한번의 분개를 통해 예산회계와 발생주의회계에 따른 보고서가 모두 작성될 수 있는 시스템을 구축하여 사용하고 있다.

**오답유형 정리**

① 예산회계는 **재정상태 및 재정운영결과를 보고하는 것이 주요 목적**이다. (×)
⇨ 예산회계는 **예산의 집행실적을 기록하는 것이 주요 목적**이고, 발생주의 회계는 **재정상태 및 재정운영결과를 보고하는 것이 주요 목적**이다.

② 정부회계는 예산회계를 폐지하고 발생주의와 복식부기의 사용으로 대체하게 되었다. (×)
⇨ 정부회계는 **예산회계를 발생주의 회계와 병행해서 사용**하고 있다.

Additional Comment

**예산의 문제점**

예산이란 정부가 공공서비스를 제공하기 위하여 필요한 자금의 수요와 이를 조달하기 위한 자금확보방법에 대한 계획서라고 볼 수 있다. 즉, 자금의 사용과 확보에 대한 계획서이다. 예산제도는 현금주의와 단식부기에 의한 예산행위를 기록하기 때문에 해당회계연도에 수납 된 세입액에서 지출된 세출을 차감하여 운영수지인 세제잉여금을 산출하여 보고한다. 예산 제도의 현금주의와 단식부기를 이용한 기록에 의한 보고서는 정부의 정확한 재정상태 및 재정운영에 대한 정보를 제공하지 못한다는 한계점을 가지고 있다.

Self Study

발생주의 회계가 예산회계를 대체하는 것이 아니라 이를 보완하는 기능을 가지고 있는 것이다.

## 3. 정부회계의 목적

정부의 재무보고의 목적은 정부의 재정활동에 이해관계를 갖는 정보이용자가 정부의 재정 활동내용을 파악하여 합리적으로 의사결정하는 데 유용한 정보를 제공하는 것을 목적으로 한다. 또한 정부의 재무보고는 정부가 공공회계책임을 적절히 수행하였는지 평가하는 데 필요한 정보를 제공하여야 한다.

정부회계의 목적을 국가회계와 지방자치단체회계를 비교하면 다음과 같이 정리될 수 있다.

| 구분 | 국가회계기준에 관한 규칙 | 지방자치단체 회계기준에 관한 규칙 |
|---|---|---|
| 재무보고의 목적 | 재무제표는 국가의 재정활동에 직접적 또는 간접적으로 이해관계를 갖는 정보이용자가 국가의 재정활동 내용을 파악하고, 합리적으로 의사결정을 할 수 있도록 유용한 정보를 제공하는 것 | 재무보고는 지방자치단체와 직·간접적 이해관계가 있는 정보이용자가 재정활동 내용을 파악하여 합리적인 의사결정을 하는 데에 유용한 정보를 제공하는 것 |
| 보고내용 | • 국가의 재정상태 및 그 변동과 재정운영결과에 관한 정보<br>• 국가사업의 목적을 능률적·효과적으로 달성하였는지에 관한 정보<br>• 예산과 그 밖에 관련 법규의 준수에 관한 정보 | • 재정상태·재정운영성과·현금흐름 및 순자산 변동에 관한 정보<br>• 당기의 수입이 당기의 서비스를 제공하기에 충분하였는지 또는 미래의 납세자가 과거에 제공된 서비스에 대한 부담을 지게 되는지에 대한 기간 간 형평성에 관한 정보<br>• 예산과 그 밖의 관련 법규의 준수에 관한 정보 |

Additional Comment

**재무보고를 위한 개념체계 – 일반목적재무보고의 목적**

현재 및 잠재적 투자자, 대여자 및 기타 채권자가 기업에 자원을 제공 하는 것에 대한 의사결정을 할 때 유용한 보고기업의 재무정보를 제공하는 것이다.

## 4. 정부회계의 정보이용자

정부회계의 정보이용자도 기업회계의 정보이용자처럼 외부이용자와 내부이용자로 구분할 수 있다. 외부이용자는 의회(국회, 지방의회), 납세자를 비롯한 일반국민, 투자자와 채권자, 감독기관 및 시민단체 등이며, 내부정보이용자는 행정책임자 등이 포함된다.

Additional Comment

**기업회계의 정보이용자**
외부정보이용자와 내부정보이용자로 구분할 수 있다. 외부정보이용자는 투자자(잠재적 투자자)와 채권자, 종업원, 거래처와 고객, 정부와 유관기관, 일반대중 등이 포함되고, 내부정보이용자는 경영자 등이 포함된다.

## 5. 정부회계의 특징

### (1) 회계의 목적

정부(국가 및 지방자치단체)는 이윤추구를 목적으로 하지 않는다. 국가를 유지하고 국가 전반에 걸친 공공서비스를 수행하는 것을 목적으로 한다. 그러므로 정부가 산출하는 회계정보이용자는 정부가 국민들로부터 징수한 세금을 공공서비스의 제공에 얼마나 효율적이고 적법하게 사용하였는지를 평가하기 위하여 정부의 재정상태 및 재정운영에 관한 회계정보를 필요로 하게 된다.

Additional Comment

기업은 투자자로부터 자금을 조달 받아 특정목적의 사업을 수행함으로써 이윤을 창출할 목적으로 운영된다. 목적사업의 결과 발생한 잔여이익을 주주에게 배분함으로써 사회적인 책임을 이행해야 한다.

Self Study

정부는 영리를 목적으로 하지 않으므로 얼마나 많은 이익을 창출하였는지는 중요하지 않다. 정부활동에 대한 가장 중요한 판단기준은 공공회계 책임의 효율적이고 적법한 이행여부이며, 정부가 산출하는 회계정보는 공공회계책임의 이행여부를 평가하는 데 유용해야 한다.

### (2) 예산과 법령에 의한 통제

정부의 예산은 공공서비스 제공을 위한 지출규모와 그 지출을 충당할 수 있는 재정수입의 규모에 대한 계획이다. 정부의 재정수입은 주로 조세징수를 통해서 충당되고, 조세는 반드시 법률에 근거하여 부과된다. 또한 예산지출은 의회의 사전 승인에 따라 집행되고, 사후적으로 예산결산에 대한 검사를 받는다.

Additional Comment

기업은 일정기간 필요로 하는 자금을 사전에 계획하여 사업 수행 후 사후적인 피드백을 통하여 사업의 수행결과를 평가한다. 기업의 예산은 경영자나 관리자의 재량으로 수립되고, 법적 통제나 규제를 받지 않는다.

### (3) 소유지분

정부는 주주의 개념이 없다. 그러므로 자본 대신 순자산이라는 용어를 사용한다. 순자산은 정부의 공공서비스 활동의 결과 남긴 잉여금으로 배분의 대상이 아니며, 다만 미래의 공공서비스 제공에 사용된다. 즉, 순자산은 미래의 세대에게 돌아갈 혜택 또는 미래 세대가 부담해야 할 의무를 의미한다. 또한 정부의 수익은 대부분 반대급부 없이 징수하는 조세에 의존하는데, 정부가 징수한 조세는 특정 공공서비스의 제공과 관련된 지출과 대응시킬 수 없는 특징이 있다.

① **기업의 순자산:** 주주의 몫
② **정부의 순자산:** 미래세대에게 돌아갈 혜택(의무)

Additional Comment

기업의 소유주는 주주이다. 주주는 기업의 주요 의사결정에 참여하고 기업의 이익 및 잔여재산에 대한 청구권을 갖는다.

**오답유형 정리**

정부회계도 기업회계와 같이 수익과 비용의 차이인 **재정운영결과가 클수록 운영성과가 좋다고 평가**한다. (×)
⇨ **정부회계는 공공서비스의 극대화를 목표**로 한다.

## 6. 우리나라 정부회계기준의 개요, 제정 및 관련 법령

### (1) 우리나라 정부회계의 개요

우리나라 정부회계는 중앙정부에 적용하는 국가회계와 지방자치단체에서 적용하는 지방자치단체회계로 구분할 수 있다. 정부회계는 기업회계와 달리 다음과 같은 특성을 가지고 있다.

① 정부회계는 기업회계와 다르게 일정한 법령을 근간으로 한다.
② 정부회계는 예산회계(현금주의, 단식부기)와 재무회계(발생주의, 복식부기)의 조화가 필요하다.
③ 정부회계는 기업회계에 비하여 비교환거래를 주요대상으로 하며, 손익에 대한 정보의 중요도가 기업회계보다 낮다.

### (2) 정부회계 기준의 제정

정부회계는 국가회계와 지방자치단체회계로 구분되며 우리나라 정부회계기준의 체계는 다음과 같다.

| 구분 | 국가회계 | 지방자치단체회계 |
|---|---|---|
| 근거법률 | • 국가재정법<br>• 국가회계법 | • 지방재정법<br>• 지방회계법 |
| 기본회계기준 | 국가회계기준에 관한 규칙 | 지방자치단체회계기준에 관한 규칙 |
| 하부 구조 | 국가회계 예규 | • 행정안전부장관 고시 기준<br>• 지방자치단체회계 지침서 |

### (3) 국가회계 관련 법령

① **국가재정법**: 국가재정법은 국가 재정운용의 틀을 마련하기 위한 기본법으로 중앙관서 결산보고서와 국가결산보고서의 작성 및 제출의 절차와 일정을 규정하고 있다.

② **국가회계법**: 국가재정법이 주로 결산보고서의 제출절차와 일정을 규정하는데 반하여 국가회계법은 국가회계기준의 제정 근거를 정하고, 결산보고서의 구성, 작성방법 그리고 결산보고서에 첨부되어야 할 부속서류 등을 구체적으로 규정하고 있다.

㉠ **국가회계법과 타 법률과의 관계**: 국가회계법은 일반회계·특별회계 및 기금의 회계와 결산에 관하여 다른 법률에 우선하여 적용한다.

㉡ **회계연도**: 국가의 회계연도는 매년 1월 1일부터 시작하여 12월 31일에 종료한다.

㉢ **국가회계기준에 관한 규칙**: 국가회계법에서는 국가의 재정활동에서 발생한 경제적 거래 등을 발생사실에 따라 복식부기 방식으로 회계처리하는 데 필요한 기준을 기획재정부령으로서 '국가회계기준에 관한 규칙'이 제정되었다.

**오답유형 정리**

① 국가회계법은 국가 결산보고서의 제출절차와 일정을 규정한다. (×)
⇨ 국가의 **결산보고서 제출절차와 일정을 규정하는 것은 국가재정법**이다.
② 국가회계법은 각 회계실체의 결산에 관하여 타 법률에 우선 적용될 수 없다. (×)
⇨ 국가회계법은 **각 회계실체의 결산에 관하여 타 법률에 우선 적용**된다.

Additional Comment

1. **재정**
예산부터 결산까지 전반을 관장
(예산 → 집행 → 결산)
2. **회계**
집행된 내용을 결산하는 구체적인 내용을 관장 (집행 → 결산)

Additional Comment

기업회계기준에서는 1년을 초과할 수는 없으나 1년 미만으로 보고기간을 정할 수 있다. 1월 1일부터 시작할 것이 규정되어 있지 않다.

### (4) 지방자치단체 관련 법령

① **지방재정법**: 지방재정법은 지방자치단체의 재정에 관한 기본 원칙을 정함으로써 지방재정의 건전하고 투명한 운용과 자율성 보장을 목적으로 한다.

② **지방회계법**: 지방회계법은 지방자치단체의 회계 및 자금관리에 관한 기본적인 사안을 정하여 지방자치단체의 회계를 투명하게 처리하고, 자금을 효율적으로 관리하도록 하는 것을 목적으로 한다.

㉠ **지방회계법과 다른 법률과의 관계**: 지방자치단체의 일반회계·특별회계, 기금의 회계 및 결산에 관하여는 다른 법률에 특별한 규정이 있는 경우를 제외하고는 지방회계법에서 정하는 바에 따른다.

㉡ **회계연도**: 지방자치단체의 회계연도는 매년 1월 1일부터 시작하여 12월 31일에 끝난다. 세입과 세출의 회계연도 소속 구분은 대통령령으로 정한다(⇒ 국가회계와 동일).

㉢ **지방자치단체회계기준에 관한 규칙**: 지방자치단체의 장은 그 지방자치단체의 재정상태 및 운용결과를 명백히 하기 위하여 발생주의와 복식부기의 회계원리를 기초로 하여 행정안전부장관이 정하는 회계기준에 따라 거래 사실과 경제적 실질을 반영하여 회계처리하고 재무보고서를 작성하여야 한다. 이와 관련하여 행정안전부장관은 '지방자치단체회계기준'에 관한 규칙을 제정하였다.

# 확인 문제

**01** **정부회계의 특징에 대한 설명으로 적절하지 않은 것은?** 2013년 지방직 9급

① 정부회계도 기업회계와 같이 수익과 비용의 차이인 재정운영결과가 클수록 운영성과가 좋다고 평가한다.
② 정부의 지출은 예산에 의해서 통제를 받는다.
③ 예산의 집행에 따른 기록이나 절차는 법령의 규정에 따라서 이루어진다.
④ 정부회계에는 일반회계, 특별회계, 기금회계 등 다수의 회계실체가 존재한다.



**정답 및 해설**

**01**
정부회계는 공공서비스의 극대화를 목표로 하므로 비용에서 수익을 차감한 재정운영결과가 크다고 해서 좋게 평가되는 것은 아니다.

**정답** 01 ①

# CHAPTER 02 국가회계기준 총칙

## 1 국가회계기준 총칙의 의의

국가회계기준 총칙은 국가회계기준의 목적, 적용범위 및 재무제표의 종류와 신뢰성 있는 재무정보 산출을 위한 회계처리 기본원칙 등을 규정하고 있다.

## 2 국가회계기준의 목적 및 실체

국가회계기준은 국가회계법에 따라 국가의 재정활동에서 발생하는 경제적 거래 등을 발생 사실에 따라 복식부기의 방식으로 회계 처리하는 데 필요한 기준을 정함을 목적으로 한다. 여기서 국가의 의미는 '국가회계실체'를 의미하며, 일반회계, 특별회계 및 기금으로서 중앙관서별로 구분된 회계단위를 의미한다.

### 1. 일반회계

일반회계란 행정, 국방, 치안 등의 국가의 기본기능을 수행하기 위하여 발생하는 세입 및 세출을 처리하는 회계로, 세입은 주로 조세수입이고 세출은 일반적인 정책 사업을 수행하기 위한 지출과 행정기관을 유지하기 위한 기본적인 경비로 구성된다.

### 2. 특별회계

특별회계는 국가에서 특정한 사업을 운영하는 사업특별회계, 특정한 자금을 보유하여 운영하는 자금특별회계와 특정한 세입으로 특정한 세출을 충당함으로써 일반회계와 구분 경리할 필요가 있는 구분경리특별회계 등이 있다. 특별회계는 세입과 세출이 연계되어 있어 해당 사업의 재정수지파악이 용이하고 행정적 자율성을 높일 수 있다.

### 3. 기금

기금은 국가가 특정한 목적을 위하여 특정한 자금을 신축적으로 운용할 필요가 있을 때에 한하여 법률로써 설치하는 것으로, 세입세출예산에 의하지 아니하고 운용할 수 있다. 기금은 세입세출예산에 포함되지 아니하기 때문에 예산에는 포함되지 않지만 국가회계실체이므로 중앙관서 및 국가통합 재무제표에는 포함되는 점에 주의할 필요가 있다.

**국가회계실체의 구분**

| 구분 | 세부 | 내용 |
|---|---|---|
| 일반회계 | 조세수입에 대해 일반적인 세출을 충당하기 위해 설치 | |
| 특별회계 | ① 기업특별회계<br>② 기타특별회계 | 특정 세입으로 특정 세출을 충당함으로써 일반회계와 구분하여 계리할 필요가 있을 때 법률로 설치 |
| 기금 | ① 중앙관서장이 관리하는 기금<br>② 중앙관서장이 관리하지 않는 기금(민간기금) | 국가가 특정 목적을 위해 특정한 자금을 신축적으로 운용할 필요가 있을 경우 법률로 설치 |

**Additional Comment**

1. 일반회계는 예산의 배정으로 운용되는 회계이다. 이에 반해 특별회계는 농어촌구조 개선 특별회계, 교통시설 특별회계 등과 같이 특정 목적을 위해 운용되므로 구분 계리되는 회계이다. 기금은 국민연금, 고용 보험 등과 같이 사회보장기금을 재원으로 운용되는 회계이다.
2. 지방자치단체 회계기준의 실체
   ① 개별회계실체
   ② 유형별회계실체 - 일반회계, 특별회계(지방공기업특별회계와 기타 특별회계), 기금회계
   ③ 통합회계실체

**오답유형 정리**

국가회계실체는 일반회계와 특별회계로 구분한다. (×)
⇨ 국가회계실체는 **일반회계와 특별회계 및 기금으로 구분**된다.

## 3 국가회계기준에 관한 규칙의 적용 범위

(1) 일반회계, 특별회계, 기금의 회계처리에 대해 적용한다.

(2) 해석과 실무 회계처리에 관한사항은 기획재정부장관이 정하는 바에 따른다.

(3) 이 규칙에서 정하는 것 외의 사항에 대해서는 일반적으로 인정되는 회계원칙과 일반적으로 공정하고 타당하다고 인정되는 회계관습에 따른다.

## 4 일반원칙

국가회계기준에 관한 규칙(제4조)에서는 국가의 회계처리를 복식부기 및 발생주의 방식으로 하며, 다음에서 설명하는 일반원칙에 따라 이루어진다고 기술하고 있다.

Additional Comment
회계처리의 일반원칙은 국가회계기준과 지방자치단체회계기준 모두 동일하다.

⊕ 일반원칙

| | |
|---|---|
| 공정한 회계처리 | 회계처리는 신뢰할 수 있도록 객관적인 자료와 증거에 따라 공정하게 이루어져야 한다. |
| 이해가능성의 원칙 | 재무제표의 양식, 과목 및 회계용어는 이해하기 쉽도록 간단명료하게 표시하여야 한다. |
| 충분성의 원칙 | 중요한 회계방침, 회계처리기준, 과목 및 금액에 관해서는 그 내용을 충분히 표시하여야 한다. |
| 계속성의 원칙 | 회계처리에 관한 기준과 추정은 기간별 비교가 가능하도록 기간마다 계속하여 적용하고 정당한 사유없이 이를 변경해서는 안된다. |
| 중요성의 원칙 | 회계처리와 재무제표 작성을 위한 계정과목과 금액은 그 중요성에 따라 실용적인 방법으로 결정하여야 한다. |
| 실질우선의 원칙 | 회계처리는 거래사실과 경제적 실질을 반영할 수 있어야 한다. |

**오답유형 정리**

국가회계의 일반원칙은 공정한 회계처리와 이해가능성의 원칙이다. (×)
⇨ 국가회계의 일반원칙은 **신뢰성의 원칙, 이해가능성의 원칙, 충분성의 원칙, 계속성의 원칙, 중요성의 원칙, 그리고 실질우선의 원칙**이다.

## 5 재무제표의 종류

재무제표는 재정상태표, 재정운영표, 순자산변동표로 구성되며 재무제표에 대한 주석을 포함한다. 이때 재무제표는 국가회계기준에 따라 작성해야 한다. 재무제표의 부속서류는 필수보충정보와 부속명세서로 한다.

Additional Comment
**지방자치단체회계기준 재무제표의 종류**
재정상태표, 재정운영표, 현금흐름표, 순자산변동표, 주석

**오답유형 정리**

① 국가회계기준에 따라 작성하는 재무제표에는 재정상태표, 재정운영표, 현금흐름표 및 순자산변동표가 포함된다. (×)
⇨ **국가의 재무제표에는 현금흐름표가 포함되지 않는다.**

② 부속명세서는 국가 재무제표의 일부이다. (×)
⇨ 부속명세서는 **재무제표가 아닌 재무보고서의 일부**이다.

## 6 재무제표의 목적

국가의 재정활동에 직접적 또는 간접적으로 이해관계를 갖는 정보이용자가 재정활동 내용을 파악하고, 합리적으로 의사결정을 할 수 있도록 유용한 정보를 제공하는 것을 목적으로 한다.

① 재무보고책임: 국가의 재정상태 및 그 변동과 재정운영결과에 대한 정보를 공정하고 투명하게 보고하여야 하는 책임
② 운영관리책임: 사업의 목적을 달성하는 것은 물론 이를 효율적으로 달성하여야 하는 책임
③ 수탁관리책임: 법령 및 예산을 준수하고 자원의 유입·유출 등 재정상태의 변화를 기록·보고함으로써 자원의 보호와 재정의 안정성을 유지하여야 하는 책임

Additional Comment

**지방자치단체회계기준의 재무보고 목적**

1. 재무보고책임
   재정상태·재정 운영성과·현금흐름 및 순자산 변동에 관한 정보
2. 기간 간 형평성
   당기의 수입이 당기의 서비스를 제공하기에 충분하였는지 또는 미래의 납세자가 과거의 제공된 서비스에 대한 부담을 지게 되는지에 대한 기간 간 형평성에 관한 정보
3. 수탁관리책임
   예산과 그 밖의 관련 법규의 준수에 관한 정보

**오답유형 정리**

국가의 공공회계책임에는 기간 간 형평성이 포함된다. (×)
⇨ **기간 간 형평성은 지방자치단체의 공공회계책임에 포함**되고 **국가의 공공회계책임에는 포함되지 않는다.**

## 7 재무제표의 작성원칙

국가회계기준에 관한 규칙(제6조)에서는 재무제표를 작성함에 있어서 준거해야 할 원칙을 다음과 같이 규정하고 있다.

**재무제표 작성원칙**

| 구분 | 내용 |
|---|---|
| 비교표시 | 재무제표는 해당 회계연도분과 직전 회계연도 분을 비교하는 형식으로 작성 |
| 계속성의 원칙 | 비교하는 형식으로 작성되는 두 회계연도의 재무제표는 계속성의 원칙에 따라 작성하며, 국가회계법에 따른 적용 범위, 회계정책 또는 이 규칙 등이 변경된 경우에는 그 내용을 주석으로 공시 |
| 중요성에 따른 표시 | 재무제표의 과목은 해당 항목의 중요성에 따라 별도의 과목으로 표시하거나 다른 과목으로 통합하여 표시 가능 |
| 내부거래의 제거 | 재무제표를 통합하여 작성할 경우 내부거래는 상계하여 작성 |
| 출납정리기한 | 출납정리기한 중에 발생하는 다음 거래는 1월 20일까지 수납·지출된 금액에 한해서 수입되거나 지출된 시점이 아니라 당해 회계연도 말일에 발생한 거래로 인식<br>① 일정조건으로 만족하는 수입금<br>② 일정조건을 만족하는 일상경비의 지출 |

## 참고 | 출납정리기한

국가회계기준에서는 출납정리기한 중에 발생하는 거래에 대한 회계처리는 수입되거나 지출된 시점이 아니라 당해 회계연도 말일에 발생한 거래로 본다. 국고금관리법 시행령에서는 한국은행 등은 매 회계연도의 수입금이나 지출금을 해당 회계연도 말일까지 수납하거나 지출하도록 규정하고 있다.

출납사무를 완결하기 위해서는 원칙적으로 세입금의 수납, 세출금의 지출과 지급을 해당 회계연도 말일까지 완결하여야 한다. 그러나 실무적으로는 회계연도 종료일 이후 일정기간 동안 정산할 수 있도록 시간을 두고 있는데, 이를 출납정리기한(국가회계) 또는 출납폐쇄기한(지방자치단체회계)이라고 한다.

이와 같이 일정한 경우*에는 다음 회계연도 1월 20일까지 수납할 수 있도록 하고 있는데, 이를 '출납정리기한'이라 한다. 예를 들어 20×1 회계연도의 수입금이나 지출금이 20×1년도에 발생하고 20X2년 1월 20일까지 수납되거나 지출된 경우라도 20×1년도 말일에 수입되거나 지출된 것으로 본다.

* ① 출납공무원이 해당 회계연도에 수납한 수입금을 한국은행에 납입한 경우 등
② 지방세에 부과되어 징수된 수입금을 납입하는 경우
③ 정부계정 상호간의 국고금 대체를 위해 납입 또는 지출하는 경우 등

## 오답유형 정리

① 국가회계기준에서 12월 31일 이후에 발생하는 거래는 당해 회계연도에 발생한 거래로 보지 않도록 규정하고 있다. (×)
⇨ 국가회계기준에서 **출납정리기한 중에 발생하는 거래는 당해 회계연도에 발생한 거래로 보고 회계처리**하도록 규정하고 있다.

② 국가는 다음연도 1월 22일에 입고된 국세를 당해연도 재무제표의 수익으로 인식한다. (×)
⇨ 출납정리기한이 **다음연도 1월 20일까지이므로 당해 수익으로 인식할 수 없다.**

③ 국가재무제표는 해당 회계연도분과 직전 회계연도분을 비교하지 않는다. (×)
⇨ **국가재무제표는 해당 회계연도분과 직전 회계연도분을 비교하는 형식으로 작성**한다.

Additional Comment

**지방자치단체회계기준의 재무재표 작성원칙**

1. 지방자치단체의 재무제표 작성
   유형별 재무제표를 통합해서 작성(단, 내부거래 상계)
2. 유형별 회계실체의 재무제표 작성
   해당 유형에 속한 개별 실체의 재무제표 합산해서 작성(단, 유형별 회계실체 안에서는 내부 거래 상계)
3. 개별회계실체의 재무제표 작성
   지방자치단체 안의 다른 개별 회계실체와의 내부거래를 상계하지 않고 작성
4. 비교표시 및 계속성의 원칙
5. 출납폐쇄기한 내의 거래는 당해 회계연도의 거래로 포함

# 확인 문제

**01** **지방자치단체회계기준에 관한 규칙의 재무제표에 포함되지 않는 것은?** 2014년 지방직 변형

① 재정운영표
② 순자산변동표
③ 필수보충정보와 부속명세서
④ 현금흐름표

**02** **국가회계법상 재무제표에 포함되지 않는 것은?** 2013년 국가직 9급

① 재정상태표
② 재정운영표
③ 순자산변동표
④ 현금흐름표

**03** **다음 중 국가회계기준에 관한 규칙에 따른 재무제표에 대한 설명 중 올바른 것은?** 2014년 서울시 9급

① 재무제표는 국가회계법 제14조 제3호에 따라 재정상태표, 재정운영표, 순자산변동표로 구성하되, 재무제표에 대한 주석과 필수보충정 보를 포함한다.
② 재무제표의 과목은 해당 항목의 중요성에 따라 별도의 과목으로 표시하거나 다른 과목으로 통합하여 표시할 수 있다.
③ 재무제표를 통합하여 작성할 경우 중앙관서의 재정상태 및 재정운영에 관한 정보를 명확히 구분할 수 있도록 내부거래는 상계하지 않는다.
④ 비교하는 형식으로 작성되는 두 회계연도의 재무제표는 계속성의 원칙에 따라 작성하며, 국가회계법에 따른 적용범위, 회계정책 또는 이 규칙 등이 변경된 경우에는 그 내용을 필수보충정보로 공시한다.
⑤ 국고금관리법 시행령 제2장에 따른 출납정리기한중에 발생하는 거래에 대한 회계처리는 차기 회계연도에 발생한 거래로 본다.

**04** 다음은 국가회계기준에 관한 규칙과 지방자치단체 회계기준에 관한 규칙에 대한 설명이다. 가장 옳지 않은 것은?

2015년 서울시 9급

① 국가회계기준에 관한규칙 및 지방자치단체 회계기준에 관한 규칙에서는 재무제표 작성원칙에 따라 재무제표의 과목은 해당 항목의 중요성에 따라 별도의 과목으로 표시하거나 다른 과목으로 통합하여 표시 가능하다고 명시적으로 규정하고 있다.

② 지방자치단체 회계기준에 관한 규칙에서는 국가회계기준에 관한 규칙과 달리 자산의 분류에 주민편의시설이 포함된다.

③ 지방자치단체 회계기준에 관한 규칙에서는 국가회계기준에 관한 규칙과 달리 현금흐름표가 재무제표에 포함된다.

④ 국가회계기준에 관한 규칙에서 순자산은 기본순자산, 적립금 및 잉여금, 순자산조정으로 구분되나, 지방자치단체 회계기준에 관한 규칙에서는 고정순자산, 특정순자산 및 일반순자산으로 분류하고 있다.



**정답 및 해설**

**01**

필수보충정보와 부속명세서는 재무제표의 부속서류이다.

**02**

국가회계법상 재무제표에는 현금흐름표가 포함되지 않는다.

**03**

▶ 오답체크

① 재무제표는 국가회계법 제14조 제3호에 따라 재정상태표, 재정운영표, 순자산변동표로 구성하되, 재무제표에 대한 주석을 포함한다. 재무제표의 부속서류는 필수보충정보와 부속명세서로 한다.

③ 재무제표를 통합하여 작성할 경우 내부거래는 상계하여 작성한다.

④ 비교하는 형식으로 작성되는 두 회계연도의 재무제표는 계속성의 원칙에 따라 작성하며, 국가회계법에 따른 적용범위, 회계정책 또는 이 규칙 등이 변경된 경우에는 그 내용을 주석으로 공시한다.

⑤ 국고금관리법 시행령 제2장에 따른 출납정리기한 중에 발생하는 거래에 대한 회계처리는 해당 회계연도에 발생한 거래로 본다.

**04**

국가회계기준에 관한 규칙에서는 재무제표 작성원칙 중 중요성에 따른 표시원칙이 명시적으로 규정되어 있지만 지방자치단체회계기준에 관한 규칙에서는 명시적으로 규정되어있지 않다.

**정답** 01 ③ 02 ④ 03 ② 04 ①

## 05 국가회계예규의 '재무제표의 통합에 관한 지침'에서 재무제표 작성방법에 대한 설명으로 옳은 것은?

2022년 지방직 9급

① 중앙관서 내 국가회계실체가 발행한 국채(공채)를 동일 중앙관서 내 다른 국가회계실체가 취득하는 경우 중앙관서 재무제표 작성 시 해당 투자증권[국채(공채)]을 국채(공채)의 차감계정인 자기국채(공채)로 대체한다.

② 중앙관서 내 국가회계실체 간 거래를 통해 재정운영표에 수익·비용을 인식한 경우 해당 내부거래로 인하여 상호 발생한 수익과 비용을 제거하지 않는다.

③ 국가 재무제표 작성 시에는 중앙관서 간 내부거래를 통한 일반유형자산의 취득, 처분, 관리전환 등의 거래는 상호 채권·채무를 보유하지 않으므로 내부거래 제거대상에서 제외하지 않는다.

④ 중앙관서 순자산변동표에 표시되는 재원의 조달 및 이전거래는 국가 재정운영표 작성 시에는 재정운영표상 "재정운영순원가"에 반영한다.

## 06 국가회계기준에 관한 규칙에 대한 설명으로 옳지 않은 것은?

2016년 서울시 7급

① 재무제표는 재정상태표, 재정운영표, 순자산변동표로 구성하되, 재무제표에 대한 주석을 포함한다.

② 재무제표는 해당 회계연도분과 직전 회계연도분을 비교하는 형식으로 작성한다.

③ 재무제표는 국가의 재정활동에 직접적 또는 간접적으로 이해관계를 갖는 정보이용자가 국가의 재정활동 내용을 파악하고, 합리적으로 의사결정을 할 수 있도록 유용한 정보를 제공하는 것을 목적으로 한다.

④ 재무제표를 통합하여 작성하더라도 내부거래는 상계하지 않는다.

**07** 국가회계기준에 관한 규칙에 대한 설명으로 옳은 것은? 2018년 국가직 9급

① 회계처리와 재무제표 작성을 위한 계정과목과 금액은 그 중요성에 따라 실용적인 방법으로 결정하여야 한다.
② 자산항목과 부채 또는 순자산항목을 상계함으로써 그 전부 또는 일부를 재정상태표에서 제외할 수 있다.
③ 이 규칙에서 정하는 것 외의 사항에 대해서는 일반적으로 인정되는 회계원칙을 따를 수 있으나, 일반적으로 공정하고 타당하다고 인정되는 회계관습은 따르지 않는다.
④ 재무제표는 재정상태표, 재정운영표, 순자산변동표로 구성하되 재무제표에 대한 주석은 제외한다.

Ⅱ

해커스공무원 **정윤돈 회계학** 기본서 원가관리회계 · 정부회계

**정답 및 해설**

**05**

▶ 오답체크

② 중앙관서 내 국가회계실체 간 거래를 통해 재정운영표에 수익·비용을 인식한 경우 해당 내부거래로 인하여 상호 발생한 수익과 비용을 제거한다.
③ 중앙관서 내 국가회계실체 간 거래를 통해 상호 채권·채무를 보유하고 있는 경우 중앙관서 재무제표 작성 시 해당 채권·채무를 상계하여 제거한다. 다만, 일반유형자산의 취득, 처분, 관리전환 등의 거래는 상호간 채권·채무를 보유하지 않으므로 내부거래 제거대상에서 제외한다.
④ 중앙관서 순자산변동표에 표시되는 재원의 조달 및 이전거래는 국가 재정운영표 작성 시에는 재정운영표상 "비교환수익 등"에 반영한다.

**06**

재무제표를 통합하여 작성하는 경우 내부거래는 상계한다.

**07**

회계처리와 재무제표 작성을 위한 계정과목과 금액은 그 중요성에 따라 실용적인 방법으로 결정하여야 한다.

▶ 오답체크

② 자산, 부채 및 순자산은 총액으로 표시한다. 이 경우 자산항목과 부채 또는 순자산 항목을 상계함으로써 그 전부 또는 일부를 재정상태표에서 제외해서는 아니된다.
③ 이 규칙에서 정하는 것 외의 사항에 대해서는 일반적으로 인정되는 회계원칙과 일반적으로 공정·타당하다고 인정되는 회계관습을 따른다.
④ 재무제표는 재정상태표. 재정운영표, 순자산변동표로 구성되며, 재무제표에 대한 주석을 포함한다.

**정답** 05 ① 06 ④ 07 ①

# CHAPTER 03 재정상태표

## 1 재정상태표의 정의와 작성기준

재정상태표는 재정상태표일(12월 31일) 현재의 자산과 부채의 명세 및 상호관계 등 재정상태를 나타내는 재무제표로 자산, 부채 및 순자산으로 구성된다. 재정상태표는 기업회계의 재무상태표와 유사하다.

Self Study

각 부서의 재무제표가 있고 이를 통합한 국가의 재무제표가 있다.

① 국가는 주주 등 소유주가 존재하지 않으므로 자산과 부채의 차액을 자본이라고 하지 않고 순자산으로 표시한다.
② 국가회계실체는 일반회계 특별회계 및 기금으로 구분되지만, 재정상태표는 이와 같은 회계단위를 구분하지 않고 합계액만 표시한다.

국가회계기준에 관한 규칙(제8조)은 재정상태표를 작성하는 데 있어서 다음과 같은 기준을 언급하고 있다.

| 유동성배열법 | 자산과 부채는 유동성이 높은 항목부터 배열 |
|---|---|
| 총액표시 | 자산과 부채 및 순자산은 총액으로 표시한다. 이 경우 자산 항목과 부채 또는 순자산 항목을 상계함으로써 그 전부 또는 일부를 재정상태표에서 제외해서는 아니 된다. |

Additional Comment

1. 재정상태표는 중앙관서와 국가의 표시방법이 같다. 그러나 재정운영표와 순자산 변동표는 중앙관서와 국가의 표시방법이 다르다.
2. 지방자치단체의 재정상태표의 작성기준은 유동성배열법과 총액표시 이외의 미결산항목을 적절한 과목으로 표시하고 비망계정을 표시하지 않도록 하는 작성기준이 추가된다.

**오답유형 정리**

국가회계실체가 작성하는 재정상태표는 일반회계, 특별회계 및 기금 등의 회계단위를 구분하여 표시한다. (×)
⇨ **회계단위를 구분하지 않고 합계액만 표시**한다.

## 2 재정상태표 구성요소

### 1. 자산

#### (1) 정의

과거의 거래나 사건의 결과로 현재 국가회계실체가 소유(실질적으로 소유하는 경우를 포함) 또는 통제하고 있는 자원으로, 미래에 공공서비스를 제공할 수 있거나 직접 또는 간접적으로 경제적 효익을 창출하거나 창출에 기여할 것으로 기대되는 자원이다.

Additional Comment

기업회계기준과 달리 국가회계기준은 공공서비스를 강조하고 있다.

#### (2) 구분

유동자산, 투자자산, 일반유형자산, 사회기반시설, 무형자산 및 기타 비유동자산으로 구분한다. 자세한 사항은 아래와 같다.

| 유동자산 | 재정상태표일로부터 1년 이내에 현금화될 것으로 예상되는 자산<br>예 현금및현금성자산, 단기금융상품 등 |
|---|---|
| 투자자산 | 투자 또는 권리행사 등의 목적으로 보유하고 있는 자산<br>예 장기금융상품, 장기투자증권 등 |
| 일반유형자산 | 고유한 행정활동에 1년 이상 사용할 목적으로 취득한 자산<br>예 토지, 건물, 구축물 등 |
| 사회기반시설 | 국가의 기반을 형성하기 위하여 대규모로 투자하여 건설하고 그 경제적 효과가 장기간에 걸쳐 나타나는 자산<br>예 도로, 철도, 항만, 댐 등 |
| 무형자산 | 일정 기간 독점적·배타적으로 이용할 수 있는 권리인 자산<br>예 산업재산권, 광업권 등 |
| 기타비유동자산 | 유동자산, 투자자산, 일반유형자산, 사회기반시설 및 무형자산에 해당하지 않는 자산<br>예 장기선급금, 지급보증금 등 |

**오답유형 정리**

국가의 재정상태표상 자산은 유동자산, 투자자산, 일반유형자산, 주민편의시설, 사회기반기반시설, 무형자산 및 기타비유동자산으로 분류한다. (×)

⇨ **국가의 재정상태표상 자산에는 주민편의시설의 분류가 없다.**

## 2. 부채

### (1) 정의

과거의 거래나 사건의 결과로 국가회계실체가 부담하는 의무로서, 그 이행을 위하여 미래에 자원의 유출 또는 사용이 예상되는 현재의 의무이다.

### (2) 구분

유동부채, 장기차입부채, 장기충당부채 및 기타 비유동부채로 구분한다.

| 유동부채 | 재정상태표일부터 1년 이내 상환하여야 하는 부채<br>예 단기국채, 단기공채, 단기차입금 등 |
|---|---|
| 장기차입부채 | 재정상태표일부터 1년 후에 만기가 되는 확정부채<br>예 국채, 공채, 장기차입금 등 |
| 장기충당부채 | 지출시기 또는 지출금액이 불확실한 부채<br>예 퇴직급여충당부채, 연금충당부채 등 |
| 기타비유동부채 | 유동부채, 장기차입부채 및 장기충당부채에 해당하지 아니하는 부채<br>예 장기미지급비용, 장기선수수익 등 |

## 3. 순자산

순자산은 자산에서 부채를 차감한 금액을 말하며, 기본순자산, 적립금 및 잉여금, 순자산조정으로 구분한다. 기업회계에서는 이 금액이 자본이 되나, 국가의 경우 주주 등 투자자가 존재하는 것이 아니므로 순자산이 된다.

Additional Comment

1. 지방자치단체 회계기준에서는 주민편의시설의 구분이 있다.
2. 지방자치단체 회계기준에서는 무형자산을 별도로 분류하지 않고 기타비유동자산에 포함한다.

Additional Comment

1. 지방자치단체 회계기준은 장기충당부채의 분류가 없다.
2. 지방자치단체 회계기준은 퇴직급여충당부채 등을 기타비유동부채에 포함한다.

| 기본순자산 | 순자산에서 적립금 및 잉여금과 순자산조정을 차감한 금액 |
|---|---|
| 적립금 및 잉여금 | 임의적립금과 전기이월잉여금(결손금) 및 재정운영결과 등 |
| 순자산조정 | 투자증권평가손익, 파생상품평가손익 및 기타순자산의 증감 등 |

Additional Comment

1. 지방자치단체 회계에서는 고정순자산, 특정순자산, 일반순자산으로 분류한다.
2. 기업회계기준의 납입자본 및 이익잉여금은 적립금 및 잉여금으로 기타포괄손익누계액은 순자산조정으로 기타포괄손익을 제외한 기타자본항목은 기본순자산으로 이해할 수 있다,

## 3 재정상태표 요소의 인식기준

국가회계기준은 다음과 같이 자산과 부채의 인식기준을 규정하고 있다.

| | |
|---|---|
| 자산 인식 | ① 자산은 공용 또는 공공용으로 사용되는 등 공공서비스를 제공할 수 있거나 직접적 또는 간접적으로 경제적 효익을 창출하거나 창출에 기여할 가능성이 매우 높다.<br>② 그 가액을 신뢰성 있게 측정할 수 있을 때 인식한다. |
| 부채 인식 | ① 부채는 국가회계실체가 부담하는 현재의 의무 중 향후 그 이행을 위하여 지출이 발생할 가능성이 매우 높다.<br>② 그 금액을 신뢰성 있게 측정할 수 있을 때 인식한다. |

현재 세대와 미래 세대를 위하여 정부가 영구히 보존하여야 할 자산으로서 역사적, 자연적, 문화적, 교육적 및 예술적으로 중요한 가치를 갖는 자산을 유산자산이라고 한다. 정부가 영구히 보존하여 야 하는 유산자산은 자산으로 인식하지 아니하고 그 종류와 현황 등을 필수보충정보로 공시한다. 이는 자산금액을 측정하기 곤란하므로 유산자산을 재무제표에 표시할 자산의 범위에서 제외하는 것이다.

국가안보와 관련된 자산 또는 부채를 기획재정부장관과 협의하여 자산으로 인식하지 아니할 수 있다. 이 경우 해당 중앙관서의 장은 해당 자산 또는 부채의 종류, 취득시기 및 관리현황을 별도의 장부에 기록한다.

Additional Comment

지방자치단체 회계기준에서는 관리책임자산을 자산으로 인식하지 않고 필수보충정보로 그 내역을 보고하도록 규정하고 있다.

**오답유형 정리**

국가의 유산자산은 재정상태표의 자산으로 인식한다. (×)

⇨ 국가의 유산은 재정상태표의 **자산으로 인식하지 않고 필수보충정보로 공시**한다.

## 4 자산의 평가

### 1. 자산의 평가기준

#### (1) 원칙

재정상태표에 표시하는 자산의 가액은 해당 자산의 취득원가를 기초로 하여 인식한다.

#### (2) 취득 시 공정가치 평가

무주부동산의 취득, 국가 외의 상대방과의 교환 또는 기부채납 등으로 취득한 경우에는 취득 당시의 공정가액을 취득원가로 한다.

Additional Comment

지방자치단체 회계기준은 자산의 취득원가를 기초로 계상하는 것이 원칙이며, 교환, 기부채납, 관리전환, 그 밖에 무상으로 취득한 자산의 가액은 공정가액을 취득원가로 계상한다.

**오답유형 정리**

무주부동산의 취득, 국가 외의 상대방과의 교환 또는 기부채납 등의 방법으로 자산을 취득할 경우 취득 당시의 제공하였을 대가의 공정가액을 취득원가로 한다. (×)
⇨ **취득 당시의 공정가액을 취득원가**로 한다.

① **무주부동산**: 무주부동산이란 소유주가 없는 부동산을 의미한다. 무주부동산을 취득할 경우 공정가액을 취득원가로 한다.

② **교환**: 국가 외의 상대방과 자산을 교환하는 거래는 이종교환과 동종교환으로 구분한다. 이종교환의 경우 제공한 자산의 공정가액을 취득원가로 하고 제공한 자산의 공정가액이 불확실한 경우에는 취득한 자산의 공정가액을 취득원가로 한다.

③ **기부채납**: 국가가 기부채납으로 특정 자산을 무상취득한 경우에는 당해 자산의 공정가액을 취득원가로 한다. 기부채납으로 받은 자산에 대하여 기부자에게 사용수익권을 부여할 경우 이를 해당 자산의 차감항목으로 표시한다.

④ **관리전환**: 관리전환은 국가 내에서의 자산의 교환이다. 국유재산법에 따라 국유재산은 기획재정부 장관이 총괄하고 각 중앙관서 의장은 그 소관의 국유재산을 관리하도록 규정하고 있는 데, 관리전환이란 각 관리청 간에 국유재산의 소관을 이전하는 것을 의미한다. 관리전환은 관리청 간의 자산의 교환이므로 세입·세출 예산과는 관계없이 회계실체의 경제적 자원이 변동되는 예산 외의 거래이다. 국가회계실체 사이에 발생하는 관리전환은 무상거래일 경우에는 자산의 장부가액을 취득원가로 하고, 유상거래일 경우에는 자산의 공정가액을 취득원가로 한다.

### (3) 손상인식

① **손상**: 자산의 물리적인 손상 또는 시장가치의 급격한 하락 등으로 해당 자산의 회수가능가액이 장부가액에 미달하고 그 미달액이 중요한 경우에는 장부가액을 회수가능가액으로 조정하고, 장부가액과 회수가능가액의 차액을 그 자산에 대한 감액손실의 과목으로 재정운영순원가에 반영한다.

② **환입**: 감액한 자산의 회수가능가액이 회복되는 경우에는 감액 전의 장부가액을 한도로 하여 감액 손실환입 과목으로 재정운영순원가에 반영한다.

## 2. 계정과목별 자산의 평가기준

### (1) 유가증권

① **분류**: 유가증권은 유동·비유동 분류에 따라 단기투자증권과 장기투자증권으로 구분한다. 또한 유가증권의 성격상 채무증권, 지분증권, 기타투자증권으로 분류한다.

② **취득**: 유가증권은 매입가액에 부대비용을 더하고 종목별로 총평균법 등을 적용하여 산정한 가액을 취득원가로 한다.

Additional Comment

지방자체단체 회계기준에서는 기부채납으로 증가한 자산은 순자산변동표에 표시한다.

Additional Comment

지방자체단체 회계기준에서는 유상관리전환과 무상관리전환을 구분하지 않고 공정가액으로 취득원가를 계상한다.

Additional Comment

기업회계기준에는 미달액이 중요한 경우를 따지지 않는다.

Additional Comment

지방자체단체 회계기준에서는 감액에 대한 규정은 국가회계기준과 동일하다. 그러나 지방자치단체 회계기준은 자산의 회복에 대한 규정은 없다,

③ **평가**: 채무증권은 상각후취득원가로 평가하고, 지분증권과 기타 장기투자증권 및 기타단기투자증권은 취득원가로 평가한다. 다만, 투자목적의 장기투자증권 또는 단기투자증권인 경우에는 재정상태표일 현재 신뢰성 있게 공정가액을 측정할 수 있으면 그 공정가액으로 평가하며, 장부가액과 공정가액의 차이 금액은 순자산변동표에 조정항목으로 표시한다.

④ **손상**: 유가증권의 경우에도 감액손실의 인식을 적용한다. 유가증권의 회수가능액이 장부가액 미만으로 하락하고, 그 하락이 장기간 계속되어 회복될 가능성이 없을 경우 장부가액과의 차액을 감액손실로 인식하고, 재정운영표(재정운영순원가)에 반영한다.

Additional Comment

1. 지방자치단체 회계기준은 장기투자증권에 대해 공정가치 평가를 허용하지 않는다.
2. 지방자치단체 회계기준은 단기투자증권에 대해 언급이 없다.
3. 지방자치단체 회계기준은 모든 유가증권을 원가로 측정한다.

| 취득 | 취득원가 | 매입가액 + 부대비요(종목별 총평균법) |
|---|---|---|
| 평가 | 채무증권 | 상각후취득원가로 평가 |
| | 지분증권 | 취득원가 |
| | 투자목적 장·단기 투자증권 | 공정가액으로 평가 가능<br>(평가 시 순자산변동표의 조정항목) |
| | 기타 장·단기 투자증권 | 취득원가 |
| 손상 | 장부금액과 회수가능액의 차이 | 손상차손 인식(재정운영순원가에 반영) |

**오답유형 정리**

① 국가가 취득하는 채무증권은 상각후취득원가로 평가하고 공정가액의 변동도 인식한다. (×)
⇨ **공정가액의 변동은 인식하지 않는다.**

② 국가가 투자목적으로 취득한 장기 및 단기투자증권의 경우 재정상태표일 현재 신뢰성 있는 공정가액을 측정할 수 있다고 하더라도 공정가치로 평가하지 않고 원가법을 적용한다. (×)
⇨ **신뢰성 있는 공정가액을 측정할 수 있으면 그 공정가액으로 평가**한다.

③ 장기 및 단기투자증권을 공정가액으로 평가할 경우 장기투자증권평가손익 순자산변동으로 회계처리하고, 단기투자증권평가손익은 재정운영표의 수익 또는 비용으로 보고한다. (×)
⇨ **모든 투자증권평가손익은 순자산변동**으로 처리한다.

### (2) 미수채권, 장기대여금 또는 단기대여금

미수채권, 장기대여금 또는 단기대여금은 신뢰성 있고 객관적인 기준에 따라 산출한 대손추산액을 대손충당금으로 설정하여 평가한다.

Additional Comment

지방자치단체 회계기준은 미수세금은 합리적이고 객관적인 기준에 따라 대손충당금을 설정한다.

### (3) 재고자산

① **취득**: 재고자산은 제조원가 또는 매입가액에 부대비용을 더한 금액을 취득원가로 한다.

② **평가**: 재고자산은 품목별로 선입선출법을 적용하여 평가하는 것을 원칙으로 한다. 다만, 개별법, 이동평균법도 인정되며 이를 사용할 경우 주석에 공시한다.

③ **변경**: 재고자산 평가방법의 변경은 정당한 사유 없이 변경할 수 없으며, 평가방법의 정당한 변경사유가 발생한 경우에는 회계정책의 변경으로 처리한다.

④ **손상(저가평가)**: 재고자산의 시가가 취득원가보다 낮은 경우에는 저가법을 적용하여 시가를 재정상태표 가액으로 한다. 이 경우 원재료 외의 재고자산의 시가는 순실현가능액을 말하며, 생산과정에서 투입될 원재료의 시가는 현재 시점에서 매입하거나 재생산하는 데 드는 현행대체원가를 말한다.

Additional Comment

지방자치단체 회계기준은 저가법을 명시적으로 규정하고 있지 않다.

### (4) 압수품 및 몰수품

압수품 및 몰수품은 판결이나 법령에 따라 국가에 귀속된 때에 화폐성·비화폐성으로 나누어 평가하여 몰수금수익을 인식하고, 그 내역을 주석으로 표시한다. 화폐성자산의 경우 압류 또는 몰수 당시의 시장가격으로 평가한다. 비화폐성자산의 경우 압류 또는 몰수 당시의 감정가액 또는 공정가액 등으로 평가한다.

Additional Comment

지방자치단체 회계기준은 압수품 또는 몰수품의 회계처리가 없다.

**오답유형 정리**

압수품이나 몰수품은 압류나 몰수 당시의 시장가격으로 평가하여 표시한다. (×)

⇨ 압수품이나 몰수품 중 **화폐성자산은 압류 또는 몰수 당시의 시장가격으로 평가**하여 표시하고, **비화폐성자산은 압수나 몰수 당시 감정가액 또는 공정가액 등으로 평가**하여 표시한다.

### (5) 일반유형자산과 사회기반시설

① **취득**: 일반유형자산과 사회기반시설은 해당 자산의 건설원가 또는 매입가액에 부대비용을 더한 금액을 취득원가로 한다.

② **감가상각**: 감가상각하는 일반 유형자산과 사회기반시설은 객관적이고 합리적인 방법으로 추정한 기간에 정액법 등을 적용하여 감가상각한다. 단, 사회기반시설 중 관리·유지 노력에 따라 취득 당시의 용역 잠재력을 그대로 유지할 수 있는 시설에 대해서는 감가상각을 하지 아니하고 관리·유지에 투입되는 비용으로 감가상각비용을 대체할 수 있다. 다만, 효율적인 사회기반시설 관리시스템으로 사회기반시설의 용역 잠재력이 취득 당시와 같은 수준으로 유지된다는 것이 객관적으로 증명되는 경우로 한정한다.

③ **사용수익권**: 일반유형자산과 사회 기반시설에 대한 사용수익권은 해당 자산의 차감항목에 표시한다.

Additional Comment

지방자치단체 회계기준은 일반유형자산과 사회기반시설에 대한 사용수익권의 회계처리를 국가회계기준과 동일하게 규정하고 있다.

④ **재평가**: 일반유형자산과 사회기반시설을 취득 후 재평가할 때는 공정가액으로 계상해야 한다. 다만, 해당 자산의 공정가액에 대한 합리적인 증거가 없는 경우 등에는 재평가일을 기준으로 재생산 또는 재취득한 경우에 필요한 가격에서 경과연수에 따른 감가상각누계액 및 감액손실누계액을 뺀 가액으로 재평가하여 계상할 수 있다. 재평가에 따른 재평가의 최초 평가연도, 평가방법 및 요건 등 세부회계처리에 관하여는 기획재정부장관이 정한다.

Additional Comment

지방자치단체 회계기준은 일반유형자산이나 사회기반시설에 대한 자산 재평가를 허용하지 않는다.

⑤ **취득 후 지출**: 일반유형자산과 사회기반시설의 내용연수를 연장시키거나 가치를 실질적으로 증가시키는 지출은 자산의 증가로 회계처리하고, 원상회복시키거나 능률유지를 위한 지출은 비용으로 회계처리한다.

**오답유형 정리**

① 사회기반시설 중 관리·유지 노력에 따라 취득 당시의 용역 잠재력을 그대로 유지할 수 있는 시설도 감가상각을 하여야 한다. (×)
⇨ **이 경우 감가상각을 하지 않을 수 있다.**

② 일반유형자산에 대해서는 자산재평가를 적용할 수 있으나 사회기반시설에 대해서는 자산재평가를 적용할 수 없다. (×)
⇨ **사회기반시설도 자산재평가를 적용**할 수 있다.

**(6) 무형자산**

① **취득**: 무형자산은 해당 유형자산의 개발원가 또는 매입가액에 부대비용을 더한 금액을 취득원가로 하여 평가한다.

② **평가**: 무형자산은 정액법에 따라 해당 자산을 사용할 수 있는 시점부터 합리적인 기간 동안 상각한다. 이 경우 상각기간은 독점적·배타적인 권리를 부여하고 있는 관계법령이나 계약에서 정한 경우를 제외하고는 20년을 초과할 수 없다.

Additional Comment

지방자치단체 회계기준도 이와 동일하다.

## 5 부채의 평가

### 1. 부채의 평가기준

재정상태표에서 표시하는 부채의 가액은 국가회계기준에서 따로 정한 경우를 제외하고는 원칙적으로 만기상환가액(현재가치 계산은 적용하지 않음)으로 평가한다. 그러나 국채 등 따로 규칙을 정한 경우에 대해서는 현재가치로 평가한다.

### 2. 계정과목별 부채의 평가기준

**(1) 국채**

국채의 평가는 발행가액에서 국채발행수수료 및 발행과 관련하여 직접 발생한 비용을 뺀 금액으로 한다. 국채의 액면가액과 발행가액의 차이는 국채할인(할증)발행차금 과목으로 액면가액에 빼거나 더하는 형식으로 표시하며, 그 할인(할증)발행차금은 발행한 때부터 최종 상환할 때까지의 기간에 유효이자율로 상각 또는 환입하여 국채에 대한 이자비용에 더하거나 뺀다.

**(2) 퇴직급여충당부채**

퇴직급여충당부채는 재정상태표일 현재 공무원연금법 및 군인연금법을 적용 받지 아니하는 퇴직금 지급대상자가 일시에 퇴직할 경우 지급하여야 할 퇴직금으로 평가한다. 퇴직금산정 명세, 퇴직급추계액, 회계연도 중 실제로 지급한 퇴직금 등은 주석으로 표시한다.

**(3) 연금충당부채와 보험충당부채의 평가**

연금사업이란 공무원연금법, 군인연금법, 사립학교직원연금법 및 국민연금법에 따라 연금가입자의 퇴직, 노령, 장애 또는 사망에 대하여 연금을 지급하는 사업을 말한다. 국가회계실체가 수행하는 연금사업은 연금회계준칙을 적용하여 회계처리한다.

① **공무원연금 및 군인연금**: 재정상태표일 현재 인식해야 할 연금충당부채는 장래에 지급해야 할 연금추정지급액 중 재정상태표일 현재 귀속되는 금액을 재정상태표일의 현재가치로 평가한 금액의 합계액으로 한다. 이때 연금추정지급액은 보험수리적가정을 반영하여 산정한다.

② **사립학교교직원연금 및 국민연금**: 사립학교교직원 연금 및 국민연금은 재정상태표일 현재 지급기일이 도래하였으나 지급하지 않은 연금지급액 및 환급금을 연금미지급금으로 인식한다. 즉, 공무원연금이나 군인연금과 달리 보험수리적가정을 적용하지 않는다.

Additional Comment

지방자치단체 회계기준에서는 '국민연금법'의 경우는 언급하고 있지 않다.

③ **보험충당부채**: 국가회계실체는 개인이나 법인에게 특정한 위험에 대하여 보장을 제공하는 보험사업과 공용보험법 및 산업재해보상보험법 등 관련 법령에 따라 사회보장정책의 일환으로 실업, 업무상 재해 등의 사회적 위험으로부터 보험방식에 의하여 국민의 소득을 보장하는 사회보험사업을 수행한다.
보험자는 보험계약에 대해 장래 보험금이 지급될 가능성이 매우 높고 그 금액을 신뢰성 있게 측정할 수 있을 때 보험충당부채를 인식한다.

**오답유형 정리**

공무원연금, 군인연금, 사립학교교직원연금 및 국민연금에 대한 충당부채는 보험수리적가정을 적용하여 측정한다. (×)

⇨ **사립학교교직원연금과 국민연금에 대한 부채의 측정 시 보험수리적가정을 적용하지 않는다.**

## 6 기타자산 및 기타부채의 평가

### 1. 장기성 채권·채무의 현재가치 평가

장기연불조건의 거래, 장기금전대차거래 또는 이와 유사한 거래에서 발생하는 채권, 채무로서 명목가액과 현재가치의 차이가 중요한 경우에는 현재가치로 평가한다.
위의 현재가치 가액은 해당 채권·채무로 미래에 받거나 지급할 총금액을 해당 거래의 유효이자율(유효이자율을 확인하기 어려운 경우에는 유사한 조건의 국채 유통수익률)로 할인한 가액으로 한다.
현재가치를 평가함에 따라 발생하는 채권·채무의 명목가액과 현재가치 가액의 차액인 현재가치할인차금은 유효이자율로 매 회계연도에 환입하거나 상각하여 재정운영표의 재정운영순원가에 반영한다.

Additional Comment

장기성채권·채무의 현재가치 평가는 기업회계기준과 국가회계, 지방자치단체회계가 모두 동일하다.

### 2. 외화자산 및 외화부채의 평가

#### (1) 화폐성 외화자산과 외화부채

① **구분**: 화폐가치의 변동과 상관없이 자산과 부채의 금액이 계약 등에 의하여 일정 화폐액으로 고정되어 있는 경우의 자산과 부채를 말한다.
단, 화폐성과 비화폐성의 성질을 모두 가지고 있는 외화자산과 외화부채는 해당 자산과 부채의 보유 목적이나 성질에 따라 구분한다.

② **평가**: 화폐성 외화자산과 화폐성 외화부채는 재정상태표일 현재의 적절한 환율로 평가한다.

③ **평가손익**: 화폐성 외화자산과 화폐성 외화부채를 평가함에 따라 발생하는 손익은 외화평가손실 또는 외화평가이익의 과목으로 하여 재정운영표의 재정운영순원가에 반영한다.

### (2) 비화폐성 외화자산과 외화부채

① **평가**

㉠ **역사적원가로 측정**: 해당자산을 취득하거나 해당부채를 부담한 당시의 적절한 환율

㉡ **공정가액으로 측정하는 경우**: 공정가액이 측정된 날의 적절한 환율로 평가

**비화폐성 외화자산·부채의 환율변동손익 회계처리 예시**

| 재고자산의 평가손익과 환율변동효과 | 재정운영순원가에 반영 |
|---|---|
| 토지의 평가손익과 환율변동효과 | 순자산조정에 반영 |

② **평가손익**: 평가손익을 순자산조정으로 처리하는 경우 환율변동효과도 순자산조정으로 처리하고, 평가손익을 재정운영순원가에 반영하는 경우 환율변동효과도 재정운영순원가에 반영한다.

③ **주석공시**: 중요한 외화자산과 외화부채의 내용, 평가기준 및 평가손익의 내용은 주석으로 표시한다.

Additional Comment
지방자치단체회계기준은 화폐성 외화자산과 부채를 회계연도 종료일의 적절한 환율로 평가한다.

Additional Comment
지방자치단체회계기준은 비화폐성 외화자산과 부채를 취득시점의 적절한 환율로 평가한다.

## 3. 리스에 따른 자산과 부채의 평가

금융리스는 리스료를 내재이자율로 할인한 가액과 리스자산의 공정가액 중 낮은 금액을 리스자산과 리스부채로 각각 계상하여 감가상각하고, 운용리스는 리스료를 해당 회계연도의 비용으로 회계처리한다.

## 4. 파생상품의 평가

파생상품은 해당 계약에 따라 발생한 권리와 의무를 각각 자산 및 부채로 계상하여야 하며, 공정가액으로 평가한 금액을 재정상태표 가액으로 한다.
파생상품에서 발생한 평가손익은 발생한 시점에 재정운영표의 재정운영순원가에 반영한다. 다만, 미래예상거래의 현금흐름 변동위험을 회피하는 계약에서 발생하는 평가손익은 순자산변동표의 조정항목 중 파생상품평가손익으로 표시한다.

Additional Comment
지방자치단체회계기준은 파생상품에 대한 규정이 없다.

## 5. 충당부채, 우발부채 및 우발자산

### (1) 충당부채

지출 시기 또는 지출금액이 불확실한 부채를 말하며, 현재의무의 이행에 소요되는 지출에 대한 최선의 추정치를 재정상태표 가액으로 한다. 최선의 추정치를 산정할 때는 관련 사건과 상황에 대한 위험과 불확실성을 고려한다.

### (2) 우발부채

① **정의**: 우발부채는 다음에 해당하는 의무이다.

> ㉠ 과거의 거래나 사건으로 발행하였으나, 국가회계실체가 전적으로 통제할 수 없는 하나 이상의 불확실한 미래 사건의 발생 여부로만 그 존재 유무를 확인할 수 있는 잠재적 의무
> ㉡ 과거의 거래나 사건으로 발생하였으나, 해당 의무를 이행하기 위하여 경제적 효익이 있는 자원을 유출할 가능성이 매우 높지 않거나, 그 금액을 신뢰성 있게 측정할 수 없는 경우에 해당하여 인식하지 아니하는 현재의 의무

② **인식**: 의무를 이행하기 위하여 경제적 효익이 있는 자원이 유출될 가능성이 희박하지 않는 한 주석으로 공시한다.

### (3) 우발자산

① **정의**: 과거의 거래나 사건으로 발생하였으나 국가회계실체가 전적으로 통제할 수 없는 하나 이상의 불확실한 미래 사건의 발생여부로만 그 존재 유무를 확인할 수 있는 잠재적 자산이다.

② **인식**: 경제적 효익의 유입가능성이 매우 높은 경우 주석에 공시한다,

## 6. 회계변경과 오류수정

### (1) 회계변경

회계정책 및 추정의 변경은 그 변경으로 재무제표를 보다 적절히 표시할 수 있는 경우 또는 법령 등에서 새로운 회계기준을 채택하거나 기존의 회계기준을 폐지함에 따라 변경이 불가피한 경우라고 할 수 있다. 회계변경과 관련한 회계처리는 다음과 같다.

| 구분 | 회계처리 |
| --- | --- |
| 회계정책의 변경 | 소급적용 |
| 회계추정의 변경 | 전진적용 |

회계정책 또는 회계추정을 변경한 경우에는 그 변경내용, 변경사유 및 변경에 따라 해당 회계연도의 재무제표에 미치는 영향을 주석으로 표시한다.

### (2) 오류수정

오류수정이란 회계기준 또는 법령 등에서 정한 기준에 합당하지 아니한 경우로 전 회계연도 또는 그 전 기간에 발생한 오류를 의미한다. 오류수정과 관련된 회계처리는 다음과 같다.

| 구분 | 회계처리 |
| --- | --- |
| 중대한 오류 | • 오류가 발생한 회계연도 재정상태표의 순자산에 반영하고, 관련된 계정 잔액을 수정<br>• 비교재무제표를 작성할 때에는 중대한 오류의 영향을 받는 회계기간의 재무제표 항목을 다시 작성 |
| 그 이외의 오류 | 해당 회계연도의 재정운영표에 반영 |

Additional Comment

1. 지방자치단체 회계기준에서 회계정책의 변경에 대한 재무제표 재작성에 대한 규정은 없다.
2. 국가회계기준의 회계변경은 기업회계기준과 동일하다.

전 회계연도 이전에 발생한 오류수정사항은 주석으로 표시하되, 중대한 오류를 수정한 경우에는 다음의 사항을 주석으로 포함한다.

① 중대한 오류로 판단한 근거
② 비교재무제표에 표시된 과거 회계기간에 대한 수정금액
③ 비교재무제표가 다시 작성되었다는 사실

**오답유형 정리**

회계 정책변경에 따른 영향은 전기 재무제표를 소급재작성하지 않는다. (×)

⇨ **회계 정책변경에 따른 영향은 소급하여 적용**하며 새로운 회계정책이 적용되는 회계연도와 비교표시되는 회계연고의 순자산변동표상 기초순자산의 '회계변경누적효과'를 반영한다.

# 확인 문제

**01** 국가회계기준에 관한 규칙에서 규정하고 있는 자산의 평가와 관련된 설명으로 옳지 않은 것은?

2014년 국가직 7급

① 융자보조원가충당금은 융자사업에서 발생한 융자금 원금과 추정 회수가능액의 현재가치와의 차액으로 평가하며, 보증충당부채는 보증채무불이행에 따른 추정 순현금유출액의 현재가치로 평가한다.
② 재정상태표일 현재 장기 및 단기 투자증권의 신뢰성 있는 공정가치를 측정할 수 있어 당해 자산을 공정가치로 평가할 경우 장기투자증권평가손익은 순자산변동으로 회계처리하고, 단기 투자증권평가손익은 재정운영표의 수익 또는 비용으로 보고한다.
③ 기부채납을 통해 무상 취득한 일반유형자산의 경우에는 취득당시의 공정가액을 취득원가로 계상하는데, 일반유형자산에 대한 사용수익권은 해당 자산의 차감항목에 표시한다.
④ 효율적인 사회기반시설 관리시스템으로 사회기반시설의 용역잠재력이 취득 당시와 같은 수준으로 유지된다는 것이 객관적으로 증명되는 경우에 사회기반시설 중 관리 · 유지 노력에 따라 취득 당시의 용역잠재력을 그대로 유지할 수 있는 시설에 대해서는 감가상각하지 않고, 관리 · 유지에 투입되는 비용으로 감가상각비용을 대체할 수 있다.

**02** 국가회계기준에 관한 규칙상 자산과 부채의 평가에 대한 설명으로 옳지 않은 것은? 2015년 국가직 7급

① 재고자산의 시가가 취득원가보다 낮은 경우에는 시가를 재정상태표 가액으로 하며, 생산과정에 투입될 원재료의 시가는 순실현가능가액을 말한다.
② 재고자산은 제조원가 또는 매입가액에 부대비용을 더한 금액을 취득원가로 한다.
③ 재고자산은 실물흐름과 원가산정 방법 등에 비추어 선입선출법 이외의 방법을 적용하는 것이 보다 합리적이라고 인정되는 경우에는 개별법, 이동평균법 등을 적용하고 그 내용을 주석으로 표시한다.
④ 국가회계실체 사이에 발생하는 관리전환은 무상거래일 경우에는 자산의 장부가액을 취득원가로 하고, 유상거래일 경우에는 자산의 공정가액을 취득원가로 한다.

정답 및 해설

01
재정상태표일 현재 장기 및 단기 투자증권의 신뢰성 있는 공정가치를 측정할 수 있어 당해 자산을 공정가치로 평가할 경우 장부가액과 공정가액의 차이금액(투자증권평가손익)을 당기손익이 아니라 순자산변동으로 회계처리한다.

02
원재료 외의 재고자산의 시가는 순실현가능액을 말하며, 생산과정에서 투입될 원재료의 시가는 현재 시점에서 매입하거나 재생산하는 데 드는 현행대체원가를 말한다.

정답 01 ② 02 ①

## 03 국가회계기준에 관한 규칙상 자산의 인식기준으로 옳지 않은 것은?

2015년 국가직 7급

① 자산은 공용 또는 공공용으로 사용되는 등 공공서비스를 제공할 수 있거나 직접적 또는 간접적으로 경제적 효익을 창출하거나 창출에 기여할 가능성이 매우 높아야 한다.
② 자산은 그 가액을 신뢰성 있게 측정할 수 있어야 한다.
③ 국가안보와 관련된 자산은 기획재정부장관과 협의하여 자산으로 인식하지 아니할 수 있다.
④ 현재 세대와 미래 세대를 위하여 정부가 영구히 보존하여야 할 자산으로서 역사적, 자연적, 문화적, 교육적 및 예술적으로 중요한 가치를 갖는 유산자산은 재정상태표상 자산으로 인식한다.

## 04 국가회계기준에 관한 규칙에 대한 설명으로 옳지 않은 것은?

2015년 국가직 9급

① 재무제표는 재정상태표, 재정운영표, 순자산변동표로 구성하되 재무제표에 대한 주석을 포함한다.
② 현재 세대와 미래 세대를 위하여 정부가 영구히 보존하여야 할 자산으로서 역사적, 자연적, 문화적, 교육적 및 예술적으로 중요한 가치를 갖는 자산(유산자산)은 자산으로 인식하지 아니하고 그 종류와 현황 등을 필수보충정보로 공시한다.
③ 재정상태표에 표시하는 부채의 가액은 원칙적으로 현재가치로 평가한다.
④ 사회기반시설 중 관리 · 유지 노력에 따라 취득 당시의 용역 잠재력을 그대로 유지할 수 있는 시설에 대해서는 감가상각하지 아니하고 관리 · 유지에 투입되는 비용으로 감가상각비용을 대체할 수 있다.

## 05 국가회계기준에 관한 규칙과 지방자치단체회계기준에 관한 규칙에 대한 설명으로 옳지 않은 것은?

2016년 지방직 9급

① 국가회계기준의 재무제표에는 현금흐름표가 포함되나, 지방자치단체 회계기준의 재무제표에는 현금흐름표가 포함되지 않는다.
② 국가회계기준의 자산 분류에는 주민편의시설이 포함되지 않으나, 지방자치단체회계기준의 자산 분류에는 주민편의시설이 포함된다.
③ 국가회계기준에서는 일반유형자산에 대하여 재평가모형을 적용할 수 있으나, 지방자치단체회계기준에서는 일반유형자산에 대하여 재평가모형을 적용하지 않는다.
④ 국가회계기준과 지방자치단체회계기준 모두 자산과 부채는 유동성이 높은 항목부터 배열하는 것을 원칙으로 한다.

**06** **국가회계기준에 관한 규칙상 유가증권 평가에 대한 설명으로 옳지 않은 것은?** 2016년 서울시 7급

① 유가증권은 자산의 분류기준에 따라 단기투자증권과 장기투자증권으로 구분한다.

② 유가증권은 매입가액에 부대비용을 더하고 종목별로 총평균법 등을 적용하여 산정한 가액을 취득원가로 한다.

③ 채무증권, 지분증권 및 기타 장·단기투자증권은 취득원가로 평가한다.

④ 유가증권의 회수가능가액이 장부가액 미만으로 하락하고 그 하락이 장기간 계속되어 회복될 가능성이 없을 경우에는 장부가액과의 차액을 감액손실로 인식하고 재정운영순원가에 반영한다.



정답 및 해설

**03**
현재 세대와 미래 세대를 위하여 정부가 영구히 보존하여야 할 자산으로 역사적, 자연적, 문화적, 교육적 및 예술적으로 중요한 가치를 갖는 유산자산은 자산으로 인식하지 않고 그 종류와 현황 등을 필수보충정보로 공시한다.

**04**
재정상태표에 표시되는 부채가액은 원칙적으로 만기상환가액으로 평가한다.

**05**
국가회계기준의 재무제표에는 현금흐름표가 포함되지 않으나, 지방자치단체회계기준의 재무제표에는 현금흐름표가 포함된다,

**06**
채무증권은 상각후원가로 평가하고, 지분증권과 기타 장기투자증권 및 기타 단기투자증권은 취득원가로 평가한다. 다만, 투자목적의 당기투자증권 또는 단기투자증권인 경우에는 공정가액으로 평가한다.

**정답** 03 ④ 04 ③ 05 ① 06 ③

## 07 국가회계기준에 관한 규칙에 대한 설명으로 옳지 않은 것은?

2016년 국가직 7급

① 국세징수활동표는 재무제표의 내용을 보완하고 이해를 돕기 위하여 제공되는 필수보충정보이다.

② 유산자산의 종류, 수량 및 관리상태는 주석으로 표시한다.

③ 금융리스는 리스료를 내재이자율로 할인한 가액과 리스자산의 공정가액 중 낮은 금액을 리스자산과 리스부채로 각각 계상하여 감가상각한다.

④ 장기연불조건의 거래에서 발생하는 채권·채무로서 명목가액과 현재가치의 차이가 중요한 경우에는 현재가치로 평가한다.

## 08 국가회계기준에 관한 규칙상 재정상태표에 대한 설명으로 옳은 것은?

2016년 국가직 7급

① 자산은 유동자산, 투자자산, 일반유형자산, 사회기반시설, 주민편의시설 및 기타비유동자산으로 구분한다.

② 부채의 가액은 국가회계기준에 관한 규칙에서 따로 정한 경우를 제외하고는 원칙적으로 현재가치로 평가한다.

③ 국가안보와 관련된 자산과 부채는 기획재정부장관과 협의하여 자산과 부채로 인식하지 아니할 수 있다.

④ 순자산은 고정순자산, 특정순자산 및 일반순자산으로 분류한다.

## 09 국가회계기준에 관한 규칙에서 정한 자산과 부채의 평가에 대한 내용으로 옳지 않은 것은?

2016년 국가직 9급

① 일반유형자산에 대한 사용수익권은 해당자산의 차감항목에 표시한다.

② 사회기반시설 중 관리·유지 노력에 따라 취득 당시 용역 잠재력을 그대로 유지할 수 있는 시설에 대해서는 감가상각하지 아니하고 관리·유지에 투입되는 비용으로 감가상각비용을 대체할 수 있다.

③ 유가증권은 부대비용을 제외한 매입가액에 종목별로 총평균법을 적용하여 산정한 가액을 취득원가로 한다.

④ 재정상태표에 표시하는 부채의 가액은 국가회계기준에 관한 규칙에 따로 정한 경우를 제외하고는 원칙적으로 만기상환가액으로 평가한다.

## 10 국가회계기준에 관한 규칙에서 정한 재정상태표 요소의 구분과 표시에 대한 설명으로 옳지 않은 것은?

2016년 국가직 9급

① 재정상태표는 자산, 부채, 순자산으로 구성되며, 자산 항목과 부채 또는 순자산 항목을 상계하지 않고 총액으로 표시한다.

② 자산은 유동자산, 투자자산, 일반유형자산, 유산자산, 무형자산 및 기타 비유동자산으로 구분한다.

③ 부채는 유동부채, 장기차입부채, 장기충당부채 및 기타 비유동부채로 구분한다.

④ 순자산은 기본순자산, 적립금 및 잉여금, 순자산조정으로 구분한다.





### 정답 및 해설

**07**

유산자산의 종류, 수량 및 관리상태는 필수보충정보에 표시한다.

**08**

▶ 오답체크

① 주민편의시설은 지방자치단체회계기준에서 포함되는 항목이다.

② 부채는 국가회계기준에서 따로 정한 경우를 제외하고는 원칙적으로 만기상환가액(현재가치 계산은 적용하지 않음)으로 평가한다.

④ 순자산은 기본순자산, 적립금 및 잉여금, 순자산조정으로 구분된다.

**09**

유가증권은 매입가액에 부대비용을 더하고 종목별로 총평균법 등을 적용하여 산정한 가액을 취득원가로 한다.

**10**

국가회계기준에 관한 규칙에서 자산은 유동자산, 투자자산, 일반유형자산, 사회기반시설, 무형자산 및 기타 비유동자산으로 구분한다.

**정답** 07 ② 08 ③ 09 ③ 10 ②

**11** **국가회계기준에 관한 규칙상 자산의 정의와 인식기준으로 가장 옳지 않은 것은?** 2017년 서울시 7급

① 자산은 공용 또는 공공용으로 사용되는 등 공공서비스를 제공할 수 있거나 직접적 또는 간접적으로 경제적 효익을 창출하거나 창출에 기여할 가능성이 매우 높고 그 가액을 신뢰성 있게 측정할 수 있을 때에 인식한다.
② 현재 세대와 미래 세대를 위하여 정부가 영구히 보존하여야 할 자산으로서 역사적, 자연적, 문화적, 교육적 및 예술적으로 중요한 가치를 갖는 유산자산은 자산으로 인식하지 아니 하고 그 종류와 현황 등을 필수보충정보로 공시 한다.
③ 국가안보와 관련된 자산은 기획재정부장관과 협의하여 자산으로 인식하지 아니할 수 있다. 이 경우 해당 중앙관서의 장은 해당 자산의 종류, 취득시기 및 관리 현황 등을 별도의 장부에 기록하여야한다.
④ 자산은 과거의 거래나 사건의 결과로 현재 국가 회계실체가 소유(실질적으로 소유하는 경우를 제외한다)하고 있는 자원으로서 미래에 공공서비스를 제공할 수 있거나 직접 또는 간접적으로 경제적 효익을 창출할 것으로 기대하는 자원을 말한다.

**12** **국가회계기준에 관한 규칙에 따른 재무제표에 대한 설명으로 옳지 않은 것은?** 2017년 서울시 7급

① 재정운용표에는프로그램(정책사업)별로 원가가집계 · 표시된다.
② 재정상태표상 자산과 부채는 유동성배열법에 따라 표시된다.
③ 직접적인 반대급부가 없이 법령에 따라 납부의무가 발생한 금품의 수납은 재정운용표에 비교환수익으로 보고한다.
④ 재정상태표를 작성함에 있어서 자산에 대한 사용수익권은 무형자산 항목으로 표시된다.

**13** **국가회계기준에 관한 규칙과 지방자치단체 회계기준에 관한 규칙에 대한 설명으로 옳지 않은 것은?**
2017년 지방직 9급

① 국가의 일반유형자산과 사회기반시설을 취득한 후 재평가할 때에는 공정가액으로 계상하여야 한다.
② 국가와 지방자치단체의 금융리스는 리스료를 내재이자율로 할인한 가액과 리스자산의 공정가액 중 낮은 금액을 리스자산과 리스부채로 각각 계상하여 감가상각한다.
③ 국가의 유가증권은 매입가액에 부대비용을 더하고 종목별로 총평균법 등을 적용하여 산정한 가액을 취득원가로 한다.
④ 기부채납 등으로 인한 지방자치단체의 순자산 증가는 수익에 포함한다.

## 14 국가회계기준에 관한 규칙의 내용으로 옳지 않은 것은?

2017년 국가직 7급

① 자산과 부채는 유동성이 높은 항목부터 배열한다. 이 경우 유동성이란 현금으로 전환되기 쉬운 정도를 말한다.
② 정부가 부과하는 방식의 국세는 납세의무자가 세액을 납부하는 때에 수익으로 인식한다.
③ 압수품 및 몰수품 중 화폐성자산은 압류 또는 몰수 당시의 시장가격으로 평가한다.
④ 순자산은 자산에서 부채를 뺀 금액을 말하며, 기본순자산, 적립금 및 잉여금, 순자산조정으로 구분한다.



**정답 및 해설**

**11**
자산은 과거의 거래나 사건의 결과로 현재 국가회계실체가 소유(실질적으로 소유하는 경우를 제외한다)하고 있는 자원으로서 미래에 공공서비스를 제공할 수 있거나 직접 또는 간접적으로 경제적 효익을 창출할 것으로 기대하는 자원을 말한다.

**12**
재정상태표를 작성함에 있어서 자산에 대한 사용수익권은 자산의 차감항목으로 표시된다.

**13**
기부채납 등으로 인한 지방자치단체의 순자산 증가는 재정상태표의 순자산의 증가로 인식한다.

**14**
정부가 부과하는 방식의 국세는 국가가 고지하는 때에 수익을 인식한다.

정답 11 ④ 12 ④ 13 ④ 14 ②

## 15 다음 자료를 이용하여 국가회계실체인 A부의 재정상태표에 표시할 자산의 장부금액은?

- 국가회계실체인 B부가 ₩200,000,000으로 계상하고 있던 토지를 관리전환 받아 공정가액 ₩300,000,000을 지급하고 취득함
- 국가 외의 상대방으로부터 공정가액 ₩1,000,000,000인 건물을 무상으로 기부 받고 동시에 건물에 대하여 10년에 걸쳐 사용수익권 ₩500,000,000을 기부자에게 제공하기로 함
- 공정가액 ₩700,000,000인 무주토지를 발굴하여 자산에 등재함

① ₩1,400,000,000
② ₩1,500,000,000
③ ₩2,000,000,000
④ ₩2,500,000,000

## 16 국가회계기준에 관한 규칙상 '자산과 부채의 평가'에 대한 설명으로 옳지 않은 것은? 2018년 국가직 7급

① 국가회계실체 사이에 발생하는 관리전환이 무상거래일 경우에는 취득 당시의 공정가액을 취득원가로 한다.
② 무형자산은 정액법에 따라 해당 자산을사용할 수 있는 시점부터 합리적인 기간 동안 상각한다.
③ 비화폐성 외화자산을 역사적 원가로 측정하는 경우 해당 자산을 취득한 당시의 적절한 환율로 평가한다.
④ 보증충당부채는 보증채무불이행에 따른 추정 순현금유출액의 현재가치로 평가한다.

## 17 지방자치단체 회계기준에 관한 규칙의 재정상태표에 대한 설명으로 가장 옳지 않은 것은? 2019년 서울시 7급

① 재정상태표는 특정 시점의 회계실체의 자산과 부채의 내역 및 상호관계 등 재정상태를 나타내는 재무제표로서 자산·부채 및 자본으로 구성된다.
② 부채는 회계실체가 부담하는 현재의 의무를 이행하기 위해 경제적 효익의 유출이 거의 확실하고 그 금액을 신뢰성 있게 측정할 수 있을 때 인식한다.
③ 자산과 부채는 유동성 이 높은 항목부터 배열하는 것을 원칙으로 한다.
④ 가지급금이나 가수금 등의 미결산 항목은 그 내용을 나타내는 적절한 과목으로 표시하고, 비망계정은 재정상태표의 자산 또는 부채항목으로 표시하지 않는다.

**18** **국가회계기준에 관한 규칙상 '부채의 분류 및 평가'에 대한 설명으로 옳지 않은 것은?** 2019년 국가직 7급

① 재정상태표상 부채는 유동부채, 장기차입부채 및 기타유동부채로 분류한다.
② 장기연불조건의 거래, 장기금전대차거래 또는 이와 유사한 거래에서 발생하는 채권·채무로서 명목가액과 현재가치의 차이가 중요한 경우에는 현재가치로 평가한다.
③ 화폐성 외화부채는 재정상태표일 현재의 적절한 환율로 평가한다.
④ 재정상태표에 표시되는 부채의 가액은 국가회계기준에 관한 규칙에서 따로 정한 경우를 제외하고는 원칙적으로 만기상환가액으로 평가한다.



정답 및 해설

**15**
무주부동산의 취득, 국가 외의 상대방과의 교환 또는 기부채납 등으로 취득한 경우에는 취득 당시의 공정가액을 취득원가로 한다.
1) 관리전환 자산의 취득: 300,000,000
2) 기부채납: 1,000,000,000 - 500,000,000(사용수익권의 차감) = 500,000,000
3) 무주부동산: 700,000,000
⇒ 자산의 장부금액: 1,500,000,000

**16**
국가회계실체 사이에 발생하는 관리전환이 무상거래일 경우에는 취득 당시의 장부금액을 취득원가로 하고, 유상거래일 경우에는 취득 당시의 공정가액을 취득원가로 한다.

**17**
지방자치단체회계에서는 '자본' 대신 '순자산'을 사용한다.

**18**
재정상태표상 부채는 유동부채, 장기차입부채, 장기충당부채 및 기타유동부채로 분류한다. 국가의 재정상태표에는 장기충당부채가 따로 분류되고, 지방자치단체의 재정상태표에는 장기충당부채가 기타부채에 포함된다.

**정답** 15 ② 16 ① 17 ① 18 ①

## 19 국가회계기준에 관한 규칙에 대한 설명으로 옳지 않은 것은?

2019년 국가직 7급

① 재정상태표상 순자산은 자산에서 부채를 뺀 금액을 말하며, 기본순자산, 적립금 및 잉여금, 순자산조정으로 구분한다.

② 융자보조원가충당금은 융자사업에서 발생한 융자금 원금과 추정 회수가능액의 현재가치와의 차액으로 평가한다.

③ 유가증권의 회수가능가액이 장부가액 미만으로 하락하고 그 하락이 장기간 계속되어 회복될 가능성이 없을 경우에는 장부가액과의 차액을 감액손실로 인식하고 재정운영순원가에 반영한다.

④ 일반유형자산에 대해서는 재평가를 할 수 있으나 사회기반시설에 대해서는 재평가를 할 수 없다.

## 20 국가회계기준에 관한 규칙에 대한 설명으로 옳은 것은?

2020년 국가직 7급

① 현재 세대와 미래 세대를 위하여 정부가 영구히 보존하여야 할 자산으로서 역사적, 자연적, 문화적, 교육적 및 예술적으로 중요한 가치를 갖는 자산은 자산으로 인식하지 아니하고 그 종류와 현황 등을 필수보충정보로 공시한다.

② 미래예상거래의 현금흐름변동위험을 회피하는 파생상품 계약에서 발생하는 평가손익은 발생한 시점의 재정운영순원가에 반영한다.

③ 압수품 및 몰수품이 비화폐성 자산인 경우 압류 또는 몰수 당시의 시장가격으로 평가하며 감정가액으로 평가할 수 없다.

④ 우발자산은 과거의 거래나 사건으로 발생하였으나 국가회계실체가 전적으로 통제할 수 없는 하나 이상의 불확실한 미래 사건의 발생 여부로만 그 존재 유무를 확인할 수 있는 잠재적 자산을 말하며, 경제적 효익의 유입 가능성이 매우 높은 경우 재정상태표에 자산으로 공시한다.

## 21 국가회계기준에 관한 규칙에 대한 설명으로 옳지 않은 것은?

2021년 국가직 9급

① 국채는 국채발행수수료 및 발행과 관련하여 직접 발생한 비용을 뺀 발행가액으로 평가한다.

② 파생상품은 공정가액으로 평가하여 해당 계약에 따라 발생한 권리와 의무를 각각 자산 및 부채로 계상한다.

③ 화폐성 외화부채는 재정상태표일 현재의 적절한 환율로 평가한다.

④ 사회기반시설에 대한 사용수익권은 부채로 표시한다.

## 22 국가회계기준에 관한 규칙상 자산과 부채의 평가에 대한 설명으로 옳지 않은 것은?

2021년 지방직 9급

① 재정상태표에 표시하는 자산의 가액은 해당 자산의 취득원가를 기초로 하여 계상한다.
② 국채는 국채발행수수료 및 발행과 관련하여 직접 발생한 비용을 뺀 발행가액으로 평가한다.
③ 일반유형자산은 해당 자산의 건설원가 또는 매입가액에 부대비용을 더한 금액을 취득원가로 하고, 객관적이고 합리적인 방법으로 추정한 기간에 정액법 등을 적용하여 감가상각한다.
④ 국가회계실체 사이에 발생하는 관리전환은 무상거래일 경우에는 자산의 공정가액을 취득원가로 하고, 유상거래일 경우에는 자산의 장부가액을 취득원가로 한다.



**정답 및 해설**

**19**

일반유형자산과 사회기반시설 모두 재평가 가능하다.

**20**

▶ 오답체크

② 파생상품에서 발생한 평가손익은 발생한 시점에 재정운영표의 재정운영순원가에 반영한다. 다만, 미래예상거래의 현금흐름변동위험을 회피하는 계약에서 발생하는 평가손익은 순자산변동표의 조정항목 중 파생상품평가손익으로 표시한다.
③ 압수품 및 몰수품이 비화폐성 자산인 경우 압류 또는 몰수 당시의 감정가액 또는 공정가액 등으로 평가하며 그 내용을 주석으로 표시한다.
④ 우발자산은 과거의 거래나 사건으로 발생하였으나 국가회계실체가 전적으로 통제할 수 없는 하나 이상의 불확실한 미래 사건의 발생 여부로만 그 존재 유무를 확인할 수 있는 잠재적 자산을 말하며, 경제적 효익의 유입 가능성이 매우 높은 경우 주석에 공시한다.

**21**

일반유형자산과 사회기반시설에 대한 사용수익권은 해당 자산의 차감항목에 표시한다.

**22**

국가회계실체 사이에 발생하는 관리전환은 무상거래일 경우에는 자산의 장부가액을 취득원가로 하고, 유상거래일 경우에는 자산의 공정가액을 취득원가로 한다.

**정답** 19 ④ 20 ① 21 ④ 22 ④

## 23 다음은 20×1년 중앙관서 A 부처 기타특별회계의 재무제표 작성을 위한 자료이다. 재무제표에 대한 설명으로 옳지 않은 것은?

2021년 국가직 7급

- 프로그램총원가 ₩28,000, 프로그램수익 ₩12,000
- 관리운영비: 인건비 ₩5,000, 경비 ₩3,000
- 프로그램과 직접적인 관련이 없는 수익과 비용: 이자비용 ₩1,000, 자산처분손실 ₩1,000, 자산처분이익 ₩2,000
- 국고수입 ₩10,000, 부담금수익 ₩5,000, 채무면제이익 ₩10,000, 국고이전지출 ₩3,000
- 기초순자산 ₩20,000(기본순자산 ₩5,000, 적립금 및 잉여금 ₩10,000, 순자산조정 ₩5,000)

① 재정운영표상 재정운영결과는 ₩24,000이다.
② 순자산변동표상 재원의 조달 및 이전은 ₩22,000이다.
③ 순자산변동표상 기말 적립금 및 잉여금은 ₩7,000이다.
④ 순자산변동표상 기말순자산은 ₩18,000이다.

정답 및 해설

23
(1) 재정운영결과: 28,000 - 12,000 + 8,000 + 2,000 - 2,000 = 24,000
(2) 재원의 조달 및 이전: 10,000 + 5,000 + 10,000 - 3,000 = 22,000
(3) 기말 적립금 및 잉여금: 10,000 + 24,000(재정운영결과) = 34,000
(4) 기말순자산: 20,000 - 24,000(재정운영결과) + 22,000(재원의 조달과 이전) = 18,000

정답 23 ③

# CHAPTER 04 재정운영표

## 1 재정운영표의 기초 개념

### 1. 재정운영표의 정의

정부회계는 영리목적이 아닌 공공의 서비스를 위해 정부가 예산을 효율적으로 운영한 결과를 보여주기 위해 재정운영표를 작성한다. 그러므로 수익보다는 사용된 지출인 비용이 중심이 되어 기록된다.

Additional Comment

기업회계는 영리를 목적으로 운영된다. 그러므로 벌어들인 수익에서 비용을 차감하여 얼마 의 이익을 남겼는지를 기록함으로써 경영의 성과를 보여준다.

### 2. 재정운용표의 구조

재정운영표는 회계연도 동안 수행한 정책이나 사업의 원가와 재정운영에 대한 원가회수내역 등을 포함한 재정의 운영결과를 체계적으로 표시하는 재무제표이다. 재정운영표는 프로그램순원가, 재정운영순원가 및 재정운영 결과로 구분하여 표시한다.
프로그램순원가는 프로그램총원가에서 프로그램수익을 차감하여 계산되는데 이는 각 개별 프로그램을 수행하는 데 경상적으로 소요되는 순원가를 의미하며, 징수해야 할 국세나 부담금 등에 대한 정보를 제공한다.
재정운영순원가는 프로그램순원가에서 관리운영비, 비배분비용 및 비배분수익을 가감하여 산출하며, 재정운영결과는 재정운영순원가에 비교환수익 등을 차감하여 산출한다. 여기서 비배분비용이란 국가회계실체에서 발생한 비용 중 프로그램에 대응되지 않는 비용이다.
또한 비배분수익이란 국가회계실체에서 발생한 수익 중 프로그램에 대응되지 않는 수익이다.

|  |  |  |
|---|---|---|
| 프로그램 총원가<br>프로그램 수익 | (+)<br>(−) | 예 서비스 제공<br>예 판매수익 등 |
| = 프로그램순원가 | | 각 항목 구분 가능 |
| 관리운영비<br>비배분비용<br>비배분수익 | (+)<br>(+)<br>(−) | 예 부서별 인건비 등<br>예 영업외비용<br>예 영업외수익 |
| = 재정운영순원가 | | |
| 비교환수익 등 | (±) | |
| = 재정운영결과 | | |

Additional Comment

재정운영결과는 비용에서 수익을 차감한 결과이므로 재정운영결과가 (+) 값을 가지면 수익 보다 비용이 더 많이 발생했다는 것이고, 재정운영결과가 (−)의 값을 가지면 비용보다 수익 이 더 많이 발생했다는 것을 의미한다. 그러나 (+)의 재정운영결과가 정부의 효율적인 재정운영을 의미하는 것은 아니고, (−)의 재정운영결과가 정부의 효율적인 재정운영을 의미하는 것도 아니다. 오히려 (−)의 재정운영결과는 정부가 충분히 공공서비스를 제공하지 않았음을 의미할 수도 있다. 그러므로 재정운영표는 재정운영결과보다 개별사업의 손익을 나타내는 프로그램 별 순원가 에 대한 정보가 가장 중요하다고 할 수 있다.

Self Study

1. 국가회계기준에서 재정운용표는 내부 거래를 제거하여 작성하되, 재정운영순원가, 비교환수익 및 재정운영결과로 구분하여 표시한다.
2. 국가회계기준에서 재정운용순원가는 각 중앙관서별로 구분하여 표시한다.

### 3. 수익의 정의 및 구분

#### (1) 수익의 정의

국가회계기준에서 수익은 국가의 재정활동과 관련하여 재화 또는 용역을 제공한 대가로 발생(⇒ 교환수익)하거나, 직접적인 반대급부 없이 법령에 따라 납부의무가 발생한 금품의 수납 또는 자발적인 기부금 수령 등에 따라 발생(⇒ 비교환수익)하는 순자산의 증가(⇒재정상태표 상 적립금및잉여금)로 규정한다.

#### (2) 수익의 구분

수익의 원천에 따라 교환수익과 비교환수익으로 구분된다.

① **교환수익**: 중앙관서 등 국가회계실테가 재화나 용역의 공급에 대한 대가로 발생하는 수익이다. 즉, 국가회계실체의 기업적 활동을 통해 조달된 재원을 말한다.
② **비교환수익**: 반대급부 없이 국가가 강제로 징수하는 수익이다. 즉, 국가회계실체의 공공적 활동을 통한 재정수입이다.

여기서 교환수익은 다시 프로그램수익과 비배분수익으로 구분한다,

| 교환수익 | 프로그램수익 | 특정프로그램(국가의 정책이나 사업)의 운영에 따라 재화나 용역을 제공한 대가로 발생하는 수익으로서 특정프로그램으로의 직접추적이 가능하여 프로그램총원가에서 차감하는 수익 |
|---|---|---|
| | 비배분수익 | 프로그램이 제공하는 재화나 서비스와 관계없이 발생하는 수익으로서 특정프로그램으로 추적하는 것이 불가능한 수익 |
| 비교환수익 | | 직접적인 반대급부 없이 발생하는 국세, 부담금, 기부금, 무상이전 및 제재금 등의 수익 |

Additional Comment

**지방자치단체 회계기준 수익**
1. 사업수익(≒프로그램수익)
2. 비배분수익
3. 일반수익 (자제조달수익, 정부감이전수익, 기타수익)

**오답유형 정리**

수익은 교환수익과 비교환수익으로 구분되며, 비교환수익은 다시 프로그램 수익과 비배분수익으로 구분된다. (×)

⇨ **교환수익이 프로그램수익과 비배분수익으로 구분**된다,

### 4. 비용의 정의 및 구분

#### (1) 비용의 정의

국가회계기준에서 비용은 재화 또는 용역을 제공하여 발생(⇒ 프로그램 총원가)하거나, 직접적인 반대급부 없이 발생(⇒ 관리운영비)하는 자원의 유출이나 사용 등에 따른 순자산의 감소(⇒ 재정상태표상 적립금및잉여금)를 의미한다. 순자산의 감소는 원가와 재원의 이전으로 발생한다.

Additional Comment

정부의 원가는 중앙관서의 장이나 기금관리의 주체가 프로그램의 목표를 달성하기 위하여 직·간접적으로 투입한 경제적 자원의 가치이다. 즉, 이윤추구를 위해 희생되는 경제적 자원의 가치로 정의되는 일반적인 원가와는 개념이 다르다.

**오답유형 정리**

비용은 국가의 재정활동과 관련하여 발생하거나, 직접적인 반대급부 없이 발생하는 자원유출이나 사용, 관리전환 등에 따른 순자산의 감소를 말한다. (×)

⇨ **관리전환으로 인한 순자산의 감소는 비용에 해당하지 않는다.**

### (2) 비용의 구분

비용은 프로그램총원가, 관리운영비 및 비배분비용으로 구분된다. 프로그램총원가는 프로그램별로 추적 또는 배부가 가능한 비용인 반면에, 관리운영비와 비배분비용은 프로그램별로 추적 또는 배부가 불가능한 비용이다.

| | |
|---|---|
| 프로그램총원가 | 국가회계실체의 프로그램 수행과 관련하여 발생한 원가로서 프로그램별로 추적 및 배부가 가능한 원가 |
| 관리운영비 | 프로그램운영에 직접적으로 소요되지는 않거나, 기관의 기본적인 기능수행 및 특정 사업의 행정운영과 관련한 인건비와 경비, 관리업무비 등 |
| 비배분비용 | 국가회계실체가 투입한 비용 중 프로그램이 제공하는 재화나 용역과 직접적인 관련이 없거나 프로그램에 배부하는 것이 적절하지 않는 비용 |

## 2 수익과 비용의 인식기준

### 1. 수익의 인식기준

국가회계기준에서 규정하고 있는 교환수익과 비교환수익의 인식은 다음과 같다.

| | |
|---|---|
| **교환수익** | 수익창출활동이 끝나고, 그 금액을 합리적으로 측정할 수 있을 때 인식 |
| **비교환수익** | 해당 수익에 대한 청구권이 발생하고 그 금액을 합리적으로 측정할 수 있을 때 인식 |

비교환수익에서는 국세수익과 그 외의 수익이 포함되며, 국가회계기준에 의한 비교환수익의 인식기준은 다음과 같다.

| 구분 | 인식기준 |
|---|---|
| 신고·납부 방식의 국세 | 납세의무자가 세액을 자진 신고하는 때 |
| 부과과세 방식의 국세 | 국가가 고지하는 때 |
| 원천징수하는 국세 | 원천징수의무자가 원천징수한 금액을 신고·납부하는 때 |
| 연부연납 또는 분납가능 국세 | 징수할 세금이 확정되는 때 그 납부할 세액 전체를 인식 |
| 부담금 수익, 기부금 수익, 무상이전수익 | 청구권이 확정되는 때 그 확정된 금액을 인식 |
| 제재금 수익 | • 청구권 등이 확정되는 때 그 확정된 금액을 인식<br>• 제재금 수익 중 벌금, 과료, 범칙금 또는 몰수품으로서 청구권이 확정된 때나 몰수품을 몰수한 때에 그 금액을 확정하기 어려운 경우에는 벌금, 과료 또는 범칙금이 납부되거나 몰수품이 처분되는 때에 인식 |

**Self Study**

1. 중앙관서 및 기금에서 발생한 모든 수익과 비용을 재정운영표에 표시하는 것은 아니다.
2. 일부의 비교환수익은 재정운영표가 아닌 순자산변동에 표시한다. 일반회계 및 기타특별회계에서 징수한 비교환수익부담금수익, 제재금수익 등)은 순자산변동표상 '재원의 조달'로 기록하고, 기금회계 및 기업특별회계에서 징수하는 비교환수익(부담금수익, 제재금수익 등)은 재정운영표의 '비교환수익 등'에 기록한다.
   ① 일반회계, 기타특별회계(행정형): 운영의 성과가 아닌 순자산의 증가이므로 순자산변동(재원의 조달)에 표시
   ② 기금회계, 기업특별회계(사업형): 운영의 설과로 인한 순자산의 증가이므로 재정운용표(비교환수익)에 표시

**Additional Comment**

지방자치단체 회계기준도 국가회계기준과 수익의 인식기준이 동일하다.

**Additional Comment**

**지방자치단체 회계기준 하에 비교환수익의 수익인식시점**

1. 부과고지방식: 징수결의한 때
2. 신고납부상식: 세액을 신고납부한 때
3. 특별징수방식: 원천징수한 금액을 신고납부한 때

**오답유형 정리**

① 재정운영표상 교환수익은 해당 수익에 대한 청구권이 발생하고 그 금액을 합리적으로 측정할 수 있을 때 인식한다. (×)
⇨ 교환수익은 **수익창출활동이 끝나고, 그 금액을 합리적으로 측정할 수 있을 때** 인식한다,

② 연부연납 또는 분납 가능한 국세는 납부할 때마다 그 세액을 수익으로 인식한다. (×)
⇨ 연부연납 또는 분납 가능한 국세는 **징수할 세금이 확정된 때에 그 납부할 세액 전체를 수익으로 인식**한다.

③ 비교환수익이란 직접적인 반대급부 없이 발생하는 국세, 부담금, 기부금의 수익을 의미한다. (×)
⇨ 비교환수익이란 직접적인 반대급부 없이 발생하는 국세, 부담금, 기부금, 무상이전 및 제재금 등의 수익을 의미한다.

④ 비교환수익 중 신고납부방식의 국세는 국가가 고지하는 때에 수익을 인식한다. (×)
⇨ 신고납부방식의 국세는 납세의무자가 세액을 자진 신고하는 때에 수익을 인식한다.

### 2. 비용의 인식기준

비용은 재화나 용역의 제공 등 국가재정활동 수행을 위하여 자산이 감소하고 그 금액을 합리적으로 측정할 수 있을 때 또는 법령 등에 따라 지출에 대한 의무가 존재하고 그 금액을 합리적으로 측정할 수 있을 때에 인식한다. 그리고 과거에 자산으로 인식한 자산의 미래 경제적 효익이 감소 또는 소멸한 것이 명백한 경우에는 자산감액손실에 따른 비용을 인식하여야 한다.

## 3 재정운영표의 표시

### 1. 중앙관서 또는 기금의 재정운영표

재정운영결과는 재정운영순원가에서 비교환수익을 차감하여 표시한다. 다만, '국고금 관리법 시행령'에 따라 통합 관리하는 일반회계 및 특별회계의 자금에서 발생하는 비교환수익 등은 순자산변동표의 '재원의 조달 및 이전'란에 표시한다. 또한 중앙관서의 재정운영표는 소관 일반회계, 특별회계 및 기금 간의 내부거래는 제거하여 작성한다. 수행하는 프로그램이 동일한 경우 중앙관서의 프로그램에 통합하여 표시하고 다른 경우에는 해당 프로그램을 별도로 표시한다.

**중앙관서 또는 기금의 재정운영표 구조**

① **프로그램순원가**: 프로그램총원가 - 프로그램수익
② **재정운영순원가**: 프로그램순원가 + 관리운영비 + 비배분비용 - 비배분수익
③ **재정운영결과**: 재정운영순원가 - 비교환수익 등

## 2. 국가의 재정운용표

중앙관서 또는 기금의 재정운영표를 통합하여 작성하는 국가의 재정운영표는 내부거래를 제거하여 작성하되 재정운영순원가, 비교환수익 등 및 재정운영결과로 구분하여 표시하며 서식은 다음과 같다.

**국가의 재정운영표 구조**

① **재정운영순원가:** 각 중앙관서별로 구분하여 표시
② **재정운영결과:** 재정운영순원가 - 비교환수익 등

## 3. 중앙관서 · 기금과 국가의 재정운영표 차이

중앙관서 · 기금과 국가의 재정운영표 차이는 다음과 같다.

① 중앙관서와 기금의 재정운영표는 프로그램별로 총원가와 수익을 표시하는 반면, 국가의 재정 운영표는 재정운영순원가와 비교환수익 등만 표시한다.
② 중앙관서 및 기금의 재정운영표상 비교환수익 등에는 '국세수익'이 포함되지 않는 반면, 국가의 재정운영표상 비교환수익 등에는 '국세수익'이 포함된다.

**오답유형 정리**

① 재정운영표 작성 시 프로그램순원가에 관리운영비를 가산하면 재정운영순원가가 된다. (×)
⇨ 프로그램순원가에 관리운영비와 비배분비용을 가산하고 비배분수익을 차감하면 재정운영순원가가 된다,
② 재정운영순원가는 프로그램순원가에서 비배분수익은 더하고 관리운영비와 비배분비용은 빼서 표시한다. (×)
⇨ **비배분수익은 차감**하고 **관리운영비와 비배분비용은 가산**하여 표시한다.
③ 중앙관서의 재정운영표에는 프로그램별로 총원가와 수익이 표시되고, 국가의 재정운영표에도 프로그램별로 총원가와 수익이 표시된다. (×)
⇨ **국가의 재정운영표에는 프로그램별로 총원가와 수익이 표시되지 않는다.**

## 4. 기능별 분류와 성질별 분류

국가회계에서의 재정운용표상에는 원가를 기능별로 분류하여 보고한다. 단, 성질별 분류방식으로 작성한 원가의 정보를 필수보충정보에 보고한다.

**Self Study**

1. 중앙관서 또는 기금의 재정운영표에는 계산과정을 표시하지만 국가의 재정운영표는 계산과정을 표시하지 않는다.
2. 중앙관서 또는 기금의 비교환수익은 보고실체에 따라 재정운영표 또는 순자산변동표에 보고되지만 국가의 비교환수익은 재정운영표에 보고되므로 순자산변동표에는 보고되지 않는다.
3. 재정상태표의 경우에는 각 중앙관서나 기금의 재정상태표와 국가의 재정상태표가 동일한 반면, 재정운용표의 경우에는 각 중앙관서나 기금의 재정운영표와 국가의 재정운영표가 동일하지 않다.

**Additional Comment**

기능별 분류와 성질별 분류 방식에 대한 보고 기준은 국가회계기준과 지방자치단체회계기준이 동일하다,

## 4 순자산변동표

### 1. 순자산변동표의 의의

순자산변동표는 회계연도 동안 순자산의 변동내역을 나타내는 재무제표로서 재정상태표상의 기초 순자산이 어떤 원인으로 변동되어 기말 순자산이 되었는지를 보여 준다.

Self Study

발생한 수익과 비용이 재정운영의 성과를 측정하는 것이 아니라면 비록 순자산의 변동을 가져오더라도 이를 재정운영표가 아닌 순자산변동표의 '재원의 조달 및 이전'에 표시한다.

### 2. 중앙관서 및 기금과 국가의 순자산변동표 비교

국가의 순자산변동표에는 '재원의 조달 및 이전' 항목이 없다. 그 이유는 국가의 재무제표를 작성할 때는 각 중앙관서 및 기금의 순자산변동표에 표시되어 있는 '재원의 조달 및 이전' 중 내부거래는 상계 제거되고, 나머지 금액은 모두 국가의 재정운영표로 대체되기 때문이다.

**중앙관서 및 기금의 순자산변동표**

| | |
|---|---|
| I. 기초순자산 | ×× |
| II. 재정운영결과 | ×× |
| III. 재원의 조달 및 이전 | ×× |
| 1. 재원의 조달 | ×× |
| 2. 재원의 이전 | ×× |
| IV. 조정항목 | ×× |
| V. 기말 순자산 | I − II + III + IV |

**국가의 순자산변동표**

| | |
|---|---|
| I. 기초순자산 | ×× |
| II. 재정운영결과 | ×× |
| III. 조정항목 | ×× |
| IV. 기말 순자산 | I − II + III |

### 3. 교환수익과 비교환수익의 구분에 따른 재무제표 표시

수익은 교환수익과 비교환수익으로 구분할 수 있다. 교환수익은 국가회계실체가 재화나 용역을 공급한 대가로 발생하는 수익으로 재정운영의 성과를 측정하는 데 포함된다. 그러므로 교환수익은 회계단위(일반회계, 특별회계, 기금)나 회계실체(중앙관서, 국가)의 구분 없이 재정운영표에 표시된다.

중앙관서의 순자산변동표에만 표시되는 'III. 재원의 조달 및 이전'은 비교환수익과 순자산의 증감효과를 발생시키는 중앙관서 간 무상이전거래를 기록하는 부분인데, 일반회계와 기타특별회계는 순자산변동표에 해당항목이 기록된다. 반면에 기업특별회계와 기금의 경우 해당 항목은재정운영표의 '비교환수익'에 기록된다.

| 구분 | 재무제표 표시 |
|---|---|
| 국세수익 | 국세징수활동표 |
| 일반회계 및 기타특별회계의 비교환수익 | 순자산변동표 - III. 재원의 조달 및 이전 |
| 기업특별회계 및 기금 | 재정운영표 - IV. 비교환수익 등 |

**오답유형 정리**

국세수익은 중앙관서의 순자산변동표의 재원의 조달에 표시한다. (×)

⇨ 국세수익은 **필수보충정보인 국제징수활동표**에 표시한다.

**Additional Comment**

비교환수익은 해당 중앙관서 및 기금이 수행한 재정활동의 성격에 따라 재정운영표에 표시될지, 아니면 순자산변동표에 표시될지 결정된다. 만약 비교환수익이 해당 중앙관서의 재정운영의 성과와 관계 없음에도 불구하고 재정운영표에 표시 된다면 중앙관서의 재정운영의 성과가 왜곡될 수 있기 때문이다.

## 5 국고금회계

### 1. 국고금회계의 의의

국고금이란 일반회계, 특별회계 및 중앙관서의 장이 관리 운영하는 기금(공공기금)이 보유하고 있는 현금 및 현금성자산을 의미한다. 국고금회계는 각 중앙관서는 교환수익 또는 비교환수익을 수취하게 되면, 수취된 국고금을 해당 중앙관서는 임의대로 직접 사용할 수 없으므로 각 중앙관서는 기획재정부의 국고금회계라는 통합계정에 국고금을 모두 불입하고, 향후 자금 배정을 통해 국고금회계로부터 지출 재원을 수령한다. 단, 국가회계실체(일반회계, 기타회계, 기금)가 보유하는 모든 국고금이 국고금회계로 통합되는 것은 아니다. 즉, 일반회계와 기타특별회계의 국고금은 국고금회계로 통합된다. 반면, 세입·세출예산의 적용을 받지 않고 특별한 자금을 운용하기 위한 기금(중앙관서 장이 관리하는 기금과 민간기금 포함)과 자금의 특수성이 인정되는 기업특별회계 및 예산 외 우체국보험특별회계는 국고금회계로 통합되지 않는다.

| 회계실체 | | 국고금통합여부 |
|---|---|---|
| 일반회계 | | 통합 |
| 특별회계 | 기타특별회계(예산외 우체국보험특별회계는 제외) | |
| | 기업특별회계 | 제외 |
| 기금 | | |

### 2. 국고금회계의 회계처리

중앙관서가 국고금을 국고금회계로 이전하는 경우 중앙관서의 순자산은 감소하지만 이는 재정운영성과가 아니므로 순자산변동표상의 '재원의 이전'에 국고이전지출로 표시한다. 이때 국고금회계에서는 국고금을 수령하면서 '국고이전수입'으로 회계처리 한다.

**국고금회계로 이전**

| 구분 | 회계처리 | | | |
|---|---|---|---|---|
| 중앙관서 | 차) 국고금이전지출 | 순자산변동표 | 대) 한국은행국가계금 | 재정상태표 |
| 국고금회계 | 차) 한국은행국가예금 | ×× | 대) 국고이전수익 | ×× |

중앙관서가 예산배정을 통해 국고금회계로부터 국고금을 수령하는 경우 중앙관서의 순자산은 증가하지만 이는 재정운영성과가 아니므로 재정운영표가 아닌 순자산변동표의 '재원의 조달'에 국고수입으로 표시한다. 이때 국고금회계에서는 국고금을 지급하면서 세출예산지출액으로 회계처리한다.

**Additional Comment**

중앙관서가 국고금 회계로 이전하거나 수령하는 것은 한국은행으로부터 자금을 받아오거나 불입하는 것을 말한다. 이는 재정운영의 결과가 아니므로 중앙관서의 순자산이 늘어나거나 줄어드는 것을 의미하므로 재정운영표가 아닌 순자산변동표에 기록한다.

**Self Study**

1. 국가 재무제표를 작성할 때에는 중앙관서와 국고금회계간에 이루어진 국고금 이전거래가 내부거래이므로 국고금이전지출과 국고금이전수입, 국고금수입과 세출 예산지출액을 각각 상계제거한다.
2. 기업특별회계와 기금, 기타특별회계 중 예산외 우체국보험특별회계는 국고금회계의 통합 대상이 아니므로 국고금회계 간의 이전거래는 발생하지 않는다.

### 국고금회계로부터 국고금 수령

| 구분 | 회계처리 | | | |
|---|---|---|---|---|
| 중앙관서 | 차) 한국은행국가예금 | 재정상태표 | 대) 국고수입 | 순자산변동표 |
| 국고금회계 | 차) 세출예산지출액 | ×× | 대) 한국은행국가예금 | ×× |

**오답유형 정리**

중앙관서가 국고금회계와의 거래시 인식하는 국고이전지출이나 국고수입은 재정상태표에 표시한다. (×)

⇨ 국고이전지출이나 국고수입은 순자산의 변동을 가져오지만 **재정운영성과와의 관계가 없어서 순자산변동표에 표시**한다.

# 확인 문제

**01** 국가회계기준에 관한 규칙에 따른 재정운영표의 재정운용순원가는?

2013년 국가직 9급

| 프로그램총원가 | ₩350,000 | 비배분비용 | ₩50,000 |
|---|---|---|---|
| 프로그램수익 | ₩200,000 | 비배분수익 | ₩20,000 |
| 관리운영비 | ₩100,000 | 비교환수익 | ₩10,000 |

① ₩150,000
② ₩270,000
③ ₩280,000
④ ₩500,000

**02** 국가회계기준에 관한 규칙에서 정하고 있는 국세의 수익인식기준에 대한 설명으로 옳지 않은 것은?

2013년 국가직 7급

① 정부가 부과하는 방식의 국세는 국가가 고지하는 때에 인식
② 신고·납부하는 방식의 국세는 납세의무자가 세액을 자진신고하는 때에 인식
③ 원천징수하는 국세는 원천징수의무자가 납세자로부터 원천징수하는 때에 인식
④ 연부연납 또는 분납이 가능한 국세는 징수할 세금이 확정된 때에 그 납부할 세액 전체를 인식



정답 및 해설

01
350,000 − 200,000 + 100,000 + 50,000 − 20,000 = 280,000

02
원천징수하는 국세는 원천징수한 금액을 신고·납부하는 때에 수익으로 인식한다.

정답 01 ③ 02 ③

**03** **산업통상자원부는 일반회계에서 용역비 ₩2억을 지출하기 위하여 기획재정부의 승인을 얻어 예산 내에서 집행하였다. 국고금회계에서 수행해야 할 분개는?** 2013년 국가직 7급

① (차변) 세출예산지출액 ₩2억 (대변) 한국은행국가예금 ₩2억
② (차변) 용역비 ₩2억 (대변) 국고이전수익 ₩2억
③ (차변) 국고이전지출 ₩2억 (대변) 한국은행국가예금 ₩2억
④ (차변) 한국은행국가예금 ₩2억 (대변) 국가이전지출 ₩2억

**04** **국가회계기준에 관한 규칙의 수익 인식에 관한 설명으로 옳지 않은 것은?** 2014년 국가직 9급

① 정부가 부과하는 방식의 국세는 국가가 국세를 수납하는 때에 수익으로 인식한다.
② 원천징수하는 국세는 원천징수의무자가 원천징수한 금액을 신고·납부하는 때에 수익으로 인식한다.
③ 분납이 가능한 국세는 징수할 세금이 확정된 때에 그 납부할 세액 전체를 수익으로 인식한다.
④ 기부금 수익은 청구권이 확정된 때에 그 확정된 금액을 수익으로 인식한다.

**05** **국가회계기준에 관한 규칙에 대한 설명으로 옳지 않은 것은?** 2014년 국가직 7급

① 국세수익은 중앙관서 또는 기금의 재정운영표에는 표시되지 않지만, 국가의 재정운영표에는 표시된다.
② 비교환수익은 수익창출활동이 끝나고 그 금액을 합리적으로 측정할 수 있을 때 인식한다.
③ 신고·납부하는 방식의 국세는 납부의무자가 세액을 자진신고 하는 때에 수익으로 인식한다.
④ 원천징수하는 국세는 원천징수의무자가 원천징수한 금액을 신고·납부하는 때에 수익으로 인식한다.

**06** 국가회계기준에 관한 규칙상 비교환수익의 유형에 따른 수익인식기준에 대한 설명으로 옳지 않은 것은?

2015년 지방직 9급

① 신고·납부하는 방식의 국세: 납세의무자가 세액을 자진신고하는 때에 수익으로 인식
② 정부가 부과하는 방식의 국세: 국가가 고지하는 때에 수익으로 인식
③ 연부연납 또는 분납이 가능한 국세: 납세의무자가 납부한 때에 납부한 세액을 수익으로 인식
④ 부담금수익: 청구권이 확정된 때에 그 확정된 금액을 수익으로 인식



**정답 및 해설**

**03**
국고금회계: (차변) 세출예산지출액 2억 (대변) 한국은행국가예금 2억

**04**
정부가 부과하는 방식의 국세는 국가가 고지하는 때에 수익으로 인식한다.

**05**
비교환수익은 해당수익에 대한 청구권이 발생하고 그 금액을 합리적으로 측정할 수 있을 때 인식한다.

**06**
연부연납 또는 분납이 가능한 국세는 징수할 세금이 확정된 때에 그 납부할 세액 전체를 인식한다.

**정답** 03 ① 04 ① 05 ② 06 ③

**07** 정부기관인 A부처는 2016년 7월 1일 ㈜한국과 수익(교환 또는 비교환)에 발생하는 계약을 체결하였다. 계약기간은 2016년 9월 1일부터 2017년 8월 31일까지이며, 계약금액 총액은 ₩1,200,000이다. 계약서상 청구권 확정·고지일과 금액이 다음과 같을 때, A부처가 2016년에 인식할 수익에 대한 설명으로 옳은 것은? (단, 해당 수익과 교환수익이면 사용료수익, 비교환수익이면 부담금수익으로 가정한다) 2017년 국가직 9급

| 청구권 확정·고지일 | 청구 금액 |
|---|---|
| 2016. 10. 31 | ₩200,000 |
| 2017. 1. 31 | ₩300,000 |
| 2017. 4. 30 | ₩300,000 |
| 2017. 8. 31 | ₩400,000 |

① 교환수익에 해당할 경우 비교환수익에 해당할 경우보다 수익을 ₩800,000 덜 인식한다.
② 교환수익에 해당할 경우 비교환수익에 해당할 경우보다 수익을 ₩200,000 더 인식한다.
③ 교환수익에 해당할 경우와 비교환수익에 해당할 경우 인식할 수익금액은 동일하다.
④ 비교환수익에 해당할 경우 인식할 수익금액은 ₩400,000이다.

**08** 중앙관서 A의 재정운영표를 작성하기 위한 자료가 다음과 같을 때 재정운영순원가는? 2017년 지방직9급

| 프로그램수익 | ₩400 | 비배분비용 | ₩50 |
|---|---|---|---|
| 국세수익 | ₩100 | 관리운영비 | ₩100 |
| 프로그램총원가 | ₩700 | 비배분수익 | ₩70 |

① ₩280 ② ₩350
③ ₩380 ④ ₩450

**09** 다음 중 국가회계 재정운영표 양식 구조에서 재정운영순원가의 계산에 반영되는 항목이 아닌 것은? 2017년 서울시 9급

① 관리운영비 ② 비배분수익
③ 비교환수익 ④ 비배분비용

## 10 국가회계기준에 관한 규칙상 '수익과 비용'에 대한 설명으로 옳지 않은 것은?

2018년 국가직 7급

① 부담금수익은 청구권 등이 확정된 때에 그 확정된 금액을 수익으로 인식한다.

② 몰수품이 화폐성 자산이어서 몰수한 때에 금액을 확정할 수 있는 경우에는 몰수한 때에 수익으로 인식한다.

③ 재화나 용역의 제공 등 국가재정활동 수행을 위하여 자산이 감소한 경우 금액을 합리적으로 측정할 수 없더라도 비용을 인식한다.

④ 과거에 자산으로 인식한 자산의 미래 경제적 효익이 감소 또는 소멸하거나 자원의 지출 없이 부채가 발생 또는 증가한 것이 명백한 때에 비용으로 인식한다.



### 정답 및 해설

**07**

1) 교환수익인 경우

⇒ 교환수익의 수익인식기준은 수익창출활동이 끝났을 시점을 기준으로 문제처럼 기간단위의 계약에 의해 사용하는 경우 기간배분에 의해 수익을 인식한다.

⇒ 1,200,000 × 4/12 = 400,000

2) 비교환수익인 경우

⇒ 비교환수익은 청구권이 확정된 때 확정된 금액을 수익으로 인식한다.

⇒ 2016년 10월 31일 확정된 것만 반영 200,000

**08**

700 − 400 + 100 + 50 − 70 = 380

**09**

재정운영순원가 = 프로그램순원가 + 관리운영비 + 비배분비용 − 비배분수익

**10**

수익과 비용의 인식요건 모두 금액을 합리적으로 측정할 수 있는 경우 인식할 수 있도록 규정하고 있다.

정답 07 ② 08 ③ 09 ③ 10 ③

## 11 국가회계기준에 관한 규칙상 수익의 인식기준에 대한 설명으로 옳지 않은 것은?

2018년 지방직 9급

① 신고·납부하는 방식의 국세는 납세의무자가 세액을 자진신고하는 때 수익으로 인식한다.
② 정부가 부과하는 방식의 국세는 국가가 고지하는 때 수익으로 인식한다.
③ 연부연납 또는 분납이 가능한 국세는 세금이 징수되는 시점에 분납되는 세액을 수익으로 인식한다.
④ 원천징수하는 국세는 원천징수의무자가 원천징수한 금액을 신고·납부하는 때에 수익으로 인식한다.

## 12 다음은 A 중앙관서의 일반회계 20×1년도 자료이다. 이를 근거로 A 중앙관서의 20×1년 말 순자산변동표에 계상될 기말순자산액은?

2018년 국가직 7급

- 20×1년 기초순자산은 ₩300,000이고, 재정운영결과는 ₩200,000이다.
- 20×1년 중 국고수입은 ₩150,000이고, 채무면제이익은 ₩50,000이다.
- 20×1년 중 국고이전지출은 ₩120,000이고, 무상이전지출은 ₩40,000이다.
- 20×1년 중 투자목적 장기투자증권을 ₩10,000에 취득하였으며, 재정상태표일 현재 공정가액은 ₩30,000이다.

① ₩160,000
② ₩180,000
③ ₩550,000
④ ₩560,000

## 13 다음의 자료를 이용하여 중앙관서 A의 재정운영표를 작성하는 경우 재정운영순원가는?

2019년 국가직 9급

| 프로그램순원가 | ₩300,000 | 관리운영비 | ₩150,000 |
|---|---|---|---|
| 이자비용 | ₩130,000 | 유형자산처분이익 | ₩150,000 |
| 부담금수익 | ₩30,000 | 채무면제이익 | ₩300,000 |

① ₩150,000
② ₩220,000
③ ₩380,000
④ ₩430,000

## 14 국가회계기준에 관한 규칙상 중앙관서 또는 기금의 재정운영표에 대한 설명으로 옳지 않은 것은?

2022년 국가직 9급

① 재정운영표는 회계연도 동안 수행한 정책 또는 사업의 원가와 재정운영에 따른 원가의 회수명세 등을 포함한 재정운영결과를 나타내는 재무제표를 말한다.
② 중앙관서 또는 기금의 재정운영표는 프로그램순원가, 재정운영순원가, 재정운영결과로 구분하여 표시한다.
③ 프로그램순원가는 프로그램을 수행하기 위하여 투입한 원가 합계에서 다른 프로그램으로부터 배부받은 원가를 빼고, 다른 프로그램에 배부한 원가는 더하며, 프로그램 수행과정에서 발생한 수익 등을 빼서 표시한다.
④ 비배분비용은 국가회계실체에서 발생한 비용 중 프로그램에 대응되지 않는 비용이며, 비배분수익은 국가회계실체에서 발생한 수익 중 프로그램에 대응되지 않는 수익이다.

**15** **국가회계기준에 관한 규칙의 수익과 비용에 대한 설명으로 옳은 것은?** 2021년 국가직 7급

① 정부가 부과하는 방식의 국세는 납세의무자가 세액을 자진신고하는 때에 수익으로 인식한다.
② 신고·납부하는 방식의 국세는 국가가 고지하는 때에 수익으로 인식한다.
③ 원가는 중앙관서의 장 또는 기금관리주체가 프로그램의 목표를 달성하고 성과를 창출하기 위하여 직접적·간접적으로 투입한 경제적 자원의 가치를 말한다.
④ 재화나 용역의 제공 등 국가재정활동 수행을 위하여 자산이 감소하고 그 금액을 합리적으로 측정할 수 있을 때 또는 금액을 합리적으로 측정할 수 없더라도 법령 등에 따라 지출에 대한 의무가 존재한다면 비용으로 인식한다.



**정답 및 해설**

**11**
연부연납 또는 분납 가능한 국세는 분납되는 세액을 수익으로 인식하는 것이 아니라 징수할 세금이 확정된 때에 그 납부할 세액 전체를 수익으로 인식한다.

**12**

| 기초순자산 | 300,000 |
|---|---|
| 재정운영결과 | (−)200,000 |
| 국고수입, 채무면제이익 | + 150,000 + 50,000 |
| 국고이전지출, 무상이전지출 | (−)120,000 (−)40,000 |
| 장기투자증권평가이익 | 30,000 − 10,000 |
| 기말순자산 | = 160,000 |

**13**
300,000 + 150,000 + 130,000 − 150,000 = 430,000

**14**
프로그램순원가는 프로그램을 수행하기 위하여 투입한 원가 합계에서 다른 프로그램으로부터 배부받은 원가를 더하고, 다른 프로그램에 배부한 원가는 빼며, 프로그램 수행과정에서 발생한 수익 등을 빼서 표시한다.

**15**
▶ 오답체크
① 부과하는 방식의 국세는 납세의무자가 세액을 고지하는 때에 수익으로 인식한다.
② 신고·납부하는 방식의 국세는 국가가 신고한 때에 수익으로 인식한다.
④ 금액을 합리적으로 측정할 수 없다면 법령 등에 따라 지출에 대한 의무가 존재하더라도 비용으로 인식할 수 없다.

**정답** 11 ③ 12 ① 13 ④ 14 ③ 15 ③

# CHAPTER 05 지방자치단체회계기준 총칙

## 1 지방자치단체회계기준의 의의 및 목적

지방분권특별법 제11조와 지방회계법 제12조에서는 재정운영의 투명성과 건전성을 제고하기 위하여 지방자치단체 회계기준이라고 할 수 있는 '지방자치단체 회계기준에 관한 규칙'을 제정하여 발생주의와 복식부기에 기초한 회계처리와 재무보고를 하도록 규정함에 따라서 2007년도부터 예산회계제도는 과거와 같이 현금주의 · 단식부기 방식에 의해 시행되며, 여기에 발생주의 · 복식부기 방식에 의한 재무회계제도가 추가되어 정부부문의 통합 재정정보가 생산되는 이원체계가 갖춰지게 되었다.
지방자치단체 회계기준은 지방자치단체의 회계처리 및 재무보고의 통일성과 객관성을 확보함으로써 정보이용자에게 유용한 정보를 제공하고, 지방자치단체의 재정 투명성과 공공 책임성을 제고함을 목적으로 한다.

## 2 지방자치단체회계기준의 회계실체

회계실체란 재무제표를 작성하는 최소 단위이다. 지방자치단체회계기준은 회계실체에 대해 다음과 같이 구분한다(⇒ 다열식 배열구조).

| 회계실체의 구분 | 개별회계실체 | 유형별회계실체 | 통합회계실체 |
|---|---|---|---|
| 정의 | 지방재정법에 따른 일반회계 및 특별회계와 지방자치단체 기금관리기본법에 따른 기금으로서 재무제표를 작성하는 최소 단위 | 개별회계실체를 그 성격이나 특성에 따라 유형별로 구분한 것으로 지방자치단체의 회계구분에 따라 일반회계, 기타특별회계, 기금회계 및 지방공기업특별회계로 구분 | 유형별 회계실체의 재무제표를 모두 통합하여 재무제표를 작성하는 단위로서의 지방자치단체 |
| 예시 | 일반의료<br>일반행정 | 일반회계 | 서울시 송파구 |
| | 의료급여기금<br>기반시설 | 기타특별회계 | |
| | 노인복지기금<br>재난관리기금 | 기금회계 | |
| 상계여부 | 상계 × | 상계 ○ | 상계 ○ |

## 1. 일반회계

일반적인 공공서비스활동을 위한 회계이며, 기타특별회계, 기금회계 및 지방공기업특별회계에 속하지 않는 모든 회계를 의미한다.

## 2. 특별회계

특정사업이나 특정자금을 운용하고자 하거나, 특정한 세입으로 특정한 지출에 충당하고자 할 경우 법률(조례)에 의해서 설치되는 회계이며, 지방공기업특별회계와 기타특별회계로 구분된다,

| | |
|---|---|
| 지방공기업특별회계 | 지방공기업법에 의해 지방자치단체가 독립채산제 운영을 위해 조례로 정하여 설치·운영하는 특별회계 |
| 기타특별회계 | 지방자치단체가 설치·운영하는 각종 특별회계 중 지방공기업특별회계를 제외한 모든 특별회계 |

## 3. 기금

특정목적을 위해 특정자금을 기금으로 운영하기 위한 회계를 의미한다. 기금은 법률이나 조례에 의해 설치되지만, 예산에는 포함되지 않는 특징이 있다.
지방자치단체회계기준은 회계실체를 활동의 성격에 따라서 다음과 같이 구분할 수 있다.

| | |
|---|---|
| 행정형 회계실체 | 지방자치단체의 일반적이고 고유한 행정활동을 수행하는 회계실체로 일반회계와 기타특별회계가 있다. |
| 사업형 회계실체 | 개별적 보상관계가 적용되는 기업적인 활동을 수행하는 회계실체로 지방공기업특별회계와 기금회계가 있다, |

### 오답유형 정리

① 지장자치단체의 재무제표는 지방자치단체 회계실체를 구분하지 않고 합계액만을 표시한다. (×)
⇨ 지방자치단체의 재무제표는 **유형별 회계실체를 구분하여 작성**한다.

② 지방자치단체의 유형별 회계실체는 일반회계, 기타특별회계, 기금회계로 구분한다. (×)
⇨ **일반회계, 기타특별회계, 기금회계 및 지방공기업특별회계로 구분**한다.

③ 지방자치단체의 회계실체에 따라 실제로 재무제표를 작성할 때는 활동의 성격에 따라 회계실체를 구분한다. (×)
⇨ 회계구분에 따라 회계실체를 구분한다.

④ 지방자치단체의 재정상태표에는 일반회계나 기타특별회계 등 유형별 회계실체별 금액이 구분표시되지 않고 내부거래를 제거한 순액만 표시된다. (×)
⇨ 일반회계, 기타특별회계, 기금회계, 지방공기업회계의 유형별 금액 및 **내부거래 제거금액과 총액이 모두 표시**되도록 한다.

⑤ 지방자치단체의 재무제표를 작성하는 최소 단위의 회계실체는 유형별 회계실체이다. (×)
⇨ 최소 단위의 회계실체는 **개별 회계실체**이다.

Additional Comment

국가회계의 경우 개별, 유형별, 통합회계실체로 나누지 않고 일반회계, 특별회계, 기금으로 구분된다,

## 3 지방자치단체회계기준에 관한 규칙의 적용 범위

Additional Comment

국가회계기준의 경우 해석과 실무 회계 처리에 관한 사항은 기획재정부장관이 정하는 준칙에 따른다.

지방자치단체 회계기준은 지방자치단체가 수행하는 모든 일반적인 거래의 회계처리와 재무보고에 대하여 적용하며, 실무회계처리에 관한 구체적인 사항은 행정안전부장관이 정하는 준칙을 따른다. 그러나 기준으로 정하는 것과 행정안전부장관이 정한 준칙 외의 사항에 대해서는 일반적으로 인정되는 회계 원칙과 일반적으로 공정하며 타당하다고 인정되는 회계관습에 따른다.

**오답유형 정리**

**기준으로 정하는 것과 행정안전부장관이 정한 준칙 외의 사항에 대해서는 일반적으로 인정되는 회계 원칙과 국가회계기준에 따른다.** (×)

⇨ 일반적으로 공정하고 타당하다고 인정되는 회계관습에 따른다.

## 4 일반원칙

지방자치단체회계기준에서는 지방자치단체의 회계처리를 복식부기 및 발생주의 방식으로 하며 다음에서 설명하는 일반원칙에 따라 이루어진다고 기술하고 있다.

Additional Comment

회계처리의 일반원칙은 국가회계기준과 지방자치단체회계기준 모두 동일하다.

일반원칙

| | |
|---|---|
| 공정한 회계처리 | 회계처리는 신뢰할 수 있도록 객관적인 자료와 증거에 따라 공정하게 이루어져야 한다. |
| 이해가능성의 원칙 | 재무제표의 양식, 과목 및 회계용어는 이해하기 쉽도록 간단명료하게 표시하여야 한다. |
| 충분성의 원칙 | 중요한 회계방침, 회계처리기준, 과목 및 금액에 관해서는 그 내용을 충분히 표시하여야 한다. |
| 계속성의 원칙 | 회계처리에 관한 기준과 추정은 기간별 비교가 가능하도록 기간마다 계속하여 적용하고 정당한 사유없이 이를 변경해서는 안된다. |
| 중요성의 원칙 | 회계처리와 재무제표 작성을 위한 계정과목과 금액은 그 중요성에 따라 실용적인 방법으로 결정하여야 한다. |
| 실질우선의 원칙 | 회계처리는 거래사실과 경제적 실질을 반영할 수 있어야 한다. |

## 5 재무제표의 종류

재무제표는 재정상태표, 재정운영표, 현금흐름표, 순자산변동표로 구성되며 재무제표에 대한 주석을 포함한다.

재무제표의 부속서류는 필수보충정보와 부속명세서로 한다.

Additional Comment

**국가회계기준 재무제표의 종류**

재정상태표, 재정운영표, 순자산변동표, 주석

## 6 재무제표의 목적

지방자치단체 회계기준은 지방자치단체와 직·간접적으로 이해관계가 있는 정보이용자가 재정활동 내용을 파악하여 합리적인 의사결정을 하는데 유용한 정보를 제공하는 것을 목적으로 한다. 또한 재무보고는 지방자치단체가 공공회계책임을 적절히 이행하였는가 여부를 평가하는 데 필요한 다음의 정보를 제공하여야 한다.

> ① 재무보고책임: 재정상태·재정 운영성과·현금흐름 및 순자산 변동에 관한 정보
> ② 기간 간 형평성: 당기의 수입이 당기의 서비스를 제공하기에 충분하였는지 또는 미래의 납세자가 과거의 제공된 서비스에 대한 부담을 지게 되는지에 대한 기간 간 형평성에 관한 정보
> ③ 수탁관리책임: 예산과 그 밖의 관련 법규의 준수에 관한 정보

**Additional Comment**

**국가회계기준의 재무보고 목적**

1. 재무보고책임
   국가의 재정상태 및 그 변동과 재정운영결과에 대한 정보를 공정하고 투명하게 보고하여야 하는 책임
2. 운영관리책임
   사업의 목적을 달성하는 것은 물론 이를 효율적으로 달성하여야 하는 책임
3. 수탁관리책임
   법령 및 예산을 준수하고 자원의 유입·유출 등 재정상태의 변화를 기록·보고함으로써 자원의 보호와 재정의 안정성을 유지하여야 하는 책임

## 7 재무제표의 작성원칙

지방자치단체회계기준(제9조)에서는 재무제표를 작성함에 있어서 준거해야 할 원칙을 다음과 같이 규정하고 있다.

**재무제표 작성원칙**

| 구분 | 내용 |
|---|---|
| 개별회계실체의 재무제표 작성 | 지방자치단체 안의 다른 개별회계실체와의 내부거래를 상계하지 않고 작성 |
| 유형별회계실체의 재무제표 작성 | 관련 유형에 속한 개별 실체의 재무제표를 합산하여 작성하고 유형별 회계실체 안에서의 내부거래 상계하여 작성 |
| 지방자치단체의 재무제표 작성 | 유형별 재무제표를 통합하여 작성하고 모든 내부거래는 상계하여 작성 |
| 비교표시 및 계속성의 원칙 | 당해 회계연도 분과 직전 회계연도분을 비교하는 형식으로 재무제표 작성하고 계속성의 원칙을 준수하되, 회계변경이 발생한 경우 그 내용을 주석으로 공시 |
| 출납폐쇄기한 내의 거래 | 출납폐쇄기한 내의 수입과 지출을 당해 회계연도의 거래에 포함 |

**오답유형 정리**

① 지방자치단체는 다음연도 1월 20일까지 출납원이 수납한 지방세를 당해연도 재무제표의 수익으로 인식하지 않는다. (×)
⇨ 당해 연도의 수익으로 인식한다.

② 지방자치단체회계기준에서 재무보고는 당기의 수입이 당기의 서비스를 제공하기에 충분하였는지 또는 미래의 납세자가 과거에 제공된 서비스에 대한 부담을 지게 되었는지에 대한 기간간 형평성에 관한 정보를 제공하지 않는다. (×)
⇨ 기간간 형평성에 관한 정보를 제공한다.

**Additional Comment**

1. 국가회계기준에서는 중요성에 따른 표시를 규정하고 있다.
2. 국가회계기준에서는 통합 재무제표를 유형별 회계실체를 표시하지 않는 단열식 양식으로 쓰고 있다면, 지방자치단체의 통합 재무제표는 유형별회계실체를 표시하는 다열식 양식을 쓰고 있다.

**Self Study**

지방자치단체회계기준에서 출납은 회계연도가 끝나는 날 폐쇄한다. 국가회계기준은 출납폐쇄기한에 대한 구체적인 명시가 없고 출납정리기한에 대한 규정만 있으나 이는 사실상 동일하다.

# 확인 문제

**01** **지방자치단체 회계기준에 관한 규칙상 재무제표의 작성원칙으로 옳지 않은 것은?** 2017년 지방직 9급

① 개별회계실체의 재무제표를 작성할 때에는 지방자치단체 안의 다른 개별회계실체와의 내부거래를 상계한다.
② 지방자치단체의 재무제표는 일반회계 · 기타특별회계 · 기금회계 및 지방공기업특별회계의 유형별 재무제표를 통합하여 작성 한다.
③ 유형별 회계실체의 재무제표를 작성할 때에는 해당 유형에 속한 개별 회계실체의 재무제표를 합산하여 작성한다.
④ 재무제표는 당해 회계연도분과 직전 회계연도분을 비교하는 형식으로 작성되어야 한다.

**02** **지방자치단체 회계기준에 관한 규칙에 대한 설명으로 옳지 않은 것은?** 2018년 지방직 9급

① 재무제표는 재정상태표, 재정운영표, 현금흐름표, 순자산변동표, 주석으로 구성된다.
② 재무제표는 일반회계, 기타특별회계, 기금 회계 및 지방공기업 특별회계의 유형별 재무제표를 통합하여 작성한다. 이 경우 내부거래는 상계하지 않는다.
③ 재무제표는 당해 회계연도분과 직전 회계연도분을 비교하는 형식으로 작성한다.
④ 회계실체는 그 활동의 성격에 따라 행정형 회계실체와사업형 회계실체로 구분할 수 있다.

**03** **지방자치단체 회계기준에 관한 규칙에서 규정하고 있는 재무제표 작성원칙이 아닌 것은?** 2019년 서울시 9급

① 유형별 회계실체의 재무제표를 작성할 때에는 해당 유형에 속한 개별회계실체의 재무제표를 합산하여 작성한다.
② 지방자치단체의 재무제표는 일반회계 · 기타특별회계 · 기금회계 및 지방공기업특별회계의 유형별 재무제표를 통합하여 작성한다. 이 경우 내부거래는 상계하여 작성한다.
③ 개별 회계실체의 재무제표를 작성할 때에는 지방자치단체 안의 다른 개별 회계실체와의 내부거래를 상계하여 작성한다.
④ 재무제표는 당해 회계연도분과 직전 회계연도분을 비교하는 형식으로 작성되어야 한다.

## 04 지방자치단체 회계기준에 관한 규칙상 재무제표의 작성원칙으로 옳은 것은?

2019년 지방직 9급

① 지방자치단체의 재무제표는 기금회계의 유형별 재무제표를 제외한 일반회계·기타특별회계 및 지방공기업특별회계의 유형별 재무제표를 통합하여 작성한다.

② 유형별 회계실체의 재무제표를 작성할 때에는 해당 유형에 속한 개별회계실체의 재무제표를 합산하여 작성한다. 이 경우 유형별 회계실체 안에서의 내부거래는 상계하고 작성한다.

③ 개별회계실체의 재무제표를 작성할 때에는 지방자치단체 안의 다른 개별회계실체와의 내부거래를 상계하고 작성한다. 이 경우 내부거래는 해당 지방자치단체에 속하지 아니한 다른 회계실체 등과의 거래와 다르기 때문이다.

④ 재무제표는 당해 회계연도분과 직전 회계연도분을 비교하는 형식으로 작성되어야 한다. 이 경우 비교식으로 작성되는 양 회계연도의 재무제표는 계속성의 원칙에 따라 작성되어야 하며 회계변경은 허용되지 않는다.



## 05 지방자치단체회계에 대한 설명으로 옳지 않은 것은?

2021년 지방직 9급

① 지방자치단체의 회계는 신뢰할 수 있도록 객관적인 자료와 증명서류에 의하여 공정하게 처리되어야 한다.

② 지방재정활동에 따라 발생하는 경제적 거래 등을 발생사실에 따라 복식부기 방식으로 회계처리 하는데 필요한 기준은 행정안전부령으로 정한다.

③ 지방자치단체의 회계는 재정활동의 내용과 그 성과를 쉽게 파악할 수 있도록 충분한 정보를 제공하고, 간단·명료하게 처리되어야 한다.

④ 재무제표는 지방회계기준에 따라 작성하여야 하고, 공인회계사법에 따른 공인회계사의 감사의견을 첨부하여야 한다.

### 정답 및 해설

**01**

개별회계실체의 재무제표를 작성할 때는 지방자치단체 안의 다른 개별회계실체와의 내부거래를 상계하지 않는다.

**02**

유형별재무제표를 통합하여 작성할 때는 내부거래를 상계하여 작성한다.

**03**

개별회계실체의 재무제표를 작성할 때에는 지방자치단체 안의 다른 개별회계실체와의 내부거래를 상계하지 않는다.

**04**

▶ 오답체크

① 지방자치단체의 재무제표는 기금회계의 유형별 재무제표를 포함하여 일반회계·기타특별회계 및 지방공기업특별회계의 유형별 재무제표를 통합하여 작성한다.

③ 개별회계실체의 재무제표를 작성할 때에는 지방자치단체 안의 다른 개별회계실체와의 내부거래를 상계하지 않는다.

④ 지방자치단체의 회계기준에서 회계변경도 허용된다.

**05**

지방자치단체의 장은 결산검사에 필요한 서류를 제출할 때 재무제표에 공인회계사법에 따른 공인회계사의 검토의견을 첨부해야 한다.

**정답** 01 ① 02 ③ 03 ③ 04 ② 05 ④

# CHAPTER 06 지방자치단체회계 - 재정상태표

## 1 재정상태표의 정의와 작성기준

재정상태표는 재정상태표일(12월 31일) 현재의 자산과 부채의 명세 및 상호관계 등 재정상 태를 나타내는 재무제표로 자산, 부채 및 순자산으로 구성된다. 재정상태표는 기업회계의 재무상태표와 유사하다.

지방자치단체회계기준에 관한 규칙(제13조)은 재정상태표를 작성하는 데 있어서 다음과 같은 기준을 언급하고 있다.

**Additional Comment**
국가의 재정상태표의 작성기준은 유동성배열법과 총액표시만 존재한다.

| | |
|---|---|
| 유동성배열법 | 자산과 부채는 유동성이 높은 항목부터 배열 |
| 총액표시 | 자산과 부채 및 순자산은 총액으로 표시한다. 이 경우 자산 항목과 부채 또는 순자산 항목을 상계함으로써 그 전부 또는 일부를 재정상태표에서 제외해서는 아니 된다. |
| 미결산정리항목의 정리 | 가지급금이나 가수금 등의 미결산항목은 그 내용을 나타내는 적절한 과목으로 표시하고, 비망계정은 재정상태표의 자산 또는 부채항목으로 표시하지 않는다. |

## 2 재정상태표 구성요소

### 1. 자산

#### (1) 정의

**Additional Comment**
기업회계기준과 달리 지방자치단체 회계기준은 공공서비스의 잠재력을 추가로 강조하고 있다.

과거의 거래나 사건의 결과로 현재 회계실체가 소유 또는 통제하고 있는 자원으로서 미래에 공공서비스를 제공할 수 있거나 직접적 또는 간접적으로 경제적 효익을 창출하거나 기여할 가능성이 매우 높은 자원이다.

#### (2) 구분

유동자산, 투자자산, 일반유형자산, 주민편의시설, 사회기반시설, 기타 비유동자산으로 구분한다. 자세한 사항은 아래와 같다.

**Additional Comment**
국가회계의 자산은 유동자산, 투자자산, 일반유형자산, 사회기반시설, 무형자산, 기타비유동자산으로 구분된다.

| | |
|---|---|
| 유동자산 | 재정상태표일로부터 1년 이내에 현금화될 것으로 예상되는 자산<br>예 현금및현금성자산, 단기금융상품 등 |
| 투자자산 | 투자 또는 권리행사 등의 목적으로 보유하고 있는 자산<br>예 장기금융상품, 장기투자증권 등 |
| 일반유형자산 | 고유한 행정활동에 1년 이상 사용할 목적으로 취득한 자산<br>예 토지, 건물, 구축물 등 |
| 주민편의시설 | 주민의 편의를 위하여 1년 이상 반복적 또는 계속적으로 사용되는 자산<br>예 도서관, 주차장, 공원 등 |

| 사회기반시설 | 국가의 기반을 형성하기 위하여 대규모로 투자하여 건설하고 그 경제적 효과가 장기간 걸쳐 나타나는 자산<br>예 도로, 철도, 항만, 댐 등 |
|---|---|
| 기타비유동자산 | 유동자산, 투자자산, 일반유형자산, 주민편의시설, 사회기반시설에 해당하지 않는 자산<br>예 보증금, 무형자산 등 |

**오답유형 정리**

지방자치단체의 재정상태표상 자산은 유동자산, 투자자산, 일반유형자산, 주민편의시설, 무형자산 및 기타비유동자산으로 분류한다. (×)

⇨ **유동자산, 투자자산, 일반유형자산, 주민편의시설, 사회기반시설 및 기타비유동자산**으로 분류된다.

## 2. 부채

### (1) 정의

과거 사건의 결과로 회계실체가 부담하는 의무로서 그 이행을 위하여 미래에 자원의 유출이 예상되는 현재시점의 의무이다.

### (2) 구분

유동부채, 장기차입부채, 기타 비유동부채로 구분한다.

| 유동부채 | 재정상태표일부터 1년 이내 상환하여야 하는 부채<br>예 단기국채, 단기공채, 단기차입금 등 |
|---|---|
| 장기차입부채 | 재정상태표일부터 1년 후에 만기가 되는 확정부채<br>예 국채, 공채, 장기차입금 등 |
| 기타비유동부채 | 유동부채, 장기차입부채 및 장기충당부채에 해당하지 아니하는 부채<br>예 퇴직급여충당부채, 장기미지급비용, 장기선수수익 등 |

## 3. 순자산

순자산은 회계실체의 자산에서 부채를 차감한 나머지 금액을 말한다. 순자산은 지방자치단체의 기능과 용도를 기준으로 고정순자산, 특정순자산, 일반순자산으로 분류한다.

| 고정순자산 | 일반유형자산, 주민편의시설, 사회기반시설 및 무형자산의 투자액에서 그 시설의 투자재원을 마련할 목적으로 조달한 장기차입금 및 지방채증권을 차감한 금액<br>⇒ 일반유형자산 등 - 조달한 장기차입금 및 지방채 |
|---|---|
| 특정순자산 | 채무상환 목적이나 적립성기금의 원금과 같이 그 사용목적이 특정되어 있는 재원과 관련된 순자산<br>⇒ 채무상환 등 사용목적이 특정되어 있는 재원과 관련된 순자산 |
| 일반순자산 | ⇒ 순자산총계 - 고정순자산 - 특정순자산 |

Self Study

**국가회계와 지방자치단체회계의 자산 차이**

| 구분 | 국가회계 | 지방자치단체 회계 |
|---|---|---|
| 유산자산과 관리책임자산 | 유산자산은 자산으로 인식하지 않고 필수보충정보에 공시 | 관리책임자산은 자산으로 인식하지 않고 필수보충정보에 공시 |
| 주민편의시설 | 해당 사항 없음 | 존재함 |
| 무형자산의 분류 | 별도로 구분 표시 | 기타비유동자산에 포함 |
| 압수품과 몰수품 | 유동자산 | 해당 사항 없음 |
| 전비품 | 일반유형자산 | 해당 사항 없음 |

Additional Comment

국가회계의 부채는 유동부채, 장기차입부채, 장기충당부채, 기타비유동부채로 분류한다.

Self Study

**국가회계와 지방자치단체회계의 부채 차이**

| 구분 | 국가회계 | 지방자치단체 회계 |
|---|---|---|
| 장기충당부채 | 존재함 | 해당 사항 없음 |
| 퇴직급여충당부채 | 장기충당부채에 포함 | 기타비유동부채에 포함 |
| 연금충당부채 | 장기충당부채에 포함 | 해당 사항 없음 |

Additional Comment

**정부회계의 순자산 분류**

| 기본순자산 | 순자산에서 적립금 및 잉여금과 순자산조정을 차감한 금액 |
|---|---|
| 적립금 및 잉여금 | 임의적립금과 전기이월잉여금(결손금) 및 재정운영결과 등 |
| 순자산조정 | 투자증권평가손익, 파생상품평가손익 및 기타순자산의 증감 등 |

> **오답유형 정리**
> 일반유형자산, 주민편의시설, 사회기반시설 및 무형자산의 투자액에서 그 시설의 투자재원을 마련할 목적으로 조달한 장기차입금 및 지방채증권을 차감한 금액을 일반순자산이라고 한다. (×)
> ⇨ 일반유형자산, 주민편의시설, 사회기반시설 및 무형자산의 투자액에서 그 시설의 **투자재원을 마련할 목적으로 조달한 장기차입금 및 지방채증권을 차감한 금액을 고정순자산**이라고 한다.

## 3 재정상태표 요소의 인식기준

지방자치단체회계기준은 다음과 같이 자산과 부채의 인식기준을 규정하고 있다.

Additional Comment
국가 회계기준에서 자산은 경제적 효익을 창출하거나 창출에 기여할 가능성이 매우 높을때 인식한다.

| 자산 인식 | • 공공서비스를 제공할 수 있거나 직접적 또는 간접적으로 경제적 효익을 창출하거나 창출에 기여할 가능성이 매우 높다.<br>• 그 가액을 신뢰성 있게 측정할 수 있을 때 인식한다. |
|---|---|
| 부채 인식 | • 회계실체가 부담하는 현재의 의무를 이행하기 위하여 경제적 효익이 유출될 것이 거의 확실하다.<br>• 그 금액을 신뢰성 있게 측정할 수 있을 때 인식한다. |

Additional Comment
관리책임자산을 국가회계에서는 유산자산이라고 하고, 자산으로 인식하지 않고 필수보충정보에 내역을 보고한다.

문화재, 예술작품, 역사적 문건 및 자연자원은 자산으로 인식하지 아니하고 필수보충정보의 관리책임자산으로 보고한다. 지방자치단체회계기준은 관리책임자산이 자산의 정의에는 부합되나, 그 금액을 신뢰성있게 측정하기 어렵기 때문에 자산으로 인식하지 않고, 필수보충정보에 관리책임자산의 내역을 보고하도록 규정하고 있다.

> **오답유형 정리**
> 관리책임자산은 자산으로 표시되지 않고 주석으로 공시된다. (×)
> ⇨ **필수보충정보에 보고**된다.

## 4 자산의 평가

### 1. 자산의 평가기준

#### (1) 원칙

재정상태표에 표시하는 자산의 가액은 해당 자산의 취득원가를 기초로 하여 인식한다.

#### (2) 취득 시 공정가치 평가

교환 또는 기부채납, 기타 무상으로 취득한 경우에는 취득 당시의 공정가액을 취득원가로 한다.

① **교환**: 국가 외의 상대방과 자산을 교환하는 거래는 이종교환과 동종교환으로 구분한다. 이종교환의 경우 제공한 자산의 공정가액을 취득원가로 하고 제공한 자산의 공정가액이 불확실한 경우에는 취득한 자산의 공정가액을 취득원가로 한다.

② **기부채납**: 건물의 취득원가는 기부채납일 현재 공정가액으로 측정한다. 또한 '기부채납에 의한 자산의 증가'는 수익이 아니라 기업회계의 기타포괄손익과 유사한 성격의 계정이다. 즉, 재정상태표상의 순자산에 직접 반영한다. 다만, 지방자치단체가 현금을 기부 받은 경우에는 재정운영표상 기부금수익으로 회계처리한다.

| 구분 | 회계처리 |
|---|---|
| 국가 | 수익 |
| 중앙관서 | 수익 또는 순자산의 증가 |
| 지방자치단체 - 현금 이외 | 순자산의 증가 |
| 지방자치단체 - 현금 | 수익 |

**오답유형 정리**

지방자치단체가 기부채납으로 자산을 받은 경우 당해 자산의 공정가액을 취득원가로 하고, 상대계정인 기부채납에 의한 자산증가를 재정운영표상 수익으로 인식한다. (×)

⇨ 기부채납에 의한 **자산 증가는 순자산에 직접 반영**한다.

③ **회계 간의 재산 이관이나 물품 소관의 전환으로 취득한 자산의 가액**: 직전(直前) 회계실체의 장부가액

### (3) 손상인식(손상)

지방자치단체회계기준(제45조)은 재정상태표에 기재하는 자산의 진부화, 물리적 손상 및 시장가치의 급격한 하락 등의 원인으로 인하여 당해 자산의 회수가능액이 장부가액에 미달하고 그 미달액이 중요한 경우에는 이를 장부가액에서 직접 차감하여 회수가능액으로 조정하고 감액내역을 주석으로 공시하도록 규정하고 있다. 이 경우 회수가능액은 당해 자산의 순실현가능액과 사용가치 중 큰 금액으로 한다.

Additional Comment

국가회계는 손상회복에 대한 규정이 있으나 지방자치단체는 이에 대한 규정이 없다.

## 2. 계정과목별 자산의 평가기준

### (1) 유가증권

① **분류**: 유가증권은 장기투자증권으로 구분한다(단기투자증권 없음).

② **취득**: 유가증권은 매입가액에 부대비용을 더하고 종목별로 총평균법을 적용하여 산정한 가액을 취득원가로 한다.

③ **평가**: 장기투자증권의 종목이나 성격에 관계없이 공정가액 변동은 인식하지 않는다.

Additional Comment

국가회계기준의 경우 투자목적의 장기, 단기 투자증권은 공정가액으로 평가한다.

**오답유형 정리**

지방자치단체의 장기투자증권은 종목별 총평균법을 적용하고, 공정가액 변동은 순자산에 직접 반영한다. (×)

⇨ 지방자치단체 회계기준은 장기투자증권에 대해서 **공정가액 변동을 인식하지 않는다.**

### (2) 미수세금(⇒ 국가회계기준과 동일)

미수세금은 신뢰성 있고 객관적인 기준에 따라 산출한 대손추산액을 대손충당금으로 설정하여 평가한다. 대손충당금이 내역은 주석으로 공시한다.

### (3) 재고자산

① **취득**: 재고자산은 제조원가 또는 매입가액에 부대비용을 더한 금액을 취득원가로 한다.

② **평가**: 재고자산은 품목별로 선입선출법을 적용하여 평가하는 것을 원칙으로 한다. 다만, 개별법, 이동평균법도 인정되며 이를 사용할 경우 주석에 공시한다.

③ **변경**: 재고자산 평가방법의 변경은 정당한 사유 없이 변경할 수 없으며, 평가방법의 정당한 변경사유가 발생한 경우에는 회계정책의 변경으로 처리한다.

Additional Comment

지방자치단체 회계기준은 국가회계기준과 달리 저가법을 명시적으로 규정하고 있지 않다.

**오답유형 정리**

지방자치단체 회계기준에서 재고자산은 선입선출법을 적용하여 산정한 가액을 취득원가로 인식하지만 개별법, 이동평균법 등을 적용할 수 없다. (×)

⇨ 실물흐름과 원가산정방법 등에 비추어 다른 방법을 적용하는 것이 보다 합리적이라고 인정되는 경우에는 **개별법, 이동평균법 등 적용가능하다.**

### (4) 일반유형자산과 주민편의시설

① **취득**: 일반유형자산과 주민편의시설은 해당 자산의 건설원가 또는 매입가액에 부대비용을 더한 금액을 취득원가로 한다.

② **감가상각**: 일반유형자산과 주민편의시설 중 상각대상 자산에 대한 감가상각은 정액법을 원칙으로 한다.

③ **사용수익권**: 일반유형자산과 주민편의시설에 대한 사용수익권은 해당 자산의 차감항목에 표시한다.

④ **재평가**: 재평가에 대한 규정은 명시되어 있지 않다.

⑤ **취득 후 지출**: 일반유형자산과 사회기반시설의 내용연수를 연장시키거나 가치를 실질적으로 증가시키는 지출은 자산의 증가로 회계처리하고, 원상회복시키거나 능률유지를 위한 지출은 비용으로 회계처리한다.

Additional Comment

지방자치단체 회계기준은 일반유형자산과 주민편의시설에 대한 사용수익권의 회계처리를 국가회계기준과 동일하게 규정하고 있다.

Additional Comment

국가회계기준은 재평가를 허용하고 있으나 지방자치단체회계는 재평가에 대한 규정이 없다.

**오답유형 정리**

① 사회기반시설 중 관리·유지 노력에 따라 취득 당시의 용역 잠재력을 그대로 유지할 수 있는 시설도 감가상각을 하여야 한다. (×)

⇨ **이 경우 감가상각을 하지 않을 수 있다.**

② 일반유형자산에 대해서는 자산재평가를 적용할 수 있으나 사회기반시설에 대해서는 자산재평가를 적용할 수 없다. (×)

⇨ **일반유형자산도 재평가를 적용**할 수 있다.

### (5) 사회기반시설

사회기반시설의 평가에 대하여 일반유형자산과 주민편의시설의 규정을 따른다.

(6) **무형자산(⇒ 국가회계기준과 동일)**

① **취득**: 무형자산은 해당 유형자산의 개발원가 또는 매입가액에 부대비용을 더한 금액을 취득원가로 하여 평가한다.

② **평가**: 무형자산은 정액법에 따라 해당 자산을 사용할 수 있는 시점부터 합리적인 기간 동안 상각한다. 이 경우 상각기간은 독점적·배타적인 권리를 부여하고 있는 관계법령이나 계약에서 정한 경우를 제외하고는 20년을 초과할 수 없다.

Additional Comment

국가회계기준도 이와 동일하다.

**오답유형 정리**

지방자치단체의 무형자산은 취득원가로 인식하고 정액법이나 정률법을 적용하여 상각한다. (×)

⇨ **정액법만 사용가능**하다.

(7) **자본적 지출과 경상적 지출(⇒ 국가회계기준과 동일)**

자산취득 이후의 지출 중 당해 자산의 내용연수를 연장시키거나 가치를 실질적으로 증가시키는 지출은 자본적 지출로 처리하고, 당해 자산을 원상회복시키거나 능률유지를 위한 지출은 경상적 지출로 처리한다.

## 5 부채의 평가

### 1. 부채의 평가기준 (⇒ 국가 회계와 동일)

재정상태표에서 표시하는 부채의 가액은 국가회계기준에서 따로 정한 경우를 제외하고는 원칙적으로 만기상환가액(현재가치 계산은 적용하지 않음)으로 평가한다. 그러나 지방채증권이나 장기채무 등 따로 규칙을 정한 경우에 대해서는 역사적이자율에 의한 평가( = 현재가치)한다.

### 2. 계정과목별 부채의 평가기준

(1) **지방채증권**

지방채증권의 평가는 발행가액에서 지방채증권 발행수수료 및 발행과 관련하여 직접 발생한 비용을 뺀 금액으로 한다. 지방채증권의 액면가액과 발행가액의 차이는 지방채증권할인(할증)발행차금 과목으로 액면가액에 빼거나 더하는 형식으로 표시하며, 그 할인(할증)발행차금은 발행한 때부터 최종 상환할 때까지의 기간에 유효이자율로 상각 또는 환입하여 지방채증권에 대한 이자비용에 더하거나 뺀다.

(2) **퇴직급여충당부채**

퇴직급여충당부채는 회계연도말 현재 공무원연금법을 적용 받는 지방공무원을 제외한 무기계약근로자 등이 일시에 퇴직할 경우 지방자치단체가 지급하여야 할 퇴직금에 상당한 금액으로 한다. 퇴직금 지급규정, 퇴직금 산정내역, 회계연도 중 실제로 지급한 퇴직금 등은 주석으로 공시한다.

Additional Comment

국가회계기준은 군인연금법을 적용받는 퇴직자도 제외한다.

## 6 기타자산 및 기타부채의 평가

### 1. 장기성 채권·채무의 현재가치 평가(⇒ 국가 회계와 동일)

장기연불조건의 거래, 장기금전대차거래 또는 이와 유사한 거래에서 발생하는 채권, 채무로서 명목가액과 현재가치의 차이가 중요한 경우에는 현재가치로 평가한다.
위의 현재가치 가액은 해당 채권·채무로 미래에 받거나 지급할 총금액을 해당 거래의 유효이자율(유효이자율을 확인하기 어려운 경우에는 유사한 조건의 국채 유통수익률)로 할인한 가액으로 한다.
현재가치를 평가함에 따라 발생하는 채권·채무의 명목가액과 현재가치 가액의 차액인 현재가치할인차금은 유효이자율로 매 회계연도에 환입하거나 상각하여 재정운영표의 재정운영순원가에 반영한다.

**Additional Comment**

장기성채권·채무의 현재가치 평가는 기업회계기준과 국가회계, 지방자치단체회계가 모두 동일하다,

### 2. 외화자산 및 외화부채의 평가

화폐성 외화자산과 화폐성 외화부채는 회계연도 종료일 현재의 적절한 환율로 평가한 가액을 재정상태표의 가액으로 한다. 비화폐성 외화자산과 비화폐성 외화부채는 당해 자산을 취득하거나 당해 부채를 부담한 당시의 적절한 환율로 평가한 가액을 재정상태표 가액으로 함을 원칙으로 한다.

**Self Study**

지방자치단체 회계기준은 화폐성 외화자산, 부채에 대하여 연도 종료일 현재 적절한 환율을 사용하고 평가손익을 당기수익 또는 비용으로 인식한다. 그러나 비화폐성 외화자산, 부채는 거래발생일의 적절한 환율을 사용하므로 평가손익이 발생하지 않는다.

### 3. 리스에 따른 자산과 부채의 평가

금융리스는 리스료를 내재이자율로 할인한 가액과 리스자산의 공정가액 중 낮은 금액을 리스자산과 리스부채로 각각 계상하여 감가상각하고, 운용리스는 리스료를 해당 회계연도의 비용으로 회계처리한다.

### 4. 우발상황

우발상환에 대한 회계처리는 다음과 같다.

① **재정상태표일 현재 우발손실의 발생이 확실하고 그 손실금액을 합리적으로 추정할 수 있는 경우:** 우발손실을 재무제표에 반영( = 충당부채 인식)하고 그 내용을 주석으로 표시
② **재정상태표일 현재 우발손실의 발생이 확실하지 아니하거나 우발손실의 발생은 확실하지만 그 손실금액을 합리적으로 추정할 수 없는 경우:** 우발상황의 내용, 우발손실에 따른 재무적 영향을 주석으로 표시
③ **우발이익의 발생이 확실하고 그 이익금액을 합리적으로 추정할 수 있는 경우:** 우발상황의 내용을 주석으로 표시

### 5. 회계변경와 오류수정

#### (1) 회계변경

회계정책 및 추정의 변경은 그 변경으로 재무제표를 보다 적절히 표시할 수 있는 경우 또는 법령 등에서 새로운 회계기준을 채택하거나 기존의 회계기준을 폐지함에 따라 변경이 불가피한 경우라고 할 수 있다. 회계변경과 관련한 회계처리는 다음과 같다.

| 구분 | 회계처리 |
|---|---|
| 회계정책의 변경 | 회계정책의 변경에 따른 영향은 비교 표시되는 직전 회계연도의 기초순자산 및 그 밖의 대응금액을 새로운 회계정책이 처음부터 적용된 것처럼 조정한다. 다만, 회계정책의 변경에 따른 누적효과를 합리적으로 추정하기 어려운 경우에는 회계정책의 변경에 따른 영향을 해당 회계연도와 그 회계연도 후의 기간에 반영할 수 있다. |
| 회계추정의 변경 | 전진적용 |

회계정책 또는 회계추정을 변경한 경우에는 그 변경내용, 변경사유 및 변경에 따라 해당 회계연도의 재무제표에 미치는 영향을 주석으로 표시한다.

### (2) 오류수정(⇒ 국가회계와 동일)

오류수정이란 회계기준 또는 법령 등에서 정한 기준에 합당하지 아니한 경우로 전 회계연도 또는 그 전 기간에 발생한 오류를 의미한다. 오류수정과 관련된 회계처리는 다음과 같다.

| 구분 | 회계처리 |
|---|---|
| 중대한 오류 | • 오류가 발생한 회계연도 재정상태표의 순자산에 반영하고, 관련된 계정잔액을 수정<br>• 비교재무제표를 작성할 때에는 중대한 오류의 영향을 받는 회계기간의 재무제표 항목을 다시 작성 |
| 그 이외의 오류 | 해당 회계연도의 재정운영표에 반영 |

**오답유형 정리**

① 지방자치단체가 회계정책을 변경할 경우 비교 표시되는 전년도 재무제표도 변경 후의 회계정책을 적용하여 소급적용한다. (×)
⇨ 지방자치단체 회계기준은 비교 표시되는 재무제표는 회계정책 변경이 있어도 **소급 적용하지 않는다.**

② 중대한 오류가 발생하였을 경우 비교재무제표를 작성할 때에는 중대한 오류의 영향을 받는 회계기간의 재무제표 항목을 다시 작성하지 않는다. (×)
⇨ 비교재무제표를 작성할 때에는 중대한 오류의 영향을 받는 회계기간의 재무제표 항목을 **다시 작성**한다

## 6. 재정상태표 보고일 이후 발생한 사건

재정상태표 보고일 이후 발생한 사건의 회계처리에 대해서는 행정안전부장관이 정한다. 재정상태표일 이후 발생한 사건은 회계연도의 말일은 재정상태표 보고일과 지방회계법 제7조 제3항에 따른 출납사무 완결기한 사이에 발생한 사건으로 재정상태표 보고일 현재 존재하였던 상황에 대한 추가적인 증거를 제공한 사건을 말한다.

# 확인 문제

**01** **국가 재정상태표에 존재하지 않고 지방자치단체 재정상태표에만 존재하는 항목은?** 2013년 국가직9급

① 사회기반시설
② 투자자산
③ 주민편의시설
④ 유동자산

**02** **지방자치단체 회계기준에 관한 규칙에서 규정하고 있는 자산 분류를 나타낸 것으로 적절하지 않은 것은?** 2014년 국가직 9급

① 유동자산: 현금및현금성자산, 단기금융상품. 미수세외수입금 등
② 투자자산: 장기금융상품, 장기대여금, 장기투자증권 등
③ 주민편의시설: 주차장, 도로, 공원 등
④ 사회기반시설: 상수도시설, 수질정화시설, 하천부속시설 등

**03** **지방자치단체 회계기준에 관한 규칙에 대한 다음의 설명 중 가장 옳지 않은 것은?** 2016년 서울시 9급 변형

① 무상으로 취득한 자산의 가액은 공정가액을 취득원가로 한다.
② 재정운영순원가는 사업순원가에서 관리운영비 및 비배분비용은 더하고, 비배분수익을 빼서 표시한다.
③ 자산은 공공서비스의 잠재력을 창출하거나 미래의 경제적 효익이 회계실체에 유입될 것이 거의 확실하고 그 금액을 신뢰성 있게 측정할 수 있을 때 인식한다.
④ 지방자치단체의 재무제표는 일반회계 · 기타특별회계 · 기금회계 및 지방공기업특별회계의 유형별 재무제표를 통합하여 작성한다. 이 경우 내부거래는 상계하고 작성한다.

## 04 지방자치단체 회계기준에 관한 규칙상의 자산 및 부채 평가와 관련된 다음 설명 중 가장 옳은 것은?

2017년 서울시 9급

① 사회기반시설 중 유지보수를 통하여 현상이 유지되는 도로, 도시 철도, 하천부속시설 등도 감가상각하여야 한다.
② 지방채증권은 발행가액으로 평가하되, 발행가액은 지방채 증권발행수수료 및 발행과 관련하여 직접 발생한 비용을 가산한 가액으로 한다.
③ 일반유형자산과 주민편의시설에 대한 사용수익권은 해당 자산의 차감항목으로 표시한다.
④ 퇴직급여충당부채는 회계연도 말 현재 공무원연금법을 적용받는 지방공무원이 일시에 퇴직할 경우 지방자치단체가 지급하여야 할 퇴직금에 상당한 금액으로 한다.

## 05 지방자치단체 회계기준에 관한 규칙에서 규정하는 자산의 회계처리에 대한 설명으로 옳은 것은?

2017년 국가직 9급

① 재고자산은 구입가액에 부대비용을 더하고 이에 총평균법을 적용하여 산정한 가액을 취득원가로 평가함을 원칙으로 한다.
② 장기투자증권은 매입가격에 부대비용을 더하고 이에 종목별로 선입선출법을 적용하여 산정한 취득원가로 평가함을 원칙으로 한다.
③ 주민편의시설 중 상각대상 자산에 대한 감가상각은 정액법을 원칙으로 한다.
④ 사회기반시설 중 유지보수를 통하여 현상이 유지되는 도로, 도시철도, 하천부속시설 등에 대한 감가상각은 사용량비례법을 원칙으로 한다.

### 정답 및 해설

**01**
주민편의시설은 지방자치단체의 재정상태표에만 존재한다.

**02**
도로는 사회기반시설이다.

**03**
자산은 공공서비스의 잠재력을 창출하거나 미래의 경제적 효익이 회계실체에 유입될 가능성이 매우 높고 그 금액을 신뢰성 있게 측정할 수 있을 때에 인식한다.

**04**
▶ 오답체크
① 사회기반시설 중 유지보수를 통하여 현상이 유지되는 도로, 도시철도. 하천부속시설 등은 감가상각 대상에서 제외할 수 있으며. 유지보수에 투입되는 비용과 감가상각을 하지 아니한 이유를 주석으로 공시한다.
② 지방채증권은 발행가액으로 평가하되. 발행가액은 지방채증권 발행수수료 및 발행과 관련하여 직접 발생한 비용을 뺀 후의 가액으로 한다.
④ 퇴직급여충당부채는 회계연도 말 현재 공무원연금법을 적용 받는 지방공무원을 제외한 무기계약근로자 등이 일시에 퇴직할 경우 지방자치단체가 지급하여야 할 퇴직금에 상당한 금액으로 한다.

**05**
▶ 오답체크
① 재고자산은 구입가액에 부대비용을 더하고 이에 선입선출방법을 적용하여 산정한 가액을 취득원가로 한다.
② 장기투자증권은 매입가액에 부대비용을 더하고 이에 종목별로 총평균법을 적용하여 산정한 취득원가로 평가함을 원칙으로 한다.
④ 사회기반시설 중 유지보수를 통해 현상이 유지되는 도로, 도시철도, 하천부속시설 등은 감가상각대상에서 제외할 수 있다.

**정답** 01 ③ 02 ③ 03 ③ 04 ③ 05 ③

**06** 지방자치단체 회계기준에 관한 규칙에 대한 설명 중 가장 옳지 않은 것은? 2018년 서울시 9급

① 지방자치단체의 재무제표는 일반회계, 기타특별회계, 기금회계 및 지방공기업특별회계의 유형별 재무제표를 통합하여 작성 한다.
② 현금흐름표는 회계연도 동안의 현금자원의 변동에 관한 정보로서 자금의 원천과 사용결과를 표시하는 재무제표로서 경상활동, 투자활동 및 재무활동으로 구성된다.
③ 재정운영표의 수익과 비용은 그 발생원천에 따라 명확하게 분류하여야 하며, 해당 항목의 중요성에 따라 별도의 과목으로 표시하거나 다른 과목과 통합하여 표시할 수 있다.
④ 재정상태표의 순자산은 지방자치단체의 기능과 용도를 기준으로 고정순자산과 일반순자산의 2가지로 분류한다.

**07** 지방자치단체 회계기준에 관한 규칙상 자산의 평가에 대한 설명으로 옳은 것은? 2019년 지방직 9급

① 미수세금은 합리적이고 객관적인 기준에 따라 평가하여 대손충당금을 설정하고 이를 미수세금 금액에서 차감하는 형식으로 표시하며, 대손충당금의 내역은 주석으로 공시한다.
② 재고자산은 구입가액에 부대비용을 더하고 이에 총평균법을 적용하여 산정한 가액을 취득원가로 할 수 있으나, 그 내용을 주석으로 공시할 필요는 없다.
③ 도로, 도시철도, 하천부속시설 등 사회기반시설은 예외없이 감가상각하여야 한다.
④ 장기투자증권은 매입가격에 부대비용을 더하고 이에 종목별로 총평균법을 적용하여 산정한 취득원가로 기록한 후, 매년 말 공정가치와 장부금액을 비교하여 평가손익을 인식한다.

**08** 다음 자료를 이용하여 계산한 지방자치단체의 재정상태표에 표시될 일반순자산은? 2020년 국가직 7급

| | |
|---|---|
| • 자산총계 | ₩ 2,000,000 |
| • 부채총계 | ₩ 1,000,000 |
| • 일반유형자산, 주민편의시설, 사회기반시설투자액 | ₩ 900,000 |
| • 무형자산투자액 | ₩ 200,000 |
| • 일반유형자산 투자재원을 위해 조달된 차입금 | ₩ 450,000 |
| • 적립성기금의 원금 | ₩ 150,000 |

① ₩ 200,000
② ₩ 350,000
③ ₩ 400,000
④ ₩ 650,000

**09** **지방자치단체 회계기준에 관한 규칙의 자산 및 부채의 평가에 대한 설명으로 옳은 것은?** 2021년 국가직 9급

① 일반유형자산과 주민편의시설은 당해 자산의 건설원가나 매입가액을 취득원가로 평가함을 원칙으로 한다.
② 무형자산은 정률법에 따라 당해 자산을 사용할 수 있는 시점부터 합리적인 기간 동안 상각한다.
③ 사회기반시설 중 유지보수를 통하여 현상이 유지되는 도로, 도시철도, 하천부속시설 등은 감가상각대상에서 제외할 수 없다.
④ 퇴직급여충당 부채는 회계연도 말 현재 공무원연금법을 적용받는 지방공무원을 제외한 무기계약근로자 등이 일시에 퇴직할 경우 지방자치단체가 지급하여야 할 퇴직금에 상당한 금액으로 한다.



**정답 및 해설**

**06**
재정상태표의 순자산은 고정순자산, 일반순자산, 특정순자산으로 분류한다.

**07**
▶ 오답체크
② 재고자산은 구입가액에 부대비용을 더하고 원칙적으로는 선입선출법을 적용하여 산정한 가액을 취득원가로 할 수 있으나, 그 외의 방법을 선택하여 적용할 수 있다. 그러나 그러한 내용은 주석으로 공시해야 한다.
③ 도로, 도시철도, 하천부속시설 등 사회기반시설은 관리·유지 노력에 따라 취득 당시의 용역 잠재력을 그대로 유지할 수 있는 시설에 대해서는 감가상각을 하지 아니하고 관리·유지에 투입되는 비용으로 감가상각비용을 대체할 수 있다.
④ 지방자치단체의 투자증권은 공정가치 평가를 허용하지 않는다.

**08**

| 구분 | 내용 |
|---|---|
| 고정순자산 | 일반유형자산, 주민편의시설, 사회기반시설 및 무형자산의 투자액에서 그 시설의 투자재원을 마련할 목적으로 조달한 장기차입금 및 지방채증권을 차감한 금액<br>⇒ (900,000 + 200,000 - 450,000) = 650,000 |
| 특정순자산 | 채무상환 목적이나 적립성기금의 원금과 같이 그 사용목적이 특정되어 있는 재원과 관련된 순자산<br>⇒ 150,000 |
| 일반순자산 | 순자산총계 - 고정순자산 - 특정순자산<br>⇒ (2,000,000 - 1,000,000) - 650,000 - 150,000 = 200,000 |

**09**
▶ 오답체크
① 일반유형자산과 주민편의시설은 해당 자산의 건설원가 또는 매입가액에 부대비용을 더한 금액을 취득원가로 한다.
② 무형자산은 정액법에 따라 해당 자산을 사용할 수 있는 시점부터 합리적인 기간 동안 상각한다.
③ 사회기반시설 중 관리, 유지 노력에 따라 취득 당시의 용역잠재력을 그대로 유지할 수 있는 시설도 감가상각을 하지 않을 수 있다.

정답 06 ④ 07 ① 08 ① 09 ④

# CHAPTER 07 지방자치단체회계 - 재정운영표 및 기타의 재무제표

## 1 재정운영표의 기초 개념

### 1. 재정운영표의 정의

재정운영표는 회계연도 동안 회계실체가 수행한 사업의 원가와 회수된 원가 정보를 포함한 재정운영걀과를 나타내는 재무제표를 의미한다.

### 2. 재정운용표의 구조

지방자치단체 회계의 재정운영표는 다음과 같다.

| | | |
|---|---|---|
| 사업 총원가<br>사업 수익 | (+)<br>(-) | 예 서비스 제공<br>예 판매수익 등 |
| =사업순원가 | | 각 항목 구분 가능 |
| 관리운영비<br>비배분비용<br>비배분수익 | (+)<br>(+)<br>(-) | 예 부서별 인건비 등<br>예 영업외비용<br>예 영업외수익 |
| =재정운영순원가 | | |
| 수익(개정전: 일반수익) | (-) | |
| =재정운영결과 | | |

재정운영표의 서식은 재정상태표와 동일하게 다열식으로 구성되며, 지방회계기준에서는 기능별 재정운영표를 주재무제표로 하고 있다. 또한 비용을 성질별로 분류하는 성질별 재정운영표는 필수보충정보에 보고한다,

### 3. 재정운영표의 작성기준

지방자치단체회계기준(제29조)에서는 재정운영표를 작성함에 있어서 다음의 작성기준을 준수하도록 하고 있다.

| | |
|---|---|
| 발생주의 | 재정운영표의 모든 수익과 비용은 발생주의 원칙에 따라 거래나 사실을 발생한 기간에 표시한다. |
| 명확성, 중요성 | 수익과 비용은 그 발생원천에 따라 명확하게 분류하여야 하며, 해당 항목의 중요성에 따라 별도의 과목으로 다른 과목과 통합하여 표시할 수 있다. |

Additional Comment

국가회계기준의 총칙에는 중요성에 대한 규정이 있으나 지방자치단체회계기준에서는 총칙에는 중요성이 빠져있고 재정운영표의 작성기준에 중요성에 따른 규정이 제시되어있다.

### 4. 수익의 정의 및 구분

#### (1) 정의

수익은 자산의 증가 또는 부채의 감소를 초래하는 회계연도 동안의 거래로 생긴 순자산의 증가를 의미한다.

### (2) 구분(⇒ 국가회계와 동일)

정부의 수익은 교환거래에 의한 수익과 비교환거래에 의한 수익으로 구분된다. 순자산이 증가하더라도 공유재산 및 물품 관리법 제12조에 따른 회계 간의 재산 이관, 같은 법 제63조에 따른 물품 소관의 전환, 기부채납 등으로 생긴 순자산의 증가는 수익에 포함하지 아니한다.

## 5. 비용의 정의 및 구분

자산의 감소나 부채의 증가로 초래하는 회계연도 동안의 거래로 생긴 순자산의 감소를 말한다. 회계 간의 재산 이관, 물품 소관의 전환 등으로 생긴 순자산의 감소는 비용에 포함하지 아니한다.

## 6. 수익과 비용의 인식기준

### (1) 수익의 인식기준

① 교환거래로 생긴 수익은 재화나 서비스 제공의 반대급부로 생긴 사용료, 수수료 등으로서 수익창출활동이 끝나고 그 금액을 합리적으로 측정할 수 있을 때에 인식한다.
② 비교환거래로 생긴 수익은 직접적인 반대급부 없이 생기는 지방세, 보조금, 기부금 등으로서 해당수익에 대한 청구권이 발생하고 그 금액을 합리적으로 측정할 수 있을 때에 인식한다.

**비교환수익의 징수방법에 따른 수익인식방법**

| 구분 | 수익인식시점 |
|---|---|
| 부과고지방식 | 징수결의 시점 |
| 신고납부방식 | 신고·납부하는 시점 |
| 특별징수방식 | 특별징수의무자가 원천징수한 금액을 신고·납부한 시점 |

### (2) 비용의 인식기준

① 교환거래에 따르는 비용은 반대급부로 발생하는 급여, 지급수수료, 임차료, 수선유지비 등으로서 대가를 지급하는 조건으로 민간부문이나 다른 공공부문으로부터 재화와 서비스의 제공이 끝나고 그 금액을 합리적으로 측정할 수 있을 때에 인식한다.
② 비교환거래에 의한 비용은 직접적인 반대급부 없이 발생하는 보조금, 기부금 등으로서 가치의 이전에 대한 의무가 존재하고 그 금액을 합리적으로 측정할 수 있을 때에 인식한다.

## 7. 수익의 회계처리

수익은 재원조달의 원천에 따라 자체조달수익, 정부간이전수익, 기타수익으로 분류한다.

## 2 기타의 재무제표

### 1. 현금흐름표

현금흐름표는 회계연도 동안의 현금자원의 변동에 관한 정보로서 자금의 원천과 사용결과를 표시하는 재무제표로서 경상활동, 투자활동 및 재무활동으로 구성된다.

#### (1) 경상활동

지방자치단체의 행정서비스와 관련된 활동으로서 투자활동과 재무활동에 속하지 아니하는 거래를 말한다.

#### (2) 투자활동

자금의 융자와 회수, 장기투자증권, 일반유형자산, 주민편의시설, 사회기반시설 및 무형자산의 취득과 처분 등을 말한다.

#### (3) 재무활동

자금의 차입과 상환, 지방채의 발행과 상환 등을 말한다.

현금흐름표는 회계연도 중의 순현금흐름에 회계연도 초의 현금을 더하여 회계연도 말 현재의 현금을 산출하는 형식으로 표시한다. 현금의 유입과 유출은 회계연도 중의 증가나 감소를 상계하지 아니하고 각각 총액으로 적는다. 다만, 거래가 잦아 총금액이 크고 단기간에 만기가 도래하는 경우에는 순증감액으로 적을 수 있다.

### 2. 순자산변동표

순자산변동표는 회계연도 동안의 순자산의 증감 내역을 표시하는 재무제표로서 재정운영결과와 순자산의 변동을 기재한다.

(1) 순자산의 증가사항은 회계 간의 재산 이관, 물품 소관의 전환, 양여기부 등으로 생긴 자산증가를 말한다.

(2) 순자산의 감소사항은 회계 간의 재산 이관, 물품 소관의 전환, 양여기부 등으로 생긴 자산감소를 말한다.

# 확인 문제

**01** **지방자치단체 회계기준에 관한 규칙에 대한 설명으로 옳지 않은 것은?** 2015년 지방직 9급

① 비용은 자산의 감소나 부채의 증가를 초래하는 회계연도 동안의 거래로 생긴 순자산의 감소를 말하며, 공유재산 및 물품 관리법 제12조에 따른 회계 간의 재산 이관, 같은 법 제63조에 따른 물품 소관의 전환, 기부채납 등으로 생긴 순자산의 감소도 비용에 포함한다.
② 문화재, 예술작품, 역사적 문건 및 자연자원은 자산으로 인식하지 아니하고 필수보충정보의 관리책임자산으로 보고한다.
③ 지방자치단체의 재무제표는 재정상태표, 재정운영표, 현금흐름표, 순자산변동표, 주석으로 구성되고 재무제표의 부속서류로 필수보충정보 및 부속명세서를 포함한다.
④ 순자산의 감소사항은 전기오류수정손실, 회계기준변경으로 생긴 누적손실 등을 말한다.

**02** **다음은 어느 지방자치단체의 재정운영표 내용이다. 재정운영순원가는?** 2015년 국가직 9급 변형

| | | | |
|---|---|---|---|
| • 사업총원가 | ₩117,000 | • 사업수익 | ₩39,000 |
| • 관리운영비 | ₩65,000 | • 비배분수익 | ₩47,000 |
| • 비배분수익 | ₩38,000 | • 수익 | ₩37,000 |

① ₩106,000　　② ₩115,000
③ ₩143,000　　④ ₩152,000

**정답 및 해설**

**01**
비용은 공유재산 및 물품 관리법 제12조에 따른 회계 간의 재산 이관, 같은 법 제63조에 따른 물품 소관의 전환, 기부채납 등으로 생긴 순자산의 감소는 비용에 포함하지 않고 재정상태표의 순자산의 감소로 직접 반영한다.

**02**
1) 사업순원가: 117,000 - 39,000 = 78,000
2) 재정운영순원가: 78,000 + 65,000 + 47,000 - 38,000 = 152,000

정답 01 ① 02 ④

## 03 지방자치단체 회계기준에 관한 규칙에 대한 설명으로 옳지 않은 것은?

2016년 지방직 9급

① 순자산은 특정순자산, 고정순자산, 일반순자산으로 분류되는데, 일반순자산은 고정순자산과 특정순자산을 제외한 나머지 금액을 의미한다.

② 지방세, 보조금 등의 비교환거래로 생긴 수익은 비록금액을 합리적으로 측정할 수 없더라도 해당수익에 대한 청구권이 발생한 시점에 수익으로 인식한다.

③ 일반유형자산과 주민편의시설 중 상각대상 자산에 대한 감가상각은 정액법을 원칙으로 한다.

④ 문화재, 예술작품, 역사적 문건 및 자연자원은 자산으로 인식하지 아니하고 필수보충정보의 관리책임자산으로 보고한다.

## 04 지방자치단체 회계기준에 관한 규칙상 수익과 비용의 정의 및 인식기준에 대한 설명으로 옳지 않은 것은?

2017년 지방직 9급

① 교환거래로 생긴 수익은 사용료, 수수료, 보조금 등을 포함한다.

② 공유재산 및 물품 관리법 제12조에 따른 회계 간의 재산 이관, 같은 법 제63조에 따른 물품 소관의 전환, 기부채납 등으로 생긴 순자산의 감소는 비용에 포함하지 아니 한다.

③ 교환거래로 생긴 수익은 수익창출활동이 끝나고 그 금액을 합리적으로 측정할 수 있을 때 인식한다.

④ 비교환거래에 의한 비용은 가치 이전에 대한 의무가 존재하고 그 금액을 합리적으로 측정할 수 있을 때 인식한다.

## 05 지방자치단체 수익에 대한 설명으로 옳지 않은 것은?

2018년 국가직 9급

① 지방자치단체가 과세권을 바탕으로 징수하는 세금은 자체조달 수익으로 분류한다.

② 지방자치단체가 기부채납방식으로 자산을 기부받는 경우 기부시점에 수익으로 인식한다.

③ 회계실체가 국가 또는 다른 지방자치단체로부터 이전받은 수익은 정부 간 이전수익으로 분류한다.

④ 교환거래로 생긴 수익은 수익창출이 끝나고 그 금액을 합리적으로 측정할 수 있을 때에 인식한다.

## 06 지방자치단체 회계기준에 관한 규칙에서 현금흐름표, 순자산변동표, 주석에 대한 내용으로 가장 옳지 않은 것은?

2018년 서울시 7급

① 현금흐름표는 회계연도 동안의 현금자원의 변동에 관한 정보로서 자금의 원천과 사용결과를 표시하는 재무제표로서 경상활동, 투자활동 및 재무활동으로 구성된다.

② 현금흐름표에서 현금의 유입과 유출은 회계연도 중의 증가나 감소를 상계하여 순증감액으로 적는다. 다만, 거래가 잦아 총금액이 크고 단기간에 만기가 도래하는 경우에는 총액으로 적을 수 있다.

③ 현물출자로 인한 유형자산 등의 취득, 유형자산의 교환 등 현금의 유입과 유출이 없는 거래 중 중요한 거래에 대하여는 주석으로 공시한다.

④ 순자산변동표에서 순자산의 증가사항은 전기오류수정이익, 회계기준변경으로 생긴 누적이익 등을 말하며, 순자산의 감소사항은 전기오류수정손실, 회계기준변경으로 생긴 누적손실 등을 말한다.



**정답 및 해설**

**03**
비교환거래로 생긴 수익은 직접적인 반대급부 없이 생기는 지방세, 보조금, 기부금 등으로 해당수익에 대한 청구권이 발생하고, 그 금액을 합리적으로 측정할 수 있을 때 인식한다.

**04**
직접적인 반대급부 없이 생기는 보조금은 비교환거래에 해당한다.

**05**
지방자치단체가 기부채납방식으로 자산을 기부받은 경우 재정운영표의 수익이 아닌 재정상태표의 순자산 증가로 회계처리된다.

**06**
현금흐름표상의 현금 유입과 유출은 회계연도 중의 증가나 감소를 상계하지 않고 각각 총액으로 기재한다,

**정답** 03 ② 04 ① 05 ② 06 ②

## 07 지방자치단체 회계기준에 관한 규칙의 회계변경과 오류수정에 대한 설명으로 옳지 않은 것은?

2022년 지방직 9급

① 회계정책 또는 회계추정을 변경한 경우에는 그 변경내용, 변경사유 및 변경이 해당 회계연도의 재무제표에 미치는 영향을 주석으로 표시한다.

② 회계추정의 변경에 따른 영향은 비교표시되는 직전 회계연도의 기초순자산 및 그 밖의 대응금액을 회계추정의 변경 이전 처음부터 적용된 것으로 조정한다.

③ 오류의 수정은 전년도 이전에 발생한 회계기준적용의 오류, 추정의 오류, 계정분류의 오류, 계산상의 오류, 사실의 누락 및 사실의 오용 등을 수정하는 것이다.

④ 중대한 오류를 수정한 경우에는 중대한 오류로 판단한 근거, 비교재무제표에 표시된 과거회계기간에 대한 수정금액, 비교재무제표가 다시 작성되었다는 사실을 주석으로 포함한다.

## 08 다음은 지방자치단체 A의 20×1년 재무제표 작성을 위한 자료이다. (단, 아래 이외의 다른 거래는 없다)

- 20×1년 지방자치단체 A가 운영한 사업의 총원가는 ₩500,000이며, 사용료수익은 ₩200,000이다.
- 20×1년 관리운영비 ₩100,000이 발생하였다.
- 20×1년 사업과 관련이 없는 자산처분이익 ₩50,000과 이자비용 ₩10,000이 발생하였다.
- 20×1년 지방세수익은 ₩200,000이다.

**20×1년 지방자치단체 A의 재정운영표상 재정운영순원가와 재정운영결과를 바르게 연결한 것은?**

2022년 국가직 9급

| | 재정운영순원가 | 재정운영결과 |
|---|---|---|
| ① | ₩100,000 | ₩360,000 |
| ② | ₩160,000 | ₩360,000 |
| ③ | ₩360,000 | ₩100,000 |
| ④ | ₩360,000 | ₩160,000 |

## 09 다음은 20×1년 중앙관서 A부처 기타특별회계의 재무제표 작성을 위한 자료이다. 재무제표에 대한 설명으로 옳지 않은 것은?

2021년 국가직 9급

- 프로그램총원가 ₩28,000, 프로그램수익 ₩12,000
- 관리운영비: 인건비 ₩5,000, 경비 ₩3,000
- 프로그램과 직접적인 관련이 없는 수익과 비용: 이자비용 ₩1,000, 자산처분손실 ₩1,000, 자산처분이익 ₩2,000
- 국고수입 ₩10,000, 부담금수익 ₩5,000, 채무면제이익 ₩10,000, 국고이전지출 ₩3,000
- 기초순자산 ₩20,000(기본순자산 ₩5,000, 적립금 및 잉여금 ₩10,000, 순자산조정 ₩5,000)

① 재정운영표상 재정운영결과는 ₩24,000이다.
② 순자산변동표상 재원의 조달 및 이전은 ₩22,000이다.
③ 순자산변동표상 기말 적립금 및 잉여금은 ₩7,000이다.
④ 순자산변동표상 기말순자산은 ₩18,000이다.



### 정답 및 해설

**07**
회계추정의 변경에 따른 영향은 전진법을 적용한다.

**08**
1) 재정운영순원가: 500,000 - 200,000 + 100,000 - 50,000 + 10,000 = 360,000
2) 재정운영결과: 360,000 - 200,000 = 160,000

**09**
(1) 재정운영결과: 28,000 - 12,000 + 8,000 + 2,000 - 2,000 = 24,000
(2) 재원의 조달 및 이전: 10,000 + 5,000 + 10,000 - 3,000 = 22,000
(3) 기말 적립금 및 잉여금: 10,000 + 24,000 = 34,000
(4) 기말순자산: 20,000 - 24,000 + 22,000 = 18,000

정답 07 ② 08 ④ 09 ③

# 해커스공무원 정윤돈 회계학 원가관리회계·정부회계 기본서

**개정 2판 1쇄 발행 2022년 11월 1일**

| | |
|---|---|
| **지은이** | 정윤돈 편저 |
| **펴낸곳** | 해커스패스 |
| **펴낸이** | 해커스공무원 출판팀 |
| **주소** | 서울특별시 강남구 강남대로 428 해커스공무원 |
| **고객센터** | 1588-4055 |
| **교재 관련 문의** | gosi@hackerspass.com<br>해커스공무원 사이트(gosi.Hackers.com) 교재 Q&A 게시판<br>카카오톡 플러스 친구 [해커스공무원 노량진캠퍼스] |
| **학원 강의 및 동영상강의** | gosi.Hackers.com |
| **ISBN** | 979-11-6880-771-6 (13320) |
| **Serial Number** | 02-01-01 |